DIE TUDORS

RICHARD REX

DIE TUDORS

Aus dem Englischen von
Markus Rüttermann

MAGNUS VERLAG

Die Originalausgabe ist 2002 erschienen unter dem Titel
The Tudors
bei Tempus Publishing Ltd., Stroud

Authorised translation from English language edition
published by Tempus Publishing Ltd., Stroud

Layout: Wolfgang F. Stammler, Essen
Umschlaggestaltung: Hans Winkens, Wegberg

ISBN 3-88400-436-0

INHALT

VORWORT

Im vergangenen Jahrhundert sind unzählige Bücher über die Tudors veröffentlicht worden, und welche Techniken der Veröffentlichung auch immer sich in diesem Jahrhundert noch herausbilden werden, es wird ohne Frage noch unzählige weitere geben: Biographien, Historien und Lehrbücher, Monographien über spezielle Themen der Politik, des gesellschaftlichen Lebens, der Religion, der Wirtschaft und der Kultur, Sammlungen und Ausgaben von Originalquellen. Kein Mensch könnte auch nur hoffen, diese alle lesen zu können. Doch während die Tudors zu den uns vertrautesten Herrscherdynastien Englands zählen, sind sie zugleich auch eine der interessantesten. Ein Autor darf daher durchaus davon ausgehen, dass sich ein weiteres Buch über die Tudors diesen Werken hinzugesellen darf, ohne dass er erst groß darum bitten müsste. Abgesehen davon – es gibt bisher nicht viele Bücher wie das hier vorgelegte. Und es wird sich von den bisherigen seiner Art sicherlich sehr unterscheiden.

Dies ist nämlich keine Geschichte Englands unter den Tudors. Noch weniger ist es ein Versuch, mit der derzeitigen geschichtlichen Mode konform zu gehen, eine Geschichte Großbritanniens unter den Tudors zu schreiben. Die Königreiche und Herrschaftsgebiete der britischen Inseln waren nämlich weder durchweg „britisch" noch durchweg „Tudor". Daher ist es schwierig, eine Geschichte der britischen Inseln zu dieser Zeit auch nur zu skizzieren, geschweige denn zu schreiben. So lohnend diese beiden Unterfangen auch sein mögen, dieses Buch hat schlicht ein anderes Thema. Es möchte eine vertraute Geschichte auf nicht ganz so vertraute Weise erzählen. Es beabsichtigt, die Regentschaft der fünf Monarchinnen und Monarchen der Tudors aus der königlichen Perspektive zu erzählen. Dies klingt vielleicht ein wenig altmodisch, aber es geht gerade darum, die traditionelle Verwechslung einer Geschichte der Könige mit einer Geschichte ihrer Königreiche zu vermeiden. Dieses Buch versteht sich als eine Abfolge kurzer politischer Biographien, als eine Untersuchung ihres öffentlichen, nicht so sehr ihres privaten Lebens. Man könnte sogar behaupten, dass die Tudors als Monarchen gar kein Privatleben hatten. Die Monarchen als solche waren öffentliche Personen, und die intimsten Details ihres Lebens waren von akutem öffentlichem Interesse. Daher liegt die Betonung in diesem Buch auf der Politik der persönlichen Herrschaft in Form der Monarchie. Sein Konzept ist, eine kurze Schilderung der Politik in England aus Sicht des Monarchen, der zentralen Figur des politischen Systems, zu geben und zu zeigen, wie der persönliche Charakter und die Sorgen und Anschauungen der Monarchen Auswirkungen darauf hatten, wie sie sich innerhalb der zeitgenössischen Institutionen verhielten und mit anderen politischen Figuren interagierten.

Es ist üblich, an den Anfang eines Buches eine Liste mit den Namen all derer zu stellen, die dem Verfasser geholfen oder ihm mit Rat zur Seite gestanden haben – eine weltliche Litanei, die manchmal so gnadenlos lang ist wie die Danksagungen bei einer Preisverleihung. Sehr viele Wissenschaftler und Gelehrte haben durch ihre Veröffentlichungen über die Geschichte der Tudors, die mein Verständnis dieser Periode prägten, zu diesem Buch beigetragen. Da dieses Buch sich eher an den Laien als an den Historiker richtet und eher „geschrieben" als „erforscht" wurde, habe ich auf die übliche Ansammlung von Fußnoten und bibliographischen Belegen verzichtet. Die meisten Sachinformationen in diesem Buch sind allgemein bekannt. Nicht allgemein Bekanntes ist meist das Ergebnis meiner eigenen Arbeit. Für die Forschungsergebnisse und Einsichten anderer, die verwertet zu haben ich mir bewusst bin, habe ich versucht, durch die Literaturempfehlungen am Ende des Buches in allgemeiner Form Dank zu sagen. Unabhängig davon ist dieses Buch mein eigenes Werk, so dass die übliche Warnung „alle Fehler sind meine eigenen" eigentlich überflüssig ist. Niemand sonst ist schuld.

Nichtsdestotrotz möchte ich drei Menschen danken, die weniger spezifisch zu diesem Buch beigetragen haben. An erster Stelle möchte ich David Starkey dafür danken, dass er mich daran erinnert hat, dass, was auch immer Geschichte sonst noch sein mag, es vor allem um Menschen geht und sie für Menschen geschrieben wird. Hier ist nun eine solche Geschichte. Ich hoffe, die Menschen haben Spaß daran, sie zu lesen. Zweitens möchte ich meinem Sohn Henry für seine ständigen Ermutigungen danken („Viel Glück mit den Tudors!" „Bist du mit den Tudors fertig, Papa?") Ja, ich bin fertig. Tut mir leid, dass es so lange gedauert hat. Und schließlich möchte ich meinem Vater Peter Rex, der selbst Historiker ist, danken für … nun, eigentlich für viel zu viele Dinge. Vielleicht reicht dies: dafür, dass er mein Interesse an der Vergangenheit geweckt und mich zwei Dinge gelehrt hat, die jeder Historiker lernen muss: zu wissen, wann man glauben und wann man zweifeln sollte. Danke!

Richard Rex
Queen's College, Cambridge

HENRY VII.

HENRY VII.

THRONBESTEIGUNG

Dass Henry Tudor je den englischen Thron besteigen würde, war höchst unwahrscheinlich. Königliches Blut floss nur spärlich in seinen Adern – letztlich nur durch uneheliche Abstammung und über die weibliche Linie –, und er war einer der wenigen Menschen im spätmittelalterlichen England, der wirklich keinerlei Anspruch auf den Thron hatte. Seine Vorfahren aus dem Hause Beaufort, John of Gaunts uneheliche Kinder mit Catherine Swynford, waren zwar per Gesetz rechtlich anerkannt, aber anschließend von der Thronfolge explizit ausgeschlossen worden. Trotzdem war dieser Tropfen Blut des Hauses Lancaster während jener immer wieder ausgetragenen dynastischen Kämpfe, die wir die „Rosenkriege" nennen, ein politischer Vorteil, besonders nachdem das Blut des letzten direkten Erben des Hauses Lancaster, des jungen Prinzen Edward, bei der Schlacht von Tewkesbury 1471 vergossen worden war.

Nach dieser letzten und katastrophalen Niederlage des Hauses Lancaster hatte Henrys Mutter, die mächtige und ehrgeizige Lady Margaret Beaufort, ihn aus England verschwinden lassen. Die nächsten zwölf Jahre verbrachte er in relativer Sicherheit am Hofe des Herzogs der Bretagne, François, eines Fürsten, der quasi unabhängig von seinem eigentlichen Souverän, dem König von Frankreich, war. Die Unsicherheit seiner frühen Jahre voller Verschwörungen und Intrigen hatte Henry geprägt. Als er das in die Wege leitete, was sich 1485 als triumphaler Griff nach der englischen Krone herausstellen sollte, war er in aller Augen nichts als eine traurige Gestalt, ein Adliger, schon lange weit entfernt von England, ein Flüchtling, der Frankreich besser kannte als Wales, wo er herstammte, oder England, das er zu regieren hoffte. Seine Thronbesteigung verdankte er weniger der Überzeugungskraft seines Anspruchs auf den Thron oder seiner Stellung als vielmehr dem erstaunlichen Unvermögen seines Vorgängers Richard III. Dieser hatte es geschafft, dass sich der politische Konsens, den Edward IV. für das Haus

York mit viel Umsicht zustande gebracht hatte, innerhalb von nur zwei Jahren in Luft auflöste.

So sehr Henry sich auch bemühte, seine zweifelhafte Legitimität zu untermauern, war seine Herrschaft doch immer davon überschattet, dass er kaum mehr war als ein adliger Abenteurer, der Glück gehabt hatte. Die ersten zwölf Jahre seiner Regierung wurden damit verbracht, gegen Prätendenten zu intrigieren und zu kämpfen, deren Ansprüche nur geringfügig lächerlicher waren als sein eigener. Sein Wissen um die politischen Realitäten seines eigenen Erfolges trieb Henry VII. ständig um. Das zeigt sich an dem Misstrauen, das manchmal an Verfolgungswahn grenzte, mit dem er die herrschende Klasse seines eigenen Landes betrachtete.

Der Familienname „Tudor" ist natürlich walisisch, und die männliche Linie, die Henry repräsentierte, stammte von Fürsten ab. Nach der Vernichtung der Glendowers (durch ihre katastrophale Revolte gegen Henry IV.) konzentrierten sich die beinahe messianischen Hoffnungen und Träume (die wir noch immer in einer Fülle von Literatur der Barden finden), mit denen die Waliser militärische Niederlagen und politische Unfähigkeit kompensierten, auf die Tudors. Die walisische Abstammung Henrys war zwar für die englische Politik nicht wirklich von Vorteil, erwies sich aber für seinen Griff nach der Macht 1485 doch als wertvoll. Es war kein Zufall, dass Henry in Milford Haven anlandete und es in seinem Heer zahlreiche Waliser gab. Die Truppen, die sein Onkel Jasper Tudor und der walisische Adlige Rhys ap Thomas ihm zuführten, bildeten den Kern der Streitmacht, die sich Richard III. in der Schlacht bei Bosworth entgegenstellte. Der walisische Ursprung der Tudors ist für ihren Erfolg in Wales mitverantwortlich, und diese Treue, später doppelt verstärkt durch die Union mit England und die Reformation, blieb auch unter den Stuarts erhalten. Walisische Truppen spielten eine Hauptrolle in den Rosenkriegen, und Henrys walisische Herkunft wird ihm bei der Werbung um Unterstützung durch diese entscheidende militärische Kraft geholfen haben. Später bildeten walisische Truppen im ersten englischen Bürgerkrieg den Kern des Heeres von Charles I., von dessen Beginn 1642 bis zur endgültigen Niederlage in Naseby 1645.

Waliser zu sein war allerdings in England für Henry nicht gerade eine Empfehlung, auch wenn die unsterblichen Legenden um König Artus eine gute Möglichkeit boten, die kulturelle Kluft zu überbrücken. „Arthur" war daher ein gut gewählter Name für seinen ältesten Sohn. Thomas Malorys sehr populäres Werk *Le Morte d'Arthur* hatte erst kurz zuvor das Interesse des englischen Publikums an der Artus-Sage wieder aufleben lassen. Und dank seines langen Exils verfügte Henry auch nicht über eine persönliche walisische Gefolgschaft, die die Engländer hätte vor den Kopf stoßen können, so wie es die Bande schottischer Trittbrettfahrer und Karrieristen von James IV. und I. im frühen 17. Jahrhundert dann tat. Henry brachte lediglich eine Handvoll englischer Exilanten mit.

Richards leichtsinnige Vergeudung der politischen Ressourcen, die sein Bruder sorgfältig aufgebaut hatte, öffnete Henry die Tür. Sein erster Angriff, den er 1484 von der Bretagne aus führte, hatte nur zum Ergebnis, dass Richard nun seine Vernichtung durch diplomatische Manöver suchte. Henry musste aus der Bretagne nach Frankreich flüchten. Doch 1485 versuchte er es noch einmal. Seine Mutter, deren diverse Ehen ihr ein riesiges Vermögen und ein breites Netzwerk familiärer Verbindungen eingebracht hatten, hatte mit der Witwe Edwards VI., Elizabeth Woodville, eine informelle Vereinbarung getroffen, nach der Teile des Hauses York Henry Tudor unterstützen würden, falls er Edwards Tochter, Prinzessin Elizabeth, zur Frau nehme. Nicht zuletzt ermutigt durch den offensichtlichen Mangel an Begeisterung für Richards Regime, stach Henry mit einer kleinen Truppe treuer Freunde und Söldner in See.

Nachdem er am 7. August 1485 in Milford Haven an Land gegangen war, durchquerte Henry den Norden und Osten von Wales, nahm in Pembrokeshire die Hilfe in Anspruch, die die familiären Verbindungen ihm versprachen, rekrutierte Truppen unter den Vasallen des Duke of Buckingham (der 1483 von Richard III. hingerichtet worden war), und sicherte sich schließlich die Loyalität des mächtigen walisischen Adligen Rhys ap Thomas, der Carmarthen Castle hielt. Seine große walisische Streitmacht vereinigte sich in Shrewsbury, marschierte durch die Midlands und traf nahe Market Bosworth in Leicestershire auf Richards größtenteils aus dem Norden stammendes, zahlenmäßig überlegenes Heer. Obwohl beinahe der gesamte englische Hochadel sich weigerte, sich einer der beiden Seiten anzuschließen, trafen noch zwei große Heere aus dem Norden hier ein: aus Yorkshire und dem Grenzland zu Schottland unter Henry Percy, Earl of Northumberland, und Soldaten aus Lancashire unter Thomas Lord Stanley (Margaret Beauforts drittem Mann und daher Henry Tudors Stiefvater). In der anschließenden Schlacht war Stanleys Entschluss, Henry zu unterstützen, keine große Überraschung. Entscheidend aber war Percys Weigerung, sich Richard anzuschließen. Dieser Entschluss kostete nicht nur den König das Leben, sondern auch ihn selbst. Denn vier Jahre später wurde der Earl of Northumberland in Topcliffe in Yorkshire von einem Mob gelyncht, der gegen Steuerschätzungen protestierte. Auffällig war, dass seine eigenen Leute nichts unternahmen, um ihn zu verteidigen. Die Erbitterung, die man im Norden demjenigen gegenüber empfand, der einen Mann verraten hatte, welcher, bei all seinen Fehlern, dennoch König der Menschen des Nordens war, fachte nicht nur den Zorn des Mobs an, sondern erklärt auch die Gleichgültigkeit der Gefolgsleute des Earls.

Der Tod Richards III. in der Schlacht (Ergebnis seines charakteristischen Leichtsinns) machte Bosworth zu einer Entscheidungsschlacht. Henry nahm London in Besitz, berief das Parlament ein und datierte den Beginn seiner Herrschaft auf den Tag vor Bosworth zurück: Ein legislativer Trick, der es ihm ermöglichte, ein Gesetz verabschieden zu lassen, das die, die sich ihm widersetzt hatten, zu Hochverrätern stempelte. (Mit einem solchen *Act of Attainder* gingen auch Strafen einher, vor allem die Konfiszierung all ihres Besitzes und aller ihrer Güter.) Die große Mehrheit des Hochadels hatte sich bewusst aus der Schlacht von Bosworth herausgehalten. Die Rosenkriege hatten sie gelehrt, dass das Risiko, auf Seiten des Verlierers zu kämpfen, die Vorteile, zu den Gewinnern zu gehören, bei weitem übertraf. Nun aber drängten sie sich danach, Henry ihre Treue zu beweisen, indem sie seiner Krönung am 30. Oktober 1485 beiwohnten.

Während seiner gesamten Herrschaft war Henry bemüht, eine Kontinuität zu den vorhergehenden Dynastien, York und Lancaster, herzustellen. Seine Heirat mit Elizabeth of York, die am 18. Januar 1486 gefeiert wurde, besiegelte die Treue vieler Anhänger des Hauses York, die ihn gegen Richard III. unterstützt hatten. Noch wichtiger war, dass die Heirat wesentlich zur Anerekennung der Rechtmäßigkeit ihrer Kinder beitrug. Die Aussöhnung zwischen den Häusern York und Lancaster durch diese königliche Hochzeit war ein wiederkehrendes Motiv in der Propaganda der Tudors. Dies wird im vollen Titel von Edward Halls Chronik „The Union of the Two Noble and Illustre Famelies of Lancastre and York“ und schließlich in Shakespeares Königsdramen anschaulich verdeutlicht.

Henry betonte auch seine Zugehörigkeit zum Hause Lancaster, indem er den Kult um Henry VI. und dessen Heiligsprechung förderte. (Henry VI. war, wie Charles I. nach ihm, nach seinem tragischen Tod sehr viel angesehener als jemals zu Lebzeiten. Schlechte Könige ergeben gute Märtyrer, und der unerschöpfliche Strom an Wundern, mit denen sein Hagiograph John Blacman aufwartete, steht doch sehr im Gegensatz zu Henrys Passivität und Distanziertheit zu Lebzeiten.) Es wurde sogar verbreitet, dass, als der junge Henry Tudor einmal am Hofe Henrys VI. war, der fromme König ihm prophezeit habe, eines Tages die Krone zu tragen. Das vielleicht Bemerkenswerteste an Henrys eigenem Thronanspruch war, dass er im Wesentlichen nicht auf seiner genetischen, wenn auch rechtlich zweifelhaften Abstammung von John of Gaunt über seine Mutter, Lady Beaufort, beruhte, sondern über seinen Vater, Edmund Tudor, auf einer dürftigeren familiären Verbindung mit einem weitaus eindrucksvolleren König, nämlich Henry V. Denn Edmund war der Sohn von Owen Tudor, einem walisischen *Gentleman* (hier und im Folgenden immer im Sinne von Edelmann gebraucht), und Königin Catherine de Valois, Tochter Charles VI. von Frankreich, Witwe von Henry V. und Mutter von Henry VI. Henry VII. bezeichnete Henry VI. gerne als seinen Onkel, was stimmte (sein Vater war Henrys VI. Halbbruder), aber er versuchte über die männliche Linie auch eine Blutsverwandtschaft mit den Plantagenets anzudeuten, was nicht zutraf.

Henry war sehr bemüht, seinen fadenscheinigen dynastischen Status zu untermauern. Das Recht der Eroberung, oder doch zumindest seine Erprobung in der Schlacht, konstituierte seinen anfänglichen Rechtsanspruch auf den Thron, und diese auf Gewalt beruhende Begründung wurde sofort beschönigt und indirekt in der Erklärung des Parlaments anerkannt, indem sie den Beginn seiner Herrschaft auf den Tag vor der Schlacht von Bosworth legte. Die Tatsache, dass das Parlament als Organ des nationalen Konsenses betrachtet wurde, verlieh seinem Anspruch daher noch mehr Gewicht. Gleichzeitig suchte Henry nach Anerkennung durch die höchste auf Erden erreichbare Autorität. Sollte Gottes Entscheidung in der Schlacht zum Ausdruck gekommen sein, so galt die Entscheidung seines Stellvertreters auf Erden, des Papstes Innozenz VIII., als nahezu gleichwertig, nicht zuletzt, um sich des Gehorsams des Klerus zu versichern, der immer noch über großen Landbesitz und daher über jene politische Macht verfügte, die in der mittelalterlichen Gesellschaft mit Landbesitz verbunden war. Auch wenn sie nicht so weit ging, all die weitergehenden Ansprüche päpstlicher Autorität, die in der Kurie immer noch theoretische Unterstützung fanden, anzuerkennen, so ist Henrys Bitte um päpstliche Bestätigung übrigens doch eine mehr als angemessene Antwort an all die, die trotz der Forschungsarbeit zweier Generationen noch immer auf der veralteten Vorstellung beharren, das mittelalterliche England habe die Ansprüche des Papsttums abgelehnt und sich ihnen, wenn es ging, widersetzt.

Aber Henry musste auch sein eigenes Volk davon überzeugen, dass er sein rechtmäßiger König sei. Eines der traditionellen Mittel war, den König seinem Volk *in persona* bei einem königlichen Umritt zu zeigen.

Also machte er sich am 10. März 1486 zum ersten und vielleicht größten königlichen Umritt der Tudors auf. Der erste Teil der Reise brachte ihn nach York, nach Zwischenstationen in fast allen größeren Städten nahe oder auf der Route entlang der *Great North Road:* Cambridge, Stamford, Lincoln, Nottingham und Doncaster. Der zweite Abschnitt führte durch die Midlands über Nottingham, Birmingham, Worcester und Gloucester nach Bristol. Der dritte und letzte Abschnitt führte über die Grafschaften an der Themse und Abingdon nach London. Im Juni war er zurück in Westminster. Die Empfänge in den größeren Städten gaben seinen neuen Untertanen Gelegenheit, ihre Treue zu bekunden, während sie dem König die Möglichkeit boten, seinen guten Willen zu beweisen, indem er städtische Privilegien bestätigte und Beschwerden abzuhelfen versprach. Außerdem konnte er dabei frühzeitig seine Macht demonstrieren. Viscount Lovel und zwei *Gentlemen* namens Humphrey und Thomas Stafford, die unter die Fittiche der Kirche geflüchtet waren, nachdem sie sich bei der Schlacht von Bosworth auf die falsche Seite geschlagen hatten, wagten im April 1486 einen Ausbruch und versuchten in Yorkshire und Worcestershire bei Anhängern des Hauses York Unterstützung gegen Henry zu gewinnen. Henry verbrachte also einige Tage in York und Worcester. Am Ende stellte er bei Besuchen in Pilgerstätten Votivkerzen auf, um für seinen Sieg bei Bosworth Dank zu sagen und um für eine reibungslose Geburt seines ersten Kindes zu bitten, mit dem seine Frau bereits schwanger war.

LAMBERT SIMNEL UND PERKIN WARBECK

Der Hochadel, der noch in großer Zahl an der Krönung teilgenommen hatte, erwies sich im darauf folgenden Jahr als weniger eifrig, als Henry seine erste wirkliche Herausforderung zu bestehen hatte: den Auftritt eines jungen Mannes, der vorgab, Edward, Earl of Warwick, zu sein (der Sohn von Isabel Neville und Edwards VI. Bruder George, Duke of Clarence). Uns ist er allerdings besser bekannt als Lambert Simnel. Der wahre Earl of Warwick lag als Gefangener im Tower, wo er wohl auch den Rest seines Lebens verbringen sollte. In der Frühphase des Komplotts versuchte Henry, dem jungen Mann den Wind aus den Segeln zu nehmen, indem er Warwick durch die Straßen Londons marschieren ließ, um zu zeigen, dass der Prätendent in Irland ein Betrüger war. Es ist durchaus möglich, dass Simnel eine gewisse physische Ähnlichkeit mit

Warwick aufwies. Allerdings fällt es schwer zu glauben, dass der Earl of Kildare, der das irische Parlament dazu brachte, den jungen Mann als seinen rechtmäßigen König anzuerkennen, so viel Naivität besaß, dass er dessen Anspruch ernst nahm.

Der wahre Anführer der Rebellen von 1487 war John de la Pole, Earl of Lincoln. Dieser hatte in der Tat einen glaubwürdigen eigenen Anspruch auf den Thron, da er der älteste Sohn von Elizabeth, der Schwester Edwards IV., und des Duke of Suffolk war. Kurz nach der Schlacht von Bosworth hatte er jedoch mit Henry Frieden geschlossen und war Mitglied des Kronrates, als Simnels Komplott seinen Anfang nahm. Als Henry sich jedoch im April auf Osterwallfahrt in East Anglia befand, erfuhr er von Lincolns Flucht nach Flandern, wo er sich anschickte, Söldner auszuheben. Nachdem Henry nach Walsingham geeilt war, um am dortigen Altar Unserer Lieben Frau sein Gelübde abzulegen, kehrte er über Cambridge rasch nach London zurück. Anschließend machte er sich in die Midlands auf, um sich auf die drohende Invasion vorzubereiten. Als Stützpunkt diente ihm die große Festung von Kenilworth, die während des Sommers quasi zum Regierungssitz wurde. In der Zwischenzeit hatte Lincoln seine Söldner nach Dublin gebracht, um sich den dortigen Rebellen anzuschließen, und nahm am 24. Mai an der Krönung Simnels als Edward VI. teil. Anfang Juni führte er die Streitmacht des Hauses York über die Irische See und stellte sich Henry VII. am 16. Juni in Stoke (nahe Newark). Hätte er gesiegt, wäre er mit dem jämmerlichen Simnel ohne Zweifel härter verfahren, als Henry VII. es dann tat, und hätte seinen eigenen Anspruch aufrechterhalten. Lincoln und seine Gefolgsleute aber fielen in der Schlacht, während Simnel gefangen und für einen Rebellen unter den Tudors mit unverdienter Nachsichtigkeit behandelt wurde: Er durfte in der Küche des Königs arbeiten.

Nach dem Sieg in Stoke begab sich Henry auf seinen zweiten königlichen Umritt, diesmal durch die Gebiete im Norden, die dem Hause York am meisten anhingen, um jede mögliche Opposition zu schwächen oder abzuschrecken. Seine Strecke führte über Nottingham, Pontefract und York nach Durham und Newcastle. Dann verbrachte er einige Wochen im äußersten Nordosten, bevor er über Raby Castle (die große Bastion der Nevilles), Richmond, Ripon, Pontefract, Newark, Stamford und Leicester nach London zurückkehrte. Seine darauffolgende Entscheidung, seine Frau Elizabeth zur Königin krönen zu lassen, könnte ein weiterer Versuch gewesen sein, unter alten Anhängern des Hauses York Unterstützung zu gewinnen.

Der zweite Hochstapler, der Henrys unsichere Grundlage für seine Thronbesteigung in Gefahr brachte, war Perkin Warbeck (Perkin ist ein Diminutiv von ‚Peter'), der während des Großteils der 1490er Jahre als Galionsfigur der Verschwörung des Hauses York gegen die Tudors die Hauptstädte und Höfe der Nachbarländer bereiste. Der Ärger begann wieder einmal in der alten Bastion des Hauses York, dem *Irish Pale* (der schmale englische Streifen im Osten Irlands). Warbeck, der aus den Niederlanden kam, wurde für seine Rolle wohl wegen seines guten Äußeren ausgesucht. In Irland war er als Diener eines Textilkaufmanns eingetroffen, der ihn unter anderem dafür einsetzte, in den Häfen, in denen sie an Land gingen, seine feinen Waren vorzuführen. Perkin scheint einer der ersten „Dressmen" gewesen zu sein, von denen die Geschichtsschreibung berichtet. Angehörige des Hauses York, die nach einem passenden Mannequin suchten, wurden auf ihn aufmerksam und entschieden, dass er als der zweite Sohn Edwards IV., Prinz Richard, auftreten solle. Für diese Rolle musste er zunächst einmal Englisch lernen. Die Sache des Prätendenten wurde von Englands Feinden im Jahre 1492, zunächst von James IV. von Schottland und dann von Charles VIII. von Frankreich, bereitwillig aufgenommen. Der Frieden von Étaples, der 1492 Henrys Scheinkrieg gegen Frankreich beendete, zwang Perkin, Frankreich aufzugeben und in den Niederlanden um den Schutz der Herrscherin des Hauses York, Margaret, Herzoginwitwe von Burgund, nachzusuchen. (Für Henry und die Tudors war es ein glücklicher Umstand, dass Margaret, Witwe des Herzogs Charles, Karls des Kühnen, keine eigenen Kinder hatte, die ihnen ihre Ansprüche auf die englische Krone hätten streitig machen können.) Die Unterstützung Burgunds für den Hochstapler führte zu einem Handelskrieg zwischen England und den Niederlanden, und es ist typisch für Henrys VII. große Vorsicht, dass er keine weitergehenden Schritte unternahm.

Im Verlauf der nächsten Jahre wurde ein komplexes Geflecht aus Verschwörungen durch das Haus York und Spionage durch die Tudors gesponnen, das entsprechende Überläufer, Verhaftungen und Hinrichtungen mit sich brachte. Am beachtenswertesten ist die von Sir William Stanley, dem Schwager der Mutter des Königs, der in der Schlacht von Bosworth an der Seite Henrys gekämpft hatte. Die Umsturzversuche gipfelten am 3. Juli 1495 in Warbecks Versuch, in Deal in Kent anzulanden. Henrys wirkungsvolle Gegenspionage aber hatte diesem Plan bereits die Zähne gezogen. Als Warbecks Vorhut von örtlich ausgehobenen Truppen schmachvoll geschlagen wurde – eine doppelt bittere Niederlage, da die Grafschaft sowohl allgemein als instabil galt als auch traditionell dem Hause York anhing –, blieb er selbst lieber auf seinem Schiff und segelte nach Irland, wo er vergeblich versuchte, den Hafen von Waterford einzunehmen. Also suchte er über den Winter Zuflucht in Schottland, am Hofe von James IV., der ihn ausgesprochen königlich behandelte und seine Verheiratung mit einer schottischen Adligen arrangierte. In der Zwischenzeit hatten sich die Kräfteverhältnisse auf dem Kontinent geändert, so dass das Haus Burgund nun um die Freundschaft Englands bemüht war, weswegen es seine Unterstützung für Warbeck in den Niederlanden einstellte. Trotz des Mangels an europäischer Unterstützung startete James IV. im Namen Warbecks eine Invasion Englands. Auch wenn James sich alsbald zurückzog (als er feststellte, dass die englischen Truppen ihn als Eindringling und nicht als Befreier betrachteten), entschied sich Henry für einen Vergeltungszug gegen Schottland. Im Winter 1496/97 gab er öffentliche Anleihen aus und ließ das Parlament eine große Summe an Steuern bewilligen, während sich im Norden unter der Führung Lord Daubeneys, eines alten Gefolgsmanns aus dem Exil, eine beträchtliche Streitmacht sammelte.

Die große Invasion wurde jedoch durch Ereignisse im Süden zunichte gemacht. Die Erhebung von Steuern für einen Krieg im Norden traf in den Grafschaften des Südwestens nicht auf Gegenliebe. Die Leute sahen nicht ein, weshalb sie für den Schutz weit entfernter Landsleute in den nördlichen Grenzgebieten zahlen sollten. Angeheizt zunächst von dem wortgewaltigen Anwalt Thomas Flamank und angeführt von dem Schmied Michael Joseph, breitete sich die Revolte schnell von Cornwall in die benachbarten Grafschaften aus. Ein örtlicher Adliger, Lord Audley, übernahm die Führung und ließ die Streitmacht Richtung Osten über Winchester und den Pilgerpfad nach Kent marschieren. Kent zeigte jedoch den Rebellen aus Cornwall ebenso die kalte Schulter, wie es das Warbeck gegenüber getan hatte. Die Streitmacht schlug also zunächst, ohne recht zu wissen, was sie als Nächstes tun sollte, in Blackheath vor London ihr Lager auf. Henry hatte Lord Daubeney und seine Männer bereits aus dem Norden zurückgerufen und wartete nun, bis er zahlenmäßig überlegen war, bevor er den Rebellen am Samstag, dem 17. Juni 1497, den entscheidenden Schlag versetzte. Die Anführer ließ er hinrichten, verschonte aber die meisten der Rebellen, wobei unklar ist, ob er Milde walten lassen oder sein Glück nicht überstrapazieren wollte. In der Zwischenzeit wollte Warbeck die Unruhen in England ausnutzen und segelte über Cork nach Cornwall, während James seine

Truppen abermals über die Grenze führte. Diese schottische Invasion wurde jedoch vom Earl of Surrey mit seinen Truppen zurückgeschlagen, während Warbeck, aus Irland vertrieben, in Cornwall nun das erste Mal englischen Boden betrat. Dort stellte er fest, dass die schlecht bewaffneten Männer, die sich ihm anschlossen, gegen die Mauern und die Wachen von Exeter (schon immer eine „standfeste" Stadt) nichts ausrichten konnten. Als dann die Truppen Daubeneys und Henrys auf die Halbinsel marschierten, versuchte er erst zu fliehen, lieferte sich dann aber der Gnade des Königs aus.

Die Perkin-Warbeck-Affäre war damit aber noch nicht erledigt. Im Juni 1498 flüchtete Warbeck aus der Gefangenschaft, fand sich aber nach seiner Wiederverhaftung nur umso sicherer im Tower von London eingesperrt. Dort lernte er den Earl of Warwick kennen, und der Schlussakt dieser Tragikomödie konnte beginnen. Angeblich gab es eine weitere Verschwörung, diesmal zur Übernahme des Towers, um Henry ausgerechnet in der Bastion seiner Macht herauszufordern. Falls diese Episode nicht völlig frei erfunden ist (nicht sonderlich viele Dokumente haben überdauert), war diese Verschwörung bestenfalls das Werk von Informanten und *agents provocateurs*. Das Ganze gipfelte im November 1499 in einer Serie von Schauprozessen, die zur Hinrichtung Warbecks und einer Handvoll Komplizen führten. Mehr noch, die „Verschwörung" gab Henry auch einen willkommenen Vorwand, um sich einer wesentlich bedrohlicheren Figur entledigen zu können. Der Earl of Warwick, erster unter den potentiellen Thronrivalen, wurde am 29. November 1499 wegen seiner angeblichen Beteiligung enthauptet.

DAS PROBLEM DES VERTRAUENS

Bedenkt man die Aufstände und Verschwörungen, denen Henry sich ausgesetzt sah, und auch, wie er auf den Thron gekommen war, verwundert es kaum, dass seine Herrschaft von Misstrauen und Unsicherheit gekennzeichnet war. (Eigentlich war Misstrauen, wenn auch nicht unbedingt Unsicherheit, ein Kennzeichen der gesamten Dynastie.) Henry war der erste englische König, der glaubte, eine Leibwache zu benötigen. Er gründete die *Yeomen of the Guard,* die *Beefeater*, die noch heute, stolz auf ihr dem Original nachempfundenes Kostüm, den Tower von London bewachen. Aber Misstrauen und Unsicherheit bezogen sich auf weit mehr als nur auf seine persönliche Sicherheit. Sie betrafen alle Aspekte seiner Herrschaft: Finanzen, Gesetz und Ordnung, den Adel und die Kirche. Dadurch unterschied sich sein Regierungsstil deutlich von dem anderer mittelalterlicher englischer Könige. Dieser neue Stil wurde sehr gegensätzlich bewertet. Im Allgemeinen wird er als Form einer „neuen Monarchie" betrachtet, als eine Politik, die bewusst und klug die spätmittelalterliche, instabile „Politik der Barone" durch eine zentralisiertere und erhabenere Monarchie ersetzen wollte. Allerdings haben neue Bewertungen der Politik im Spätmittelalter (Barone waren keineswegs antisoziale Größenwahnsinnige, die das Land zerrissen hätten, wenn sie nicht die starke Hand eines Königs daran gehindert hätte, sondern die natürlichsten Unterstützer des Königs, da sie mehr in die Sicherheit der sozialen Ordnung investiert hatten als jeder andere) zu völlig neuen Ansichten über seine Methoden geführt, die diese für unklug, undurchdacht und schlechterdings inkompetent erachten.

Es gab ein paar Menschen, denen Henry tatsächlich vertraute, meist solche, deren Treue und Dienste bis in die Zeit von und vor Bosworth zurückreichte. Diese stammten zum großen Teil nicht aus dem Hochadel, sondern aus dem niederen Adel und dem Klerus. Die Männer, die Henry 1485 mit nach England gebracht hatte, als er seinen Thronanspruch verfolgte, wurden von John Morton, dem Bischof von Ely, angeführt, dessen Treue schnell durch seine Ernennung zum Lordkanzler im März 1486 und zum Erzbischof von Canterbury im Dezember 1486 belohnt wurde. Schließlich, nämlich 1493, sorgte Henry auch noch für Mortons Ernennung zum Kardinal. Den direktesten Einblick in die Person des Kardinals gewährt uns Thomas More, der als Junge in dessen Haushalt gedient hat. Morton ist in England gemeinhin durch den Begriff „Morton's fork" (Mortons Gabel) bekannt, eine Art Parkinsonsches Gesetz der Steuereintreibung. Die Geschichte geht so: Als er die Schätzer für die Zahlungsfähigkeit der Leute bezüglich bestimmter freiwilliger Darlehen, *benevolences*, an den König beriet, kam er auf folgendes Dilemma zu sprechen: Wenn Menschen einen extravaganten Lebensstil pflegen, sind sie offensichtlich wohlhabend und können es sich leisten, großzügig zu geben. Wenn sie aber genügsam sind, horten sie offensichtlich ihr Geld und können es sich genauso leisten. Dieses Dilemma wird Morton hundert Jahre später von Francis Bacon zugeschrieben, aber Mores Anekdoten über seinen früheren Herrn zeigen uns einen intelligenten und geistreichen Mann, der wohl kaum selbst eine solche Politik formuliert hätte. Eine frühere Version der Geschichte, die Thomas More Erasmus von Rotterdam erzählte, schrieb das Dilemma Richard Fox zu, einem anderen großen Minister Henrys aus dem Klerus. Die Geschichte ist sicherlich *ben trovato* (gut erfunden), aber straft die Herrschaftsperiode, aus der sie stammt, bestimmt nicht Lügen. Henry und seine Berater waren sich sicher, dass da draußen mehr Geld zu holen war, als die Leute sie glauben machen wollten, und sie hatten Recht.

Richard Fox war ebenfalls mit Henry im Exil gewesen und erwies sich als einer der effizientesten Männer in seinen Diensten. 1487 wurde er Lordsiegelbewahrer *(Lord Privy Seal)* und wurde mit einer ganzen Abfolge immer reicherer Bistümer belohnt. Unter den weltlichen Männern mit politischem Einfluss waren ebenfalls viele mit Henry im Exil gewesen. John de Vere, Earl of Oxford, war der Erste unter ihnen und erhielt als *Admiral of England* eines der höchsten militärischen Ämter. Mitstreiter aus der Zeit des Exils oder der Schlacht von Bosworth stellten eine ganze Reihe der „umtriebigen Männer", deren Aktivitäten im Rechtswesen und bei den Finanzen Henrys strenge Herrschaft stützen sollten. Männer wie Edward Poynings, Reginald Bray, Thomas Lovell und Giles Daubeney waren die einflussreichsten in den ersten zehn oder fünfzehn Jahren. Daubeney war allerdings der Einzige, der mit einem Adelstitel belohnt wurde. Die zweite Generation in Henrys Diensten, einschließlich der berüchtigten Richard Empson und Edmund Dudley, war die Sorte von Männern, die unter besonders misstrauischen Bedingungen erst richtig aufblühten. Es waren ehrgeizige, skrupellose, nur dem König verantwortliche Außenseiter ohne enge Bindungen an Familien der Oberschicht. Die weltlichen Staatsdiener, die in Henrys Gunst am höchsten standen, wurden in der Regel zum Ritter geschlagen. Dabei handelte es sich in vielen Fällen um die höchste Auszeichnung dieser Art: den *Order of the Garter* (Hosenbandorden), der sich unter Henry zur höchsten Auszeichnung überhaupt entwickelte. Die meisten seiner weltlichen Anhänger oder derer, die in seinen Diensten standen, wurden mit der Zeit in diesen Orden aufgenommen, auch seine eigene Mutter, Lady Margaret.

DIE KÖNIGLICHEN FINANZEN

Es ist seit langem anerkannt, dass die Finanzen zu Henry besonderen Prioritäten gehörten. Seine legendäre Detailfreudigkeit ist daran abzulesen, dass er jede Seite seiner *Chamber Accounts* selber überprüfte und abzeichnete. Dabei handelte es sich um die Einnahmen und Ausgaben seines eigenen Finanzhaushaltes. Es ist bezeichnend für ihn, dass er es vorzog, die königlichen Finanzen durch diesen Kanal zu leiten, der unter seiner persönlichen und täglichen Kontrolle stand, als durch das allzu formale, unpersönliche und allzu abgelegene *Exchequer*, das Schatzamt. Diese Detailfreudigkeit wurde von modernen Historikern geradezu zu einem Maßstab königlicher Kompetenz erhoben, als sei der König eine Art hoher Beamter gewesen, dessen Leistung nach der Schnelligkeit und Genauigkeit bei der Bearbeitung von Unterlagen gemessen wird. Könige wurden aber im Mittelalter nicht als glorifizierte Kaufleute oder Buchhalter betrachtet. Wenn uns die Beschäftigung dieses Königs mit den alltäglichen Kleinigkeiten der Regierungsmaschinerie überhaupt etwas sagt, dann, dass er nicht einmal seinen engsten Bediensteten vertraute, sondern es für nötig hielt, sie unter genauer und strenger Beobachtung zu halten.

Worauf es bei Henrys VII. Finanzpolitik wirklich ankommt, ist die Art und Weise, wie er für Einnahmen sorgte. Mehr als jeder andere König vor ihm war er ein Opfer des Mythos unter den Adligen, ein König solle „sein eigenes Auskommen bestreiten", das heißt, der König solle im Normalfall die Kosten für seinen Hof, seinen Haushalt, die Zentralverwaltung und die Regierungskosten aus seinen „ordentlichen" Einnahmen bestreiten, anstatt die Allgemeinheit durch direkte Steuern zu belasten. Dieser Mythos war zuerst im Zusammenhang mit der Absetzung Richards II. und der Usurpation durch Henry IV. im Jahre 1399 verbreitet worden. Henry IV. hatte damals diesen etwas kurzsichtigen und vorläufigen Anspruch verkündet und quasi zum Verfassungsprinzip erhoben, um die Adligen zu befrieden, die er dazu gebracht hatte, seinen Anspruch auf den Thron anzuerkennen. Auch wenn sich Henry V. dann von dieser Fessel befreien konnte, da er ein ausgesprochen erfolgreicher Feldherr war (ein möglicher Krieg galt als legitimer Grund für eine direkte Besteuerung), verfolgte diese Maxime die Regierungen des 15. Jahrhunderts. Das Einzige, was das Prinzip, der König möge „sein eigenes Auskommen bestreiten", einigermaßen durchführbar machte, war die Ausweitung der Fläche und die gleichzeitige Anhebung des Wertes der königlichen Ländereien. Sowohl das Haus Lancaster als auch später das Haus York weiteten die Ländereien der Krone aus, indem sie ihnen die riesigen eigenen Ländereien hinzufügten. Auch das Erlöschen sowie die Einziehung des Vermögens von Adelsfamilien, die während der Rosenkriege dann und wann die jeweils falsche Seite unterstützt hatten, sorgte für weiteren Vermögenszuwachs. Als Henry VII. den Thron bestieg, betrug der Wert der Kronländereien ca. 40 000 Pfund pro Jahr. Anders als die meisten Könige vor ihm sah er keinerlei Anlass, damit die ausgedünnten Reihen des englischen Adels wieder aufzufüllen. Stattdessen klammerte er sich mit beiden Händen daran.

Die einzige Form der Besteuerung, auf die Könige als ordentliche Einkommensquelle zählen konnten, war die Erhebung von Zöllen auf Importe und Exporte. Auch wenn sogar Zolleinkünfte vom Parlament bewilligt werden mussten, war es doch Tradition geworden, dass sie jedem König durch das erste Parlament seiner Herrschaft auf Lebenszeit bewilligt wurden. Vielleicht war ein *House of Commons*, das bereits verstärkt vom Landadel dominiert wurde, ganz froh, dem König Steuern zu bewilligen, die eher auf Kaufleute und Händler fielen als auf sie selbst. Und die Kaufleute wussten wohl nur zu gut, dass ihr Wohlstand wesentlich vom Schutz und Wohlwollen des Königs abhing. Wie auch immer, die Zölle wurden Henry VII. wie üblich gewährt und bildeten einen wesentlichen Teil seines Haushalts. Da Zölle auf Mengen und nicht auf Preise erhoben wurden, stiegen die Einnahmen auch nur mit den Mengen der gehandelten Waren. Bedenkt man den langsamen technologischen Fortschritt und das geringe Wirtschaftswachstum (wenn überhaupt von Wachstum die Rede sein konnte – die Märkte unterlagen Schwankungen noch mehr als heute), dann konnte der König nicht viel mehr tun, als die Tarife auf die Mengeneinheiten zu erhöhen, wenn er höhere Einnahmen aus den Zöllen (und nicht aus den Ländereien) herbeiführen wollte. Diese Methode war aber immer umstritten, auch wenn Henry es 1507 schaffte, neue Zolltarife festzulegen. Es sollte danach trotz einer ein halbes Jahrhundert andauernden massiven Inflation bis 1558 dauern, bis die Zölle noch einmal neu festgelegt wurden, und dies auch nur, weil ein erfolgloser Krieg zu finanzieren war. Henrys Anpassung der Zölle war ein einträgliches Unterfangen. Am Anfang seiner Herrschaft lagen die Zolleinnahmen bei ca. 33 000 Pfund pro Jahr, am Ende bei etwa 40 000 Pfund.

Die dritte Komponente der „ordentlichen" Einkünfte des Königs bildeten die Einkünfte aus seiner Prärogative, seinem Vorrecht, Bußgelder und Feudalabgaben zu erheben. Vor allem hier versuchte der König ein zusätzliches Einkommen herauszupressen. Seine Prärogative, dieses Bündel aus Rechten und Befugnissen, das dem König nach englischem Recht von Amts wegen zustand, wurde während Henrys Herrschaft Gegenstand großen Interesses, gerade weil er große Anstrengungen unternahm, es auszunutzen. Bußgelder landeten (nach Abzug diverser Kosten) in der Kasse des Königs, und Henry war sehr erpicht darauf, die Bußgelder nicht nur zu kassieren, sondern auch die Bandbreite der mit Bußgeldern geahndeten Vergehen auszuweiten. Manche unterstellen sogar, dass Henry trotz seines scheinbaren Eintretens für Recht und Ordnung meist nur am Vollzug der Gesetze interessiert war, die auch finanzielle Erträge brachten.

Feudalabgaben waren Zahlungen, die sich aus der Stellung des Königs an der Spitze der gesellschaftlichen Pyramide ergaben. Der König galt als der oberste Lehnsherr; alle Grundbesitzer, die rechtlich als *tenants-in-chief* (Hauptpächter) eingestuft wurden, schuldeten ihm für die Lehen Feudaldienste (in der Regel Militärdienst). Sie mussten dem König Abgaben leisten, sobald sie ihre Ländereien erbten. Hinzu kam noch ein Weiteres: Da Erben, die jünger waren als 21, und Erbinnen und Witwen keinen militärischen Dienst versehen konnten, strich der König die Gewinne des von ihnen geerbten Landes ein, bis sie starben, heirateten oder volljährig wurden. Der zunehmend fragmentierte Land- und Heiratsmarkt in Kombination mit den politischen Zerwürfnissen im 15. Jahrhundert hatte zu geringeren Einnahmen aus diesen Feudalabgaben geführt. Zunächst unter Edward IV. und dann verstärkt unter Henry VII. machte sich die Krone daran, diesen Feudalrechten wieder Geltung zu verschaffen. Mit Unterstützung aufstrebender Anwälte, die ein Auge auf königliches Wohlwollen und Ämter warfen, wurden die Grenzen der königlichen Prärogative auf alle möglichen Arten ausgeweitet. Daher ergab sich auch die zunehmende Beschäftigung mit der Prärogative in den Vorlesungen an den *Inns of Court*, den damaligen Ausbildungsstätten englischer Anwälte.

Der Erbfall war der Moment, an dem ein König „zuschlagen" konnte. *Inquisitiones post mortem* (Untersuchungen nach dem Tod eines Grundbesitzers) dienten der Bestimmung der Fläche an Land, die der Verstorbene als Lehen des Königs gehalten hatte. Um die Ansprüche des Königs durchzusetzen, wurden *Royal Commissioners* ernannt, und der Grat zwischen Untersuchung und Einschüchterung wurde oftmals schnell überschritten. Vereidigte Sachverständige wurden dazu verleitet, königliche Ansprüche zu begünstigen, und es gab eine Tendenz, mehr und mehr Land als direkte Lehen des Königs einzustufen. Wenn Grundbesitzer, Erben oder Witwen gegen Regeln verstießen oder ihren Feudalabgaben nicht nachkamen, wurden sie (oder ihre Erben) mit ungeheuerlichen Bußgeldern belegt. So wurde zum Beispiel der Duke of Buckingham mit einem Bußgeld von 2000 Pfund geschröpft, weil seine verwitwete Mutter es unterlassen hatte, vor ihrer Wiederverheiratung um die Erlaubnis des Königs nachzusuchen. Die Erhebung von Bußgeldern und Abgaben unter der königlichen Prärogative wurde unter Henry VII. zu einem bedeutenden Gewerbe. Gegen Ende seiner Herrschaft betrug sein durchschnittliches Einkommen aus der Vormundschaft *(Wardship)* über minderjährige Erben 9000 Pfund pro Jahr, und 1503 wurde ein neues königliches Amt, *Surveyor of the King's Wards*, geschaffen, um sie effizienter zu handhaben. Seine Einkünfte aus Feudalstrafen und anderen Bußgeldern waren vermutlich noch höher, sind aber schwer zu berechnen. Die Ausnutzung der königlichen Prärogative fand ihren Höhepunkt im Jahre 1508, als ein weiteres königliches Amt geschaffen wurde, das des *Surveyor of the King's Prerogative*, um die Ausübung der Prärogative zu überwachen, zu koordinieren und sicherzustellen, dass die Eintreibung und die Verwendung der Gelder unter den wachsamen Augen des Königs verblieb. Henrys VII. berüchtigte Beamte Richard Empson und Edmund Dudley wurden am häufigsten mit der Ausbeutung durch die königliche Prärogative in Verbindung gebracht, was ihnen unter dem nachfolgenden König Verhaftung und Hinrichtung eintrug. Aus Aufzeichnungen, die Dudley hinterlassen hat, kennen wir viele Einzelheiten ihres Tuns.

Trotz aller moralisch und sogar rechtlich zweifelhaften Aspekte war Henrys VII. Finanzpolitik rein finanziell betrachtet ein voller Erfolg. Henry tilgte die königlichen Schulden und häufte ein sagenhaftes Vermögen an. Unglücklicherweise ist dieses Vermögen im wörtlichen Sinne sagenhaft. Wir wissen nämlich nicht, wie viel er in den Truhen in seinen Privatgemächern verstaut hatte. Francis Bacon schrieb mehr als ein Jahrhundert später auf der Grundlage seither verloren gegangener Unterlagen, es habe sich um mehr als 2 Millionen Pfund gehandelt. Auch wenn diese Zahl seit langem für falsch gehalten wird, ist es doch durchaus möglich, dass er richtig lag. Schließlich weisen die besten Zahlen, die man über die Kriege Henrys VIII. am Anfang seiner Herrschaft zur Verfügung hat, eine enorme Lücke zwischen Einnahmen und Ausgaben auf, die nur durch das Vermögen, das sein Vater hinterlassen hatte, überbrückt werden konnte. Was sein Barvermögen angeht, starb Henry VII. vermutlich als der reichste König, den England je gekannt hat.

Dieser Überschuss ist lange Zeit als eine der größten Leistungen Henrys betrachtet worden. Christine Carpenter hat jedoch in einer überzeugenden Kritik an dieser allgemeinen Einschätzung von Henrys Erfolg als König gefragt, welchen Nutzen dieser Überschuss denn gehabt hat, wenn man bedenkt, dass er zwar seine ordentlichen Ausgaben weit überstieg, für einen auswärtigen Krieg (Hauptgrund für außerordentliche Einnahmen) aber nicht ausgereicht hätte, falls er überhaupt einen hätte führen wollen. Sie hat sicher Recht, wenn sie seine überbordende Schatzkammer als Hinweis auf seine Verwundbarkeit und sein schlechtes Ansehen deutet. Henry fühlte sich offensichtlich nie sicher genug, um Schulden anzuhäufen und Steuern zu erheben, so wie es Könige taten, die sich sicherer fühlten. Mehr noch, für die zweifelhaften fiskalischen Mittel, die Henry und seine Agenten ergriffen, um die Schatzkammer zu füllen, zahlte er mit der damit verbundenen Unpopularität und insbesondere der Unzufriedenheit des Adels einen gewaltigen politischen Preis. Schon frühere Könige vor ihm, die zu ähnlich erpresserischen Mitteln gegriffen hatten, hatten sich den Zorn ihres Adels zugezogen, denn solche Maßnahmen richteten sich nicht nur gegen ihre Interessen als Grundbesitzer, sondern verstießen auch gegen ihr Gerechtigkeitsempfinden. Die Wahrung der Gerechtigkeit wurde aber als vorherrschende Aufgabe eines Königs vor Gott und vor den Menschen betrachtet.

War Henrys Finanzpolitik also Ausdruck weltläufiger Weisheit oder unerklärlicher Dummheit? Wenn man davon ausgeht, dass selbst sein Vermögen die Kosten eines Krieges nicht hätte decken können, war der Gewinn, den er mit einem hohen politischen Risiko bezahlte, dann völlig zwecklos? Nun, wenn man sich Henrys Charakter und die Umstände ansieht, kann man Argumente, wenn auch nicht für die Weisheit, so doch für die Nützlichkeit seiner Politik vorbringen. Sie kann vielleicht nicht gerechtfertigt, aber erklärt werden. Seine größte Angst war, dass er einem ebensolchen Anschlag auf den Thron zum Opfer fallen könnte, wie er ihn selbst gegen Richard III. verübt hatte. Nun könnte man sagen, er hätte sich auf die Treue verlassen sollen, die man in England dem Herrscher grundsätzlich entgegenbrachte, aber er konnte selbst erkennen, dass der Adel sich zunehmend sträubte, in einem dynastischen Konflikt Partei zu ergreifen. Eines konnte die gut gefüllte Schatzkammer sicherlich abdecken, nämlich einen einzelnen Feldzug in England selbst. Wäre Henry jemals mit einem solchen Coup konfrontiert worden, wie er selbst ihn lanciert hatte, hätte er zumindest die Gelder gehabt, um schnell eine große Anzahl an Truppen auszuheben. Der König hat diese Begründung natürlich nicht geliefert. Dass dies aber der Zweck seines Vermögens gewesen sein könnte, klingt in einer Passage in Thomas Mores *Utopia* an, die vielfach als Anspielung auf die jüngere Geschichte seines Landes gedeutet wird. Denn More fügte seinen Berichten über fiktive transatlantische Gesellschaften auch einen Hinweis auf eine Gesellschaft ein, in der dem König gesetzlich vorgeschrieben war, wie viel Vermögen er anhäufen durfte: Es sollte ausreichen, um eine Rebellion niederzuschlagen, aber zu gering sein für eine tyrannische Herrschaft über die eigenen Untertanen oder für Eroberungen in anderen Ländern. Bedenkt man, dass More in seiner Jugend unter Kardinal Morton gedient hatte, könnte eine solche Idee in den Regierungskreisen um Henry VII. tatsächlich kursiert haben. Doch auch wenn eher das Bedürfnis nach Sicherheit als ziellose Anhäufung Henrys Vermögen erklärt, rechtfertigt dies noch lange nicht den politischen Preis, der dafür zu bezahlen war. Thomas Mores Bemerkungen lassen vermuten, dass er dachte, Henry VII. sei zu weit gegangen. Die beiden Risiken, auf die er verweist – Tyrannei daheim und sinnlose Aggression nach außen – könnten sehr wohl ein Licht auf die späten Jahre der Herrschaft Henrys VII. und auf die frühen der Herrschaft Henrys VIII. werfen.

HENRY VII. UND DER ADEL

Henrys Verhältnis zur englischen Aristokratie hat zu ebenso unterschiedlichen historischen Urteilen geführt wie seine Finanzpolitik. Auf der einen Seite ist er für die Zurechtweisung des Adels gerühmt worden, für die Zerstörung dieser „übermächtigen Untertanen", die der Politik im Spätmittelalter zu schaffen gemacht hatten. Auf der anderen Seite ist er dafür an den Pranger gestellt worden, dass er dem Adel und den Großgrundbesitzern, die seine natürlichen regionalen Verbündeten, Berater und Anhänger waren, die kalte Schulter gezeigt habe. Nahezu einhellige Übereinstimmung herrscht nur darüber, dass sich seine Politik gegenüber dem Adel von allem unterschied, was England zuvor gekannt hatte. Warum und mit welchen Auswirkungen, das sind allerdings umstrittenere Fragen.

Neu war vor allem, dass er zögerte, frühere Adelstitel zurückzuerstatten oder neue zu vergeben. Während Edward IV. sehr großzügig damit umgegangen war (er vergab 35 neue oder auch alte Titel) und sich diese inflationäre Entwicklung unter Henry VI. fortgesetzt hatte, knauserte Henry VII. mit solchen Ernennungen und Wiedereinsetzungen. Der Großteil wurde engen Verwandten und Anhängern von 1485 zuteil. Seine Mutter, Lady Margaret Beaufort, wurde wieder Countess of Richmond aus eigenem Recht, und ihr dritter Ehemann, Thomas Stanley, wurde Earl of Derby. Sein Onkel Jasper Tudor wurde als Earl of Pembroke wieder eingesetzt und später zum Duke of Bedford erhoben. Da aber Henry selbst Margarets Erbe war und Jasper Tudor keine Kinder hatte, waren diese Ernennungen nur von kurzfristiger Dauer. John de Veres Ehrverlust *(Attainder)* wurde rückgängig gemacht und de Vere wieder zum Earl of Oxford ernannt. Giles Daubeney erhielt einen Sitz im *House of Lords* (Oberhaus). Doch von jenen Hochadligen, die ihre Titel aufgrund ihres Kampfes gegen Henry in der Schlacht von Bosworth oder wegen Verrats in der Zeit danach verloren hatten, wurden nur wenige wieder eingesetzt. Thomas Howard, Earl of Surrey und Erbe des Herzogtums von Norfolk, wurde 1489 wieder als Earl eingesetzt, bezahlte aber dafür mit zehn Jahren treuer Dienste, zumeist im nördlichen Grenzgebiet. Er musste bis zur Herrschaft Henrys VIII. warten, bis seine Familie wieder in das Herzogtum eingesetzt wurde. Der englische Hochadel blieb während der gesamten Herrschaft Henrys VII. eine Art Torso. Von 138 Adligen, die ihre Titel verloren hatten, wurden von Henry VII. lediglich 46 wieder eingesetzt. Von 55 Hochadligen im Jahre 1485 waren 1509 noch 42 übrig.

Das Motiv hinter dieser missgünstigen Politik war wieder einmal Misstrauen. Henry VII. hatte schlicht und einfach kein Vertrauen zu den Adligen und Großgrundbesitzern und hatte nicht die Absicht, die Ränge derer, die er wohl eher als potentielle Rebellen denn als Säulen des Regimes betrachtete, auch noch aufzufüllen. Sein Misstrauen gegenüber dem Adel traf sich mit seiner Finanzpolitik an dem Punkt, wo er Rechts- und Strafsanktionen verhängte, um ihm Daumenschrauben anzulegen. Bußgelder für tatsächliche, angebliche, eingebildete oder beabsichtigte Vergehen wurden nicht nur zu einer Einnahmequelle, sondern auch zu einer politischen Waffe, besonders wenn sie „bei guter Führung zur Bewährung ausgesetzt“ wurden. Adligen (und vielen anderen) wurden *Bonds and Recognisances* auferlegt, mit denen sie zur Ableistung oder Unterlassung bestimmter Tätigkeiten verpflichtet wurden. Bei einem Verstoß wurden enorme Bußgelder fällig, von denen manchmal sogar ein großer Teil als Sicherheit hinterlegt werden musste. Während Henrys Herrschaft war mehr als die Hälfte des Hochadels von diesen Maßnahmen betroffen, und lediglich ein gutes Viertel des Hochadels blieb von Ehrverlust, Bußgeldern oder Verpflichtungen ganz verschont. Auf die eine oder andere Art sah sich der überwiegende Teil des Hochadels unter Henrys VII. Fuchtel. Ob es ihm gefallen hat oder nicht, in jedem Fall wurde die Handlungsfreiheit des Hochadels und damit auch das Rebellionspotential auf diese Weise stark eingeschränkt.

Die Vergehen, für die Adlige und andere mit Bußgeldern oder *Bonds* (Schuldverschreibungen) belegt werden konnten, waren selbst Ausweis des Misstrauens des Königs. So war beispielsweise die Praxis des *Retainings*, der „Indienstnahme", ein zentraler Pfeiler in einem spätmittelalterlichen Gemeinwesen: Adlige und andere nahmen Männer als Berater, Diener oder „Vollstrecker" in ihren Dienst, um ihren jeweiligen häuslichen, örtlichen, regionalen oder gar nationalen Verpflichtungen nachzukommen (im Extremfall die Aushebung von Truppen, um dem König im Krieg zu dienen). So unverzichtbar diese Praxis auch war, so sehr konnte sie auch missbraucht werden, und die Könige des 15. Jahrhunderts regelten sie per Gesetz. Henry VII. hingegen stellte diese Regeln auf eine völlig neue Basis, indem er eine rechtliche Interpretation bemühte, nach der das *Retaining* außer für Zwecke des eigenen Haushalts im Prinzip für illegal erklärt wurde. Diese Interpretation brachte er 1504 in Gesetzesform. Da es für Adlige nachgerade unmöglich war, dieses Gesetz nicht zu brechen, wurde es zu einem wunderbaren Jagdrevier für ein Regime, das erpicht darauf war, *Bonds and Recognisances* aufzuerlegen. Die berüchtigtste dieser Auflagen, 100 000 Pfund gegen George Neville, Lord Abergavenny, erging aufgrund eines Verstoßes gegen dieses Gesetz. In den ersten Jahren der Herrschaft gab es viele solcher Strafverfolgungen, was dazu führte, dass sich viele Adlige und Angehörige der Oberschicht auf einen Vergleich einließen oder solche Verpflichtungen akzeptierten, um einer Strafverfolgung zu entgehen. In Anbetracht dessen, wie Henry sie behandelte, ist es verwunderlich, dass sich die Adligen nicht gegen ihn erhoben. Andererseits war es aber gerade diese rücksichtslose Kontrolle, die Henry ihnen von Anfang an auferlegte, die ihren Willen und ihre Widerstandskraft schwächte. Kurz gesagt, Henry ging so vor, wie Machiavelli dies eine Generation später anderen „neuen Fürsten" empfehlen sollte: Herrsche durch Angst, nicht durch Liebe. Nicht dass Henry einen Machiavelli gebraucht hätte, der ihm sagte, was er zu tun hatte – im Gegenteil, Machiavelli hätte vielmehr an ihm Maß nehmen können.

Henrys Beschränkung der Macht des Hochadels verleitete Generationen von Historikern, die daran gewöhnt waren, den Adel als Rivalen des Königs und Dorn im Fleische seiner Untertanen zu betrachten, zu dem Schluss, seine Herrschaft sei eine wichtige Station auf dem Weg von Recht und Ordnung zu einer modernen Zivilgesellschaft gewesen. Eine wachsende Anerkennung der zentralen Rolle, die der Adel im spätmittelalterlichen und frühneuzeitlichen Regierungssystem Englands spielte, hat dazu geführt, dass diese Weisheit nun auf zweierlei Art in Frage gestellt wird. Einige waren der Ansicht, es habe gar keine Beschränkung der Macht des Hochadels gegeben, was jedoch eher einem Wunschdenken entspricht. Um das Jahr 1509 war die Zahl der Hochadligen weitaus geringer, besaßen diese weniger Grundbesitz, waren sie weniger in der Lage, Truppen im eigenen Namen auszuheben, und standen sie unter strengerer Kontrolle des Königs. Es kann kein Zweifel darüber bestehen, dass ihre Macht während Henrys Herrschaft eingeschränkt wurde. Etwas realistischer wurde aber auch gefragt, ob diese Beschränkung der Macht des Adels tatsächlich einer gleichzeitigen Zunahme an Recht und Ordnung entsprach. Aus dem Norden und den Midlands gibt es Hinweise darauf, dass die Schwächung der gewohnten Kontrolle über eine Region durch einen mächtigen örtlichen Großgrundbesitzer zu einer Zunahme der Fehden unter dem Landadel führte und dazu, dass dieser weniger als früher in der Lage war, Banditentum und Unruhen zu unterdrücken. Solche Hinweise sind schwer zu deuten, aber es kann sicher nicht länger behauptet werden, Henry habe die Macht des Adels verringert, um mehr Recht und Ordnung walten zu lassen. Er war wahrscheinlich in einer noch schlechteren Position als wir, um die Auswirkungen seiner Politik auf Recht und Ordnung beurteilen zu können, hätte aber vermutlich so oder so dieselbe Politik verfolgt. Gutes Regieren für das gemeine Volk stand schlicht nicht auf seiner Tagesordnung. Sein Ziel war es sicherzustellen, dass der Adel nicht in der Lage sein würde, sich gegen seine Herrschaft zu erheben, und damit hatte er Erfolg.

GERECHTIGKEIT UND FRIEDEN

Recht und Ordnung oder, wie Autoren des Tudorzeitalters es genannt hätten, Gerechtigkeit und Frieden sind selbst heutzutage ausgesprochen schwierig zu beurteilen, obwohl wir in einer Zeit der Kriminalitätsstatistiken und relativ effizienter Verbrechensbekämpfung leben. Also ist es entsprechend waghalsig, um es milde auszudrücken, auf der Basis der lückenhaften Gerichtsprotokolle, die die letzten 500 Jahre überdauert haben, Urteile solcher Art über die Tudorzeit zu fällen. Und wenn das für uns heute schwierig ist, so war es das vermutlich erst recht zu einer Zeit, als die Schwierigkeiten nicht so schnell erkannt wurden und die Beziehungen zwischen Berichterstattung, Verbrechensbekämpfung, Gerichtsverhandlungen, Bestrafung und Abschreckung noch weniger gut verstanden wurden als heute. Vielleicht war die Qualität von Gerechtigkeit und Recht und Ordnung genau wie heute eher eine Sache der Wahrnehmung als der Wirklichkeit. Ein gerechter König war ein König, der für gerecht gehalten wurde, so wie heute ein Innenminister, der durchgreift, ein Innenminister ist, von dem man meint, er greife durch. So gesehen, zeigte Henry VII. in der Tat Interesse an Gerechtigkeit. Eine Besonderheit, die seine Herrschaft diesbezüglich charakterisierte, war die, dass niemand so mächtig sein konnte, dass er nicht der königlichen Gerichtsbarkeit unterworfen war. Wenn der Duke of Buckingham einen Strafbefehl über 2000 Pfund erhalten konnte, dann stand niemand über dem Gesetz. Dies war im Bereich des Rechts vielleicht ein Fortschritt – so wie der mögliche Verfall der Ordnung in manchen Regionen ein Rückschritt war.

Das Hauptinstrument der örtlichen Rechtsprechung und Verwaltung war die *Commission of the Peace.* Größtenteils auf Basis der Grafschaften organisiert, bestand diese *Commission* aus einer Anzahl wohlhabender örtlicher *Gentlemen*, möglicherweise unterstützt durch Bischöfe, Äbte und Hochadlige, also dem Adel im weitesten Sinne. Diese *Justices of the Peace* (Friedensrichter) hatten die Aufgabe, geringfügige Verbrechen zu bestrafen (schwerere Verbrechen wurden von Richtern aus London verhandelt, die für Gerichtssitzungen, die so genannten *Assizes*, in die Grafschaften kamen) und das Gesetz durchzusetzen. Ihre Anzahl und Verantwortungsbereiche expandierten recht gleichmäßig während der gesamten Zeit der Tudors und danach, wobei jedoch bezeichnend ist, dass das erste Handbuch für Friedensrichter, das *Book of the Justice of the Peace,* 1506 veröffentlicht wurde. Dies war zwar keine „offizielle" Veröffentlichung, aber die bloße Tatsache, dass das Buch erschien, weist auf die wachsende Bedeutung der Friedensrichter in der Gesellschaft hin. Henrys VII. besonderer Beitrag zur Entwicklung dieses Systems war die Besetzung dieser Kommissionen in den Grafschaften mit Leuten seiner Couleur. So brachte er Kardinal Morton in jeder Kommission des Landes unter, und Mortons Nachfolger als Erzbischof von Canterbury und *Lord Chancellor* fanden sich ebenfalls in den Kommissionen mancher Grafschaften wieder, die sie jedoch vermutlich nie betreten haben. Andere Vertraute, Kleriker und Staatsdiener wie Jasper Tudor, Reginald Bray, Giles Daubeney und Richard Fox wurden ebenfalls auf diese Weise eingesetzt.

Der Zweck des Ganzen ist nicht sofort zu erkennen, da nur wenige dieser Männer jemals den vierteljährlichen Sitzungen dieser Kommissionen beigewohnt haben dürften. Bei genauerer Betrachtung jedoch widersprechen Henrys politische Maßnahmen, so unkonventionell sie oft waren, nur selten jener „politischen Weisheit im Regieren", die seine

Zeitgenossen ihm zugesprochen haben. In diesem Fall war seine Absicht wohl vor allem symbolisch. Er wollte die Verantwortung betonen, die diese Kommissionen dem König im Zentrum schuldeten, und ihnen vor Ort Prestige verleihen, indem er sie mit höchstrangigen Staatsmännern besetzte. In einer Gesellschaft, die viel Wert auf Rang und Beziehungen legte, sollte man die praktischen Auswirkungen solcher symbolischen Handlungen nicht unterschätzen. Zudem mag die Besetzung dieser Kommissionen mit Leuten wie Reginald Bray, die für die eher dubiosen Rechtsmaßnahmen verantwortlich waren, die Henrys „fiskalischen Feudalismus“ ausmachten, dazu beigetragen haben, dass die Friedensrichter sich nicht allzu sehr in ihre Arbeit einmischten.

Henry bekundete auch in der Gesetzgebung sein Interesse an Recht und Ordnung. Seine Parlamente verabschiedeten 21 Gesetze, die die Friedensrichter und ihre Arbeit betrafen und ihnen die Zuständigkeit für Angelegenheiten verliehen, die von Ausschreitungen und ungesetzlichem *Retaining* über Maße und Gewichte bis zum Bierausschank reichten. In einem frühen Gesetz prangerte Henry die Tendenz unter Friedensrichtern an, ihre Macht zu missbrauchen, um Freunde zu begünstigen und ihre Feinde und Untergebenen zu schädigen, was sie auch zweifellos taten. Denn trotz all der hohlen Äußerungen über Gerechtigkeit (genau wie heute war jeder für Gerechtigkeit) benutzten die Parteien, ob nun Kläger oder Beklagter, das Recht dazu, ihre eigenen Interessen zu befördern, wenn nötig auch auf Kosten anderer. Henrys VII. rücksichtslose Ausnutzung des Rechts für seine eigenen Ziele hat wohl wenig dazu beigetragen, davon Abstand zu nehmen. Diese ganze gesetzgeberische Aktivität wurde nicht von nachhaltigen Anstrengungen zur Durchsetzung der Gesetze begleitet, was aber auch nicht zu überraschen vermag. Regierungen im Mittelalter fanden es im Allgemeinen leichter, Gesetze zu verabschieden als sie umzusetzen. Aber die Verabschiedung der Gesetze selbst geschah mit guter Absicht und fand größtenteils Anklang, besonders nachdem die im Parlament verabschiedeten Gesetze gedruckt wurden (eine Innovation Richards III.) und daher unter den herrschenden örtlichen Eliten in Umlauf waren. Zumindest sah man, dass die Regierenden sich kümmerten, und vielleicht konnte man auch kaum mehr erwarten. Genau wie heute war Gesetzgebung häufig ein symbolischer Akt, der eher dazu diente, einen guten Eindruck zu machen, als ein reales Ergebnis herbeizuführen.

Unter den Tudors gab es eine merkliche Intensivierung der Brutalität des englischen Rechts. Dies kann unter anderem daran abgelesen werden, dass lauter als bisher die Todesstrafe für die einheimischen Ketzer des mittelalterlichen England, die Lollarden, gefordert wurde. Das Gesetz, das den Tod durch Verbrennen für hartnäckige oder rückfällige Ketzer verlangte, war 1401 verabschiedet worden, aber unter den Häusern Lancaster und York waren lediglich etwa zwei Dutzend Personen verbrannt worden. Unter Henry VII. folgte annähernd ein weiteres Dutzend, während Henry VIII. weitere drei Dutzend hinzufügte (protestantische und katholische Opfer nicht mitgerechnet). Während diese Unterdrückung manchmal als logische, wenn auch als moralisch zweifelhafte Antwort auf das Wiederaufkeimen der Lollarden verstanden wurde, gibt es wenige Gründe zu glauben, dass diese tatsächlich zahlreicher wurden. Diese Politik mag auch ein Element der Legitimation der Thronbesteigung enthalten haben. Die Verteidigung der Freiheiten der Kirche – zu denen traditionell die Freiheit von „Konkurrenz" zählte – gehörte zu den vordringlichen Verpflichtungen eines christlichen Königs. Die Unterdrückung von Ketzern war daher ein geeigneter Weg, die Legitimität seiner Herrschaft durch die Tat zu bekräftigen. Dies galt in doppelter Hinsicht für einen König, der um päpstliche Sanktionierung seines Titels nachgesucht hatte. Zudem war es ein traditionelles Element der englischen (und der europäischen) Politik, davon auszugehen, dass Ketzerei und Aufwiegelung zwei Seiten derselben Medaille seien: Ketzer galten zum einen *per se* als sozial und politisch subversiv, zum anderen wurden Aufwiegelung und Rebellion in gewisser Weise – zumal bei der einfachen Bevölkerung – als Naturkatastrophen betrachtet, die wie andere „Handlungen Gottes" die Erde heimsuchten, um Regierungen oder Gesellschaften für ihre Sünden zu bestrafen, wie zum Beispiel die mangelnde Verteidigung Seiner Kirche gegen Ketzerei. Ein König wie Henry VII., der auf die Gefahr der Aufwiegelung noch empfindlicher reagierte als andere, musste sich daher auch mehr mit diesem Thema beschäftigen. Also mochte er von all seinen Funktionsträgern und besonders von seinem Klerus erwartet haben, dass sie die Ketzerei besonders gründlich ausrotteten.

Henrys Politik in Irland verdeutlicht besonders gut die Mischung von Misstrauen und fehlenden Visionen, die seine Herrschaft, wenn auch unbeabsichtigt, zum Wendepunkt in der Geschichte dieser Inseln machen sollte. Irland hatte sich nämlich seit den 1450er Jahren dem Hause York zugewandt, und diese Sympathien blieben auch in den ersten Jahren der Herrschaft Henrys offensichtlich. Lambert Simnel und Perkin Warbeck wurden zuerst in Irland zum König ausgerufen und erhielten dort einige militärische Unterstützung. Die Verbindung der vorherrschenden anglo-irischen Familien, der Geraldines oder Fitzgeralds von Kildare, mit den Tudors war eher labil. Henry selbst war zu schlau, um eine Strafexpedition gegen Irland ins Auge zu fassen, wie er sie gegen Schottland geplant hatte, nachdem Warbeck 1495–1496 dort Unterstützung gefunden hatte. Vielleicht erkannte er, dass Irland allein seine Herrschaft nicht wirklich bedrohen könne, oder er wusste einfach zu wenig über das, was dort vor sich ging. Wie auch immer, es gab jedenfalls keinen Versuch einer Invasion oder einer militärischen Eroberung. Auf der anderen Seite wollte Henry aber auch nicht, dass die Fitzgeralds ihre Herrschaft in seinem Namen dort unkontrolliert ausübten.

Seine Lösung bestand in dem Versuch, die Kildares zu schwächen, indem er ihren Handlungsspielraum begrenzte. Das berühmte *Poynings Law,* nach Sir Edward Poynings benannt, einem Vertrauten, der 1485 mit Henry in Milford Haven gelandet war und den Henry als seinen Repräsentanten in den *Pale* geschickt hatte, verbot dem irischen Parlament, ohne vorherige Zustimmung des englischen Parlaments Gesetze zu verabschieden. Dies war eine Art Verfassungsrevolution, doch ihre Ursprünge lagen in einem aktuellen politischen Vorfall. Das irische Parlament hatte den Anspruch des ersten Thronprätendenten, Lambert Simnel, sanktioniert. Das berüchtigte *Poynings Law* war daher zunächst nur als eine Garantie dafür gedacht, dass sich eine solche Legimitation potentieller Rivalen nicht wiederholte. Seine Wirkung jedoch war, beinahe unbeabsichtigt, dass es die Möglichkeit des irischen Parlaments einschränkte, als Brennpunkt eines sich herausbildenden Nationalgefühls zu agieren, wie es zum Beispiel die Generalstände der Niederlande während der Revolte gegen die spanischen Habsburger im späten 16. Jahrhundert taten. Henry war auch zu schlau, um zu versuchen, die Kildares völlig auszulöschen. Doch untergrub er ihren Einfluss zunehmend, indem er sie von Zeit zu Zeit aus den hohen königlichen Ämtern entließ, auch wenn er sich immer wieder gezwungen sah, sie in solche Ämter wieder einzusetzen, da sich der *Pale* ohne sie nämlich als unregierbar erwies. Diese sprunghafte Politik unterstrich zumindest, dass die höchsten politischen Ämter von der Krone vergeben wurden und kein Geburtsrecht des Adels waren, und bahnte den Weg für die spätere aggressivere Politik der Tudors gegenüber Irland.

Die Außenpolitik bestand, kurz gesagt, darin, dass er sich der europäischen Anerkennung der Legitimität seiner Dynastie versicherte. Henry beabsichtigte nicht, diesen Prozess durch unnötige Kriege zu gefährden.

In den späten 1480er Jahren unternahm er einige Schritte, um zu verhindern, dass Frankreich sich das Herzogtum Bretagne einverleibte. Aber er beschränkte sich auf einige symbolische Truppen, nur wenige hundert Mann, und das Unternehmen hatte vermutlich mehr damit zu tun zu verhindern, dass Frankreich sich in England einmischte, als mit echter Sorge um das Schicksal des Herzogtums, das ihm das Leben gerettet hatte. Nachdem Charles VIII. von Frankreich die Erbin des Herzogtums erst einmal überredet hatte, seine Hand anzunehmen (die andere Hand hielt einen metaphorischen Dolch an ihre Kehle) und ihn zu heiraten, musste Henry anders verfahren. Er benutzte nun etwas direktere Methoden und bereitete 1492 ostentativ eine Invasion Frankreichs vor. In Wirklichkeit handelte es sich nicht um eine ernsthafte Unternehmung; vielmehr tat er im Oktober so, als wolle er von seiner Basis in Calais nach Boulogne aufbrechen, konnte aber wohl kaum eine Belagerung beabsichtigt haben, die den gesamten Winter über gedauert hätte. Henry setzte auf eine Wiederholung der Ereignisse bei der Invasion Frankreichs durch Edward IV. im Jahre 1475. Damals hatte die hoffnungslos schlechte Vorstellung, die die englischen Truppen boten, Edward bereitwilligst ein Angebot der Franzosen, ihn zu kaufen, akzeptieren lassen. Henry rechnete damit, ein ähnliches Geschäft abschließen zu können. Wie üblich lag er richtig. Diesmal war der König von Frankreich, Charles VIII., dessen begehrlicher Blick bereits auf das Königreich von Neapel südlich der Alpen gefallen war, nur zu willig, Henry zu kaufen. Aus dem Angriff auf Schottland, der geplant gewesen war, um den schottischen König für seine Unterstützung Perkin Warbecks zu bestrafen, wurde nun ein Verteidigungsfeldzug gegen Rebellen, deren Rebellion durch Steuern zur Finanzierung des Heeres ausgelöst worden war! Henrys im Wesentlichen friedliche Außenpolitik bedeutete, dass er das Parlament nicht allzu häufig einberufen musste, um die Kosten für Kriege zu decken, und dass das Land in Frieden gedeihen konnte.

Unsere Vorstellung von Henry VII. ist entscheidend geprägt von dem Vergleich mit Louis XI. von Frankreich, der zuerst von Francis Bacon in seiner Biographie Henrys VII. angestellt wurde. Louis war in der Tat ein „Bürgerkönig“, der wenig Lust hatte, auf die Jagd zu gehen (seit jeher eine Lieblingsbeschäftigung des Adels), sehr zurückhaltend und sparsam in seiner Kleidung war und seine Frömmigkeit etwas übertrieb. Er war sehr bemüht, Frankreich aus Kriegen herauszuhalten, und führte die Monarchie eher wie einen Familienbetrieb, bei dem es mehr um Gewinn als um Ruhm ging. Seine bevorzugten Bediensteten rekrutierte er eher aus den Reihen der Amtsinhaber, dem Klerus und sogar aus der Kaufmannschaft, nicht so sehr aus dem Militäradel. Er baute wenig. Er hatte ein ungewöhnlich großes persönliches Interesse an politischen und finanzwirtschaftlichen Details. Er misstraute dem alten Adel – und dies völlig zu Recht, denn dieser zettelte drei Kriege „aus Sorge um das öffentliche Wohl“ gegen ihn an, im Namen der Gerechtigkeit, der er ergebener diente als sie. Tatsächlich hatte Henry einiges mit Louis gemein. Auch er führte die Monarchie wie einen Familienbetrieb, war genauso habgierig und liebte das Recht als fiskalisches Instrument. Auch Henrys Bedienstete stammten eher aus dem niederen Adel oder dem Klerus. Auch er sträubte sich gegen Kriege im Ausland und misstraute dem Adel. Schließlich war er genau wie Louis selbst einmal ein schwieriger Adliger gewesen. Doch trotz seiner Habgier war Henry kein Geizhals. Er konnte fürstliche Ausgaben tätigen, aber diese waren stets gut kalkuliert. So gab er viel für das zeremonielle Leben bei Hofe aus, aber solche Ausgaben trugen mit Sicherheit Zinsen, indem sie seinen fürstlichen Status bei seinen Untertanen und bei ausländischen Botschaftern und Besuchern festigten. Im Unterschied zu Louis liebte Henry die Jagd. Er ließ auch bauen. Allerdings hat sein Ruf als Erbauer nicht nur darunter gelitten, dass so viele seiner Werke nicht überdauert haben, sondern auch durch den Vergleich mit den größenwahnsinnigen Projekten seines Sohnes. Nichtsdestotrotz waren die Paläste in Richmond und Greenwich prachtvolle Bauten und bewiesen ebenfalls seinen königlichen Stand.

In gewisser Hinsicht war das letzte Jahrzehnt seiner Herrschaft recht ereignislos. Das Parlament trat nur einmal zusammen, da der König über mehr als genügend Geld verfügte und keine Kriege im Ausland und auch keine ehrgeizigen Gesetzgebungsprogramme wünschte. Doch in einer Monarchie lässt sich für die königliche Familie kaum eine Grenze zwischen privatem und öffentlichem Leben ziehen, und innerhalb dieser Familie gab es genügend Ereignisse, darunter einige tragische. Die Vorbereitung Arthurs, Henrys ältesten Sohns, auf seine königliche Zukunft begann im neuen Jahrhundert, als er nach Ludlow, in die walisische Grenzregion, geschickt wurde, wo er als Prince of Wales (diesen Titel trug er seit 1489) dem *Council of the Marches* vorstehen und Erfahrungen in Politik und Rechtsprechung sammeln sollte. Zu seinem Reifungsprozess gehörte auch seine Heirat mit Katharina von Aragon, die 1499 durch einen Vertrag mit den „katholischen Königen“ Ferdinand und Isabella von Spanien arrangiert worden war. Die Hochzeit fand im November 1501 in St. Paul’s in London statt, und während der Herrschaft seines Nachfolgers hing viel davon ab, ob die Ehe überhaupt vollzogen worden war. Katharina behauptete stets, sie sei Jungfrau geblieben, und Henry VIII., ihr zweiter Mann, hat ihr nie widersprochen. Das junge Paar kehrte nach Ludlow zurück, doch Anfang 1502 erkrankte Arthur und starb am 2. April 1502. Kurz danach wurde er in der Kathedrale von Worcester beigesetzt.

Henry, zunächst tief getroffen von diesem schweren Schlag, lebte wieder auf, als seine Frau bald darauf erneut schwanger wurde. Aber die Hoffnung wandelte sich im Februar 1503 zur Tragödie, als zuerst das Kind, ein Mädchen, starb und ihm dann auch seine Mutter, Königin Elizabeth, bereits eine Woche darauf ins Grab folgte. Dieser doppelte Schicksalsschlag hatte möglicherweise die Gesundheit des Königs arg in Mitleidenschaft gezogen, denn den Rest seines Lebens litt er häufig unter schweren Krankheiten. Im folgenden Jahr wurde er als ein „nur noch schwacher und kränklicher Mensch“ beschrieben, „der wohl nicht mehr lange leben wird“. Henry scheint eine erneute Heirat erwogen zu haben, und zwar mit Juana von Kastilien, der verwitweten (und angeblich verrückten) Tochter von Ferdinand und Isabella. Aber die Spanier hätten nie zugestimmt, dass ihre Thronfolge derartig verkompliziert worden wäre, und seine Hoffnungen erfüllten sich nicht.

Im späteren Verlauf des Jahres 1503 ging seine Tochter Margaret nach Schottland, um James IV. zu heiraten. Zu Hause galt nun seine ganze Aufmerksamkeit seinem Sohn Henry, der schnell darauf vorbereitet wurde, den Platz seines älteren Bruders einzunehmen, nicht nur als Thronfolger, sondern auch als wichtiges Glied in der Allianz mit Spanien. Im Sommer 1503 wurde er mit Katharina von Aragon verlobt (ein Arrangement, das den König zumindest davor bewahrte, die großzügige Mitgift zurückzahlen zu müssen). Aufgrund ihrer engen Verwandtschaft durch ihre erste Ehe war dafür ein päpstlicher Dispens nötig. Nachdem sich der König die Option auf die Heirat gesichert hatte, zögerte er allerdings, sie auch einzulösen, selbst als Prinz Henry 14 Jahre alt wurde, was sowohl nach kanonischem Recht als auch nach dem englisch-spanischen Vertrag als heiratsfähiges Alter galt. Diplomatische Überlegungen spielten dabei zweifellos eine Rolle, da Henry sich keineswegs sonderlich gut mit Ferdinand von Aragon verstand (Isabella von Kastilien war 1504 gestorben). Aber vermutlich sorgte er sich auch um die Gesundheit seines Sohnes. Vorzeitige sexuelle Aktivität galt als gesundheitsschädlich, und Henry könnte geglaubt haben, dass dies zu Arthurs frühem Tod beigetragen hatte. (Arthur war gerade fünfzehn geworden, als er Katharina heiratete.)

Henry zeigte sich, verständlicherweise, überängstlich im Hinblick auf die Gesundheit seines ziemlich robusten zweiten Sohnes während dieser Zeit seines eigenen Niedergangs, und dieser Fürsorglichkeit kann die Verschiebung der Hochzeit zuzuschreiben sein.

DIE RELIGION HENRYS VII.

Henrys Religiosität ist am besten durch seine Vorkehrungen für das Heil seiner Seele nach seinem Tode bekannt. Sein Testament forderte 10 000 Messen für seine Seele. Aber sein Verhältnis zur Kirche bestand aus mehr als dieser ungeheuren Ausgabe für eine eher mechanische und quantitativ ausgerichtete Frömmigkeit. Henrys Interesse an der Kirche galt, wie bei so vielen anderen Dingen, vornehmlich ihrer Funktion als Einkommensquelle. Die Versetzung von Bischöfen aus einer Diözese in eine andere war unter ihm vermutlich viel verbreiteter als unter jedem seiner Vorgänger. Der Grund war nicht, dass er genaue Vorstellungen darüber hatte, welcher Kirchenmann zu welcher Diözese passte, sondern dass die Einkünfte eines Bischofssitzes im Falle der Vakanz an die Krone fielen und bei Amtsantritt eines Bischofs eine hohe Abgabe an die Krone fällig war. Diese Regelung war Teil der königlichen Prärogative, die der Krone Verfügungsrechte über das Eigentum der Kirche zugestand.

Zudem diente die Kirche als Stätte der Belohnung favorisierter Bediensteter und Berater. Bischofsämter fielen zum Großteil an Getreue und ihre Familien. Durch den politischen Einfluss ihrer Familien waren die Stanleys und die Audleys ziemlich erfolgreich, allerdings ohne das intellektuelle oder moralische Niveau in diesen Ämtern sonderlich anzuheben. James Stanley wurde einzig deshalb zum Bischof von Ely ernannt, weil er der Stiefsohn der Mutter des Königs, Lady Margaret Beauforts, war. Als Adliger der alten Schule verbrachte er seine Zeit mit seiner Geliebten und zwei Kindern zwischen seinem Bischofspalast in Somersham und dem Familienbesitz in Lancashire. Welcher Art seine beruflichen Qualitäten waren, demonstriert am deutlichsten der Umstand, dass es keine Bischofsakten aus seiner Tätigkeit gibt. Stanley war allerdings eine Ausnahme. Die meisten von Henrys Bischöfen waren fleißige, effiziente Administratoren, unabhängig davon, ob ihre hauptsächliche Verpflichtung eher der Kirche oder der Krone galt. John Morton, William Warham, Richard Fox, Thomas Ruthal, Oliver King, Richard Sherborne und der Rest der königlichen Getreuen, die mit Bistümern belohnt wurden, brachten keine Schande über ihr Amt. Manche (wie Sherborne oder Fox) erwiesen sich nach ihrem Dienst bei Hofe sogar als eifrige und reformorientierte Kleriker.

Henrys einigermaßen zynisches Kirchenverständnis sollte jedoch nicht dazu führen, seine durchaus aufrichtige und ganz und gar traditionelle Frömmigkeit in ein falsches Licht zu stellen. Er zeigte konsequentes Wohlwollen gegenüber der Observanzbewegung der Franziskaner (jenem Zweig der Franziskaner, der zur strengen Beachtung der ursprünglichen Ordensregel des heiligen Franziskus zurückkehren wollte), denen er möglicherweise das erste Mal während seines Exils in der Bretagne und Frankreich begegnet war, wo sie sich im späten 15. Jahrhundert stark ausbreiteten. Im ersten Jahr seiner Herrschaft bestätigte er die jüngste Gründung (1482) eines Konvents der Observanzbewegung in Greenwich. Im Jahre 1500 gründete er einen weiteren in Richmond, beide neben seinen Palästen. Sein Testament besagte, dass er beide als seine eigenen Gründungen verstand. Er ermutigte auch bestehende Franziskanerkonvente, den Lebensstil der Observanzbewegung zu übernehmen. Im Jahre 1499 wurde die Observanzbewegung in England zu einer Ordensprovinz eigenen Rechts, die, als Henry starb, über fünf Konvente verfügte. Seine Großzügigkeit reichte sogar über seinen Tod hinaus: In seinem Testament vermachte er den Observanten eine große Summe Geld.

Die Frömmigkeit Henrys kam auch in wahrhaft königlichen Gesten zum Ausdruck, die aber auch durchaus den Frömmigkeitspraktiken seines Volkes entsprachen. Diese durchweg traditionelle Frömmigkeit zeigte sich in seiner Anhänglichkeit an den Heiligenkult. Nach seinem Sieg in Stoke im Jahre 1487 stiftete Henry der Weihestätte Unserer Lieben Frau in Walsingham, zu der er vorher gepilgert war, eine prachtvolle Statue seiner selbst. Sein ganzes Leben über blieb er ein andächtiger und regelmäßiger Pilger. Das Grab des Heiligen Thomas Becket in Canterbury, das er häufig besuchte, gehörte zu seinen Favoriten. In seinem Testament verfügte er, dass diese Stätte die gleiche Statue wie Walsingham erhalten solle. Zu seinen weiteren Favoriten gehörte der Schutzheilige Englands, St. George. Louis XII. von Frankreich, der zur Jahrhundertwende das Herzogtum Mailand erobert hatte, fand in der Kriegsbeute eine Reliquie von St. George, ein Bein, das er Henry als Geschenk schickte, der darüber so erfreut war, dass er am 23. April 1505, dem Tag des Heiligen, eine feierliche Prozession abhielt, die in der öffentlichen Verehrung der Reliquie in der St. Paul's Kathedrale gipfelte. In seinem Testament vermachte er das Bein der königlichen St. George's Chapel in Windsor.

Ein weiterer Akt der Frömmigkeit war die Grundsteinlegung zur Lady's Chapel in Westminster Abbey, deren Bau 1503 begann. Dort wollte er einen Schrein für seinen Onkel Henry VI. (dessen Reliquien er von Windsor nach Westminster bringen lassen wollte) und für sich selbst errichten. In seinem Testament wurde eine dritte Votivstatue des Königs verfügt, die dem Schrein von Edward dem Bekenner gestiftet werden sollte, der sich ebenfalls dort befand. Die Kapelle selbst hatte prachtvolle Fenster (leider sind sie längst zerstört), die biblische Szenen darstellten. Diese Fenster dienten denen im King's College in Cambridge als Vorlage. Diese haben überdauert und geben uns eine gute Vorstellung davon, wie die Fenster in Henrys Kapelle ausgesehen haben. Die Kapelle auf der Hinterseite der Abteikirche sollte schließlich zum Mausoleum der Tudors werden. Alle außer Henry VIII. liegen dort begraben.

Henry stiftete auch das Savoy Hospital für die Armen Londons. Seine religiösen Stiftungen standen ganz in der Tradition der englischen Könige des 15. Jahrhunderts. Er zeigte keinerlei humanistischen Widerwillen gegen volkstümlichen Aberglauben oder gegenüber einer gleichsam mechanisch praktizierten, sich in purer Regelerfüllung erschöpfenden Religion, noch weniger irgendeine reformatorische Besorgnis über die Wirksamkeit der Fürsprache der Kirche. Aber Henry hatte auch nicht ein solches Interesse an Theologie wie sein Sohn. Sein Interesse an Religion war ganz pragmatisch ausgerichtet: Es sollte ihn in den Himmel bringen, und sei es auch nur mit knapper Not. Unter seiner Herrschaft erreichte die traditionelle Frömmigkeit in England ihren Höhepunkt, zumindest soweit man das materiell messen kann: So erreichten die Ausgaben für Gemeindegottesdienste und für Totengebete um 1500 Rekordstände, wohl auch deshalb, weil seine friedliche Außenpolitik die Bevölkerung im Großen und Ganzen finanziell nur gering belastete. (Die Kriegskosten, gefolgt vom Beginn der englischen Reformation, ließen diese Zahlen während der Herrschaft seines Sohnes wieder sinken.) Henry war Teil dieser frommen Bewegung und spendete mit vollen Händen Geld für die Kirche und das Wohl seiner eigenen Seele.

Henrys Frömmigkeit, wie die vieler weltlicher Christen, konnte durch Leid oder drohenden Tod noch dramatisch gesteigert werden. Als er 1504, ein Jahr nach dem Tod seiner Frau und zwei Jahre nach dem seines ältesten Sohnes, schwer erkrankte, hatte er ein Erweckungserlebnis. Seine rücksichtslose fiskalische Ausbeutung der Kirche bedauernd, gelobte er, von nun an nur noch Männer zu Bischöfen zu machen, die fromm waren und dieses Amtes würdig. Seine erste derartige Ernennung war ein guter Anfang: John Fisher (der geistliche Beistand seiner Mutter, Lady Margaret Beaufort) wurde Bischof von Rochester. In dem Brief an seine Mutter, in der er sie bat, dieser Beförderung ihren Segen zu geben, schrieb er:

> „Ich habe über die Zeit viele Männer unbedacht ernannt und möchte nun ein wenig Wiedergutmachung leisten, indem ich tugendhafte und gute Männer befördere, was Gott sicherlich gefallen wird."

Als er sich wieder erholt hatte, war dieses Gelöbnis allerdings schnell vergessen, und soweit es die Bischöfe betraf, ging alles weiter wie bisher. Genau wie die Kreuzzüge (zu denen Henry auch ab und zu Lippenbekenntnisse ablegte, besonders als es ihm gesundheitlich immer schlechter ging und er sich daher kaum noch einem hätte anschließen können) war eine Kirchenreform etwas, von dem jeder dachte, es sei gut, wenn jemand anders sich daran versuchen würde. Fünf Jahre später, auf dem Totenbett, erinnerte sich Henry an sein Gelöbnis, oder sagen wir besser, wiederholte er es, und versprach, dass „von nun an Beförderungen in der Kirche, die in seiner Macht liegen, nur noch an gelehrte und tugendhafte Männer ausgesprochen werden".

Zu einer Zeit, als viele seiner Untertanen, besonders der gebildete Klerus, wollten, dass die Qualität und die Quantität der Predigten in den Kirchen zunahmen, fand auch Henry Gefallen an guten Predigten. Fisher war nur einer von vielen der gebildeteren Kleriker aus Oxford und Cambridge, die an den Hof bestellt wurden, um ihren Souverän zu erbauen. Und Henrys Stiftung einer Gedenkkapelle in der Westminster Abbey verlangte nach regelmäßigen Predigten durch die gebildeten Mönche für ihre Brüder und für das Volk. Allerdings ließ er sich die geistlichen Ermahnungen nicht immer zu Herzen gehen. Erasmus berichtet, wie ein eifriger Ordensbruder in Gegenwart Henrys VII. die Laster von Königen angriff. Anschließend gefragt, was er davon halte, merkte Henry an, einen solchen Mönch auf die Kanzel zu stellen sei ungefähr dasselbe, wie einem Irren eine nackte Klinge in die Hand zu drücken. Gleichwohl wird durch die Vorsorge für sein Seelenheil deutlich, dass er sich um deren Nachleben sorgte, auch wenn man nicht zu viel in solches Handeln hineininterpretieren darf. Diese Vorsorge umfasste zwar gewaltige Ausgaben, war aber im Vergleich zu dem, was der Hochadel und der niedere Adel üblicherweise für solche frommen Zwecke ausgaben, nicht unverhältnismäßig.

Zu Beginn des Jahres 1509 wurde Henry immer häufiger krank, und im März stand fest, dass er sterben würde. Er machte am 31. März sein Testament und starb am 21. April in jenem Palast, den er in Richmond hatte errichten lassen. Es wird berichtet, dass seine Gewissensqualen immens und seine körperlichen noch immenser gewesen seien. Seine einzig erkennbare Leistung war, dass er seinen Sohn hatte zum Thronfolger machen können, und selbst dies schien fünf Jahre vor seinem Tod noch nicht gesichert. Doch vielleicht war dies Leistung genug. Seine drei unmittelbaren Vorgänger jedenfalls waren daran – der wichtigsten Aufgabe eines königlichen Vaters – gescheitert, auch wenn sie möglicherweise andere Erfolge vorzuweisen hatten. Außerdem war der Thron, den Henry seinem zweiten Sohn hinterließ, sicherer als mindestens die gesamten hundert Jahre zuvor. Vielleicht hätte König Arthur in seinem jüngeren Bruder Henry eher eine Art Sorgenkind gesehen. Henry VII. hatte – trotz seiner Abneigung gegen eine Zersplitterung der Kronländer und die Etablierung von Großgrundbesitzern – Prinz Henry schon zu Arthurs Lebzeiten mit einer großen Apanage ausgestattet. Als Arthur starb, waren Henrys Ländereien als Duke of York zwar nicht mehr als 1000 Pfund pro Jahr wert, aber es ist schwer vorstellbar, dass sein Vater ihn nicht mit der Zeit zu einem noch reicheren Mann als den wohlhabendsten Adligen (den Duke of Buckingham) gemacht hätte. Henry of York hätte sehr wohl mindestens genauso gefährlich werden können wie Richard of York vor ihm.

John Fisher war der versierteste Prediger unter den Bischöfen. Da lag es nahe, dass er ausgewählt wurde, um die Predigt bei Henrys Bestattung zu halten. Es gab natürlich die unvermeidlichen Elogen. Fisher erwähnte Henrys königliche Tugenden, auch wenn er sie als „unbedeutende vergängliche Dinge“ bezeichnete:

> „Seine Weisheit im Regieren war einzigartig, er besaß einen wachen und lebendigen Geist, eine ausgeprägte und dem Wesentlichen verpflichtete Vernunft, ein frisches und langanhaltendes Gedächtnis und verfügte über beträchtliche Erfahrung; seine Ratschläge waren stets glücklich und gut überlegt, seine Redekunst mehrsprachig und elegant, seine Person liebenswürdig und gütig, seine natürliche Gesichtsfarbe von makellosester Tönung, seine Nachkommen schön und zahlreich; er war im Bund mit allen christlichen Fürsten, seine Macht war überall gefürchtet, nicht nur im eigenen Land, sondern auch draußen.“

In Fishers Würdigung ist nicht viel, wogegen sich etwas sagen ließe. Doch seine Predigt war mehr als nur die übliche Eloge. Fisher betonte auch Henrys Reue, als der Tod nahte, und erinnerte an dessen Versprechen, alle diejenigen, die als Beamte und Minister seine Gesetze ausübten, dahingehend zur Besserung anhalten zu wollen, auf dass hinfort ehrlich und ohne Ansehen der Person Recht gesprochen und Gerechtigkeit geübt werde, und an seinen verzweifelten Schwur, dass, „falls es Gott gefalle, ihm das Leben zu schenken, sie in ihm einen neuen, gewandelten Menschen erkennen sollten".

Die Leidenschaftlichkeit in Fishers Aufforderung an seine Zuhörer, ihrem verstorbenen Monarchen mit Gebeten zu helfen, klingt so, als ob er glaubte, Henry hätte diese auch nötig gehabt. Einige Monate später bat man ihn, zum Gedenken an die Mutter des Königs, Lady Margaret Beaufort, zu predigen, wobei es einen auffälligen Unterschied zwischen den beiden Predigten gibt. Während die Predigt für Lady Margaret praktisch nach ihrer Heiligsprechung verlangt, ist diejenige für Henry eine Betrachtung der wunderbaren und geheimnisvollen Gnade Gottes. Fisher ist sich gewiss, dass Henrys Seele zu Gott gelangt ist, aber das Bild, das er seinen Hörern und Lesern vor Augen stellt, ist eher das der Errettung eines reuigen Diebes als das einer auf königlicher Straße in den Himmel fahrenden Seele. Fishers Lady Margaret ist ein Vorbild an Heiligkeit, sein Henry VII. ein Paradebeispiel für Buße. Trotz all seiner Bewunderung für den König und seiner Dankbarkeit wusste Fisher, dass nur wenige wirklich traurig darüber waren, dass Henry von ihnen gegangen war:

> „Ach, König Henry, König Henry, kehrtest du wieder ins Leben zurück, viele der hier Anwesenden würden dir mit falscher Barmherzigkeit und Zärtlichkeit begegnen!"

HENRY VIII.

HENRY VIII.

Von allen englischen Königen hat Henry VIII. den tiefsten Eindruck auf die Nachwelt hinterlassen. Die selbstherrliche und kolossale Pose in dem großartigen Portrait von Holbein und allen zeitgenössischen und nachfolgenden Kopien vermittelt etwas von der eindrucksvollen Persönlichkeit eines Mannes, der selbst in der wohlgenährten Gesellschaft des heutigen England immer noch herausragen würde. Auch wenn es ein reines Idealbild war, welches das Genie Holbeins geschaffen hatte, war es doch insofern erfolgreich, als es die Realität nicht Lügen strafte. Henrys rein körperliche Erscheinung fiel schon seinen Zeitgenossen auf und erklärt auch, warum manche der politischen Veränderungen unter seiner Herrschaft möglich wurden. Dies war ein Mann, der den Kronrat und, wenn es die Gelegenheit dazu gab, das Parlament dominieren konnte; ein Mann, dem nur schwer zu widersprechen war.

Von jenem Portrait einmal abgesehen, waren es vermutlich seine sechs Frauen, die die Menschen in seinen Bann zogen und ziehen. Diese Frauen sind kein Indiz für seine sexuelle Leistungsfähigkeit, zu dem die Phantasievorstellungen der Leute sie gemacht haben. Viele Könige sind weit ausschweifender in ihren Amouren gewesen als Henry, der ein religiös geschärftes, wenn auch fast akrobatisch biegsames Gewissen hatte. Sie sind vielmehr ein Zeugnis dafür, dass er Berge versetzen konnte, wenn es darum ging, seinen Willen durchzusetzen. Henry war ein Mann, der eine Kirche umstürzen konnte, um eine Scheidung zu erlangen, ein Mann, der willens war, Minister und Freunde, selbst Frauen und Kinder, auf dem Altar dynastischer Interessen zu opfern.

Dies soll nicht heißen, dass seine gesamte Herrschaft nur auf Image und Reputation beruhte oder gar nur aus Blut und Brutalität bestand. Sei es nun gut oder schlecht, beabsichtigt oder nicht – seine Herrschaft erwies sich als ein Wendepunkt in der englischen Geschichte. Auf seine Herrschaft lassen sich die Wurzeln der Anglikanischen Kirche, der Beginn der irischen Frage, die Entstehung der englischen Bibel, die Gründung des Geheimen Staatsrats und das Prinzip der Allgewalt parlamentarischer Gesetze zurückverfolgen. Unter seiner Herrschaft wurde das englische Mönchtum zerstört, das über fast ein Jahrtausend die englische Gesellschaft und Landschaft geprägt hatte. Als Resultat gab es unter seiner Herrschaft auch die größte Verschiebung beim Landbesitz seit der Eroberung durch die Normannen und versammelte die Krone den größten Landbesitz in ihrer Hand, den sie je hatte. Unter seiner Herrschaft erlebte England, kurz gesagt, nachgerade eine Revolution.

Nur einer der Tudor-Monarchen wurde für den Thron geboren, und dies war nicht Henry VIII. Geboren im Jahre 1491, verbrachte er seine frühen Jahre als zweiter in der Thronfolge, hinter seinem Bruder Arthur. Wir wissen nur wenig über jene Jahre, und daher haben Legenden diese Lücken gefüllt. Höchst bemerkenswert darunter ist die, sein Vater habe Henry ursprünglich für die Kirche bestimmt. Seit der Eroberung durch die Normannen war kein englischer Prinz je zum Priester geweiht worden, und die Vorstellung, Henry VII. habe für seinen zweiten Sohn eine noch nie da gewesene kirchliche Laufbahn erwogen, wird hinreichend dadurch widerlegt, dass Prince Henry im ehrwürdigen Alter von drei Jahren zum Duke of York eingesetzt wurde (1. November 1494). Darüber hinaus wurde dieser kräftig gebaute junge Mann unter einem Regime militärischer Ertüchtigung großgezogen und wurde zu einem hervorragenden Reiter, was eher nicht auf eine priesterliche Bestimmung hindeutet.

Wir wissen nur wenig über seine akademische Ausbildung, auch wenn Koryphäen wie der Dichter John Skelton und der Theologe John Fisher als seine Hauslehrer angeworben wurden. Wer immer ihn unterrichtete, traf offensichtlich auf einen talentierten und lernwilligen Schüler. Henry wuchs zu einem vollendeten Mann heran, sprach vier oder fünf Sprachen, konnte singen, tanzen und spielen. Er schrieb Gedichte und ist einer der wenigen englischen Monarchen, die ein Buch geschrieben haben – und dies auch noch auf Lateinisch. Er versuchte sich in musikalischer Komposition, schrieb Lieder und vielleicht sogar eine Messe. Leider ist „Greensleeves“ nicht von ihm, aber „Pastime with good company“ stammt sicher von ihm. Er liebte es, wegen seines musikalischen Talents umschmeichelt zu werden. Als Rowland Phillips, der Vikar von Croydon, vom König zurechtgewiesen wurde, weil eine Predigt ihm nicht gefallen hatte, merkte der königliche Sekretär trocken an, dass der Vikar wohl besser dem Almosenpfleger des Königs nachgeeifert hätte, der am selben Tag in eine Predigt vor dem königlichen Haushalt einige Verweise auf „Pastimes“ eingefügt hatte.

THRONBESTEIGUNG

Henry wurde erst mit Arthurs Tod 1502 zum rechtmäßigen Thronfolger. Und selbst dann, ein oder zwei Jahre später, war es immer noch möglich, dass die Frage der Thronfolge in einem Sinne diskutiert wurde, der wenig Rücksicht auf Henrys Chancen nahm. Als aber Henry VII. 1509 starb, gab es kaum noch Zweifel. Trotzdem bestieg Henry den Thron in einem Alter, das Unsicherheiten barg. Mit nicht ganz 18 Jahren war er sicher erwachsen, hatte aber noch nicht das Alter von 21 erreicht, mit dem ein Mann nach englischem Recht geschäftsfähig wurde. Während der ersten Wochen schien seine eindrucksvolle Großmutter, Lady Margaret Beaufort, die Matriarchin der Tudors, das Heft in die Hand zu nehmen. Doch sie folgte ihrem Sohn bald ins Grab und konnte ihrem Enkel nur noch raten, auf die von ihr – einer frommen Frau, die sich einem Leben als Witwe geweiht hatte – geschätzten, zumeist klerikalen königlichen Berater zu hören: den Erzbischof von Canterbury, William Warham, den Bischof von Winchester, Richard Fox, und ihren eigenen religiösen Lehrer, den Bischof von Rochester, John Fisher.

Die heikle politische Situation und die zwangsläufige Vorsicht der Männer der Kirche waren wohl kaum die geeignete Vorraussetzung für dramatische Entwicklungen. Die Chronik der ersten Herrschaftsjahre ist daher, keineswegs überraschend, eine Geschichte über die Kunst der Eintracht, die man in Vergnügungen und höfischen Festen übte. Das ungeschriebene englische Recht *(common law)* mochte Henry zwar noch für zu jung halten, seine eigenen Angelegenheiten zu regeln, aber das Kirchenrecht hielt ihn für alt genug, um zu heiraten, und sein erster Schritt bestand darin, seine lange Verlobung mit der Witwe seines Bruders, Katharina von Aragon, einzulösen. Zwei Wochen später, am 24. Juni, floss der Wein in Strömen für das Londoner Volk, um die Krönung zu feiern, bei der König und Königin zusammen gekrönt wurden, wie ein Paar in einer Ritterromanze. Befreit von der erstickenden Fürsorge seines Vaters, warf sich Henry in das Leben der Jagd, gelegentlich unterbrochen von Turnierspielen. Nachts gab es Feste und Tanz. Edward Hall erzählt in seiner Chronik der Herrschaft Henrys, wie dieser und seine Kumpanen sich bei einigen Weihnachtslustbarkeiten 1509 als Robin Hood und dessen Männer verkleidet hatten. Diese glückliche Phase seiner langen Herrschaft erreichte ihren Höhepunkt am Neujahrstag 1511 in der Geburt eines Kindes, besser noch: eines Sohnes, Prinz Henry. König Henry war so erfreut, dass er nach Walsingham pilgerte, um Gott zu danken.

Tragischerweise starb der Prinz bereits binnen zweier Monate und wurde in der Westminster Abbey begraben. Katharinas spätere Schwangerschaften verliefen weniger glücklich. Einige Male verlor sie ihr Kind. Nur ein Kind überlebte: die 1516 geborene Mary. Da es um die Thronfolge ging, lag in dieser frühen Tragödie die Saat für so manche spätere Bitterkeit und Ungerechtigkeit unter Henry, von der Exekution des Duke of Buckingham 1521 bis hin zu den zahlreichen Scheidungen des Königs und ihren fatalen, bisweilen überaus weitreichenden Konsequenzen.

KRIEG UND FRIEDEN

1511 begann der König sich den gravierenderen Fragen der Politik und des Krieges zuzuwenden. Diese Richtung seiner Gedanken wurde wesentlich bestimmt durch die sich allmählich herausbildende Vorstellung dessen, wer und was er war. Es gibt überzeugende Argumente dafür, dass Henry praktizierte, was man „Selbstdarstellung in der Renaissance“ genannt hat, das heißt die selbst-bewusste Konstruktion einer für die Öffentlichkeit bestimmten Identität oder, wie wir heute sagen, eines Image. Im Fall Henrys VIII. wurde dieses Image nach dem Bild eines königlichen Vorgängers gestaltet, Henrys V., wie es beispielsweise durch eine Biographie überliefert wurde, die aus dem Lateinischen übersetzt und 1513 Henry VIII. gewidmet worden war. Henry V. war eine der großen Gestalten des englischen, ja christlichen Königtums, und Henry VIII. hatte viel mit ihm gemein. Beide hatten den Thron in der Blüte ihrer Jugend von einem unpopulären Usurpator mittleren Alters geerbt. Beide erbten den Thron von einem Vater, der sich selbst durch lange Krankheiten überlebt hatte. Daher hatten beide das Bedürfnis, ihre Legitimität zu demonstrieren und ihre Dynastie zu sichern. Henry V. tat dies durch eine rigorose Unterstützung religiöser Orthodoxie im Inneren und eine propäpstliche Kirchen- und traditionell antifranzösische Außenpolitik, Maßnahmen, in denen ihm Henry VIII. weitestgehend folgte. Im Inneren setzte er sich an die Spitze einer neuerlichen Unterdrückung der Lollarden, auswärts wollte er die glorreichen Tage des Hundertjährigen Krieges durch eine Invasion Frankreichs wieder aufleben lassen.

Als fähiger, kräftiger junger Mann, den Kopf voller Träume von Ruhm und von den großen Tagen von Agincourt, war er fast gezwungen, einen Krieg mit Frankreich zu beginnen. Durch die Chroniken und vielleicht mehr noch durch das Lied von Agincourt war Agincourt eine lebendige Überlieferung, das ultimative Zeugnis vom Prestige englischer Kriegskunst. Der Mythos von Agincourt war immer noch sehr lebendig, als Shakespeare am Ende des Jahrhunderts der Tudors seinen *Henry V.* schrieb. Als Henry VIII. den Thron bestieg, lag die Schlacht noch keine hundert Jahre zurück.

Zunächst stand Henry großen Schwierigkeiten gegenüber. Sein Vater hielt nichts von ausländischen Abenteuern – er hatte in den Jahren seines Exils genug von Frankreich gesehen –, und der konservative und klerikal geprägte Kronrat, den er und seine Mutter dem jungen König hinterlassen hatten, bestand nicht aus der Art von Männern, die sich kopfüber in Eroberungen auf dem Kontinent stürzen würden. Mit seinen nunmehr 21 Jahren aber wurde Henry nicht widersprochen, und einer der fähigsten Kleriker, Thomas Wolsey, verließ die Reihen seiner Kollegen. Thomas Wolsey war in den letzten Jahren der Herrschaft Henrys VII. als junger Diplomat im Gefolge von Richard Fox, dem Bischof von Winchester, in Erscheinung getreten, hatte einen unersättlichen Appetit auf Arbeit und schien seine Talente ganz dem neuen König zur Verfügung gestellt zu haben, welcher sich wiederum mit seinen jungen Kameraden wie Charles Brandon, William Compton und Edward Howard bereits darauf freute, die Ansprüche der Plantagenets auf französischen Besitz wieder aufleben zu lassen. Wolsey war dann derjenige, der die Invasion organisierte, indem er sich um die lästigen Einzelheiten des Nachschubs und der Bewaffnung kümmerte, womit sich die Gentlemen-Soldaten nicht abgaben. Das Erscheinen Wolseys markiert in der Tat Henrys VIII. nun erreichte politische Reife. Die alte Garde der ererbten Ratsmitglieder wurde beiseite gedrängt. Richard Fox *(Lord Privy Seal)* und William Warham *(Lord Chancellor)* zogen sich mit Anstand aus der Politik zurück.

Falls die Triebfeder des Krieges mit Frankreich Henrys Ehrgeiz war, so war der Vorwand, unter dem die Invasion gestartet wurde, nicht pure dynastische Vermehrung, sondern das Wohl der katholischen Kirche. Henry war durchaus fähig, Eigeninteresse mit Pharisäertum zu verknüpfen und aus der Invasion eine Art Kreuzzug zu machen. Louis XII. von Frankreich, der seine eigenen Ambitionen in Norditalien verfolgte, war mit Papst Julius II. aneinander geraten, der ein risikofreudiger Reformer war und glaubte, der Erneuerung der katholischen Kirche werde am besten durch eine päpstliche Eroberung der italienischen Halbinsel gedient. In einer merkwürdigen Vertauschung der Rollen berief der König ein Kirchenkonzil ein, um den Papst abzusetzen, während der Papst Armeen rekrutierte, um den König zu besiegen. Das Konzil von Pisa (1511) war eigentlich ein Reinfall. Lediglich eine Handvoll französischer Bischöfe nahm daran teil. Allerdings gab es Julius die Chance, seine Auseinandersetzung mit Louis als Religionskrieg darzustellen. Seine Bitte um Unterstützung gegen Frankreich war für Henry ein Geschenk des Himmels und brachte seine friedfertigeren kirchlichen Berater in eine unmögliche Lage. Als John Colet, Repräsentant jener Fraktion, wenn auch damals nicht Mitglied in Henrys Kronrat, Henry den Frieden predigte, nahm ihn der König beiseite und sprach den Fall so mit ihm durch, dass Colet schließlich einräumen musste, es handele sich bei der beabsichtigten Auseinandersetzung in der Tat um einen gerechten Krieg. Ob diese Geschichte nun wahr ist oder nicht, sie zeigt auf jeden Fall, welches Problem diejenigen hatten, die sich einem Krieg entgegenstellten. Es muss für loyale Kirchenmänner äußerst schwierig gewesen sein, moralisch oder pragmatisch gegen einen Krieg zu argumentieren, der vom Papst autorisiert worden war.

Die Probleme, denen sich in den damaligen Monarchien wohlmeinende Berater wie Colet gegenüber sahen, wurden von seinem Freund Thomas More im ersten Buch seines Hauptwerks *Utopia* gut skizziert. Man muss bedenken, dass dieses Werk ja nicht nur eine fiktive transatlantische Gemeinschaft zeigt, sondern auch eine Satire auf die europäische, vor allem die englische Politik ist. Der Protagonist des Buches, Raphael Hythloday, wird von Thomas More aufgefordert, seine Weigerung, einem königlichen Rat beizutreten und dem König damit seine in jahrelangen Studien und Reisen erworbene immense politische Weisheit zur Verfügung zu stellen, zu begründen. Hythloday erklärt, die Art von Politik, die von humanistischen Philosophen wie ihm vertreten werde, sei in solchen Gremien ziemlich unerwünscht. Während er für Frieden und Gerechtigkeit eintrete, ein pastorales Anliegen seitens des Fürsten für das Gemeinwohl des Volkes, seien die Herzen der Könige von Ruhm und Eroberungen erfüllt. Die Schmeichler im Umfeld eines Königs würden diesen darin ermutigen, diesen unrealistischen Ambitionen zu folgen, ohne dabei zu sehen, dass es schwierig genug sei für einen König, in nur einem Königreich Gerechtigkeit zu üben und Rechtschaffenheit zu fördern, von zweien ganz zu schweigen. Er illustriert seinen Standpunkt anhand eines imaginären Sitzungsprotokolls eines Kronrats (den er taktvollerweise nicht in England, sondern in Frankreich ansiedelt). Wir dürfen natürlich Hythlodays warnendes Beispiel nicht als eine Darstellung der Debatten unter Henry VIII. im Jahre 1512 oder gar als eine regelrechte Verurteilung des Königs und seiner Politik missverstehen. Schließlich akzeptierte Thomas More kurz darauf einen Sitz in Henrys

Kronrat und praktizierte das Prinzip, das er Hythloday in *Utopia* entgegensetzte, nämlich in den Dienst eines Fürsten zu treten, um zumindest das am wenigsten Schlechte zu erreichen, wenn man schon nicht das Beste erreichen könne. Gleichwohl bietet uns *Utopia* eine Darstellung und Beurteilung der Motive und Interessen, die hinter einer solchen Politik wie der Henrys standen. Der Krieg in Frankreich wiederum rechtfertigte die Kritik, die in *Utopia* zum Ausdruck kommt.

Kriege mit Frankreich hatten lange Tradition. Der hohe und der niedere Adel schloss sich in Scharen seinem König an, sicherlich auch, weil er seine Überzeugung teilte, es werde wieder so einfach ablaufen wie unter Henry V. Bogenschützen und Ritter waren der Schlüssel zu dessen Erfolg gewesen, in Verbindung mit einer schwachen französischen Monarchie und deren verrücktem König einerseits und den um die Macht rivalisierenden Fürsten andererseits. Doch die langen französischen Rückeroberungsfeldzüge, die gegen Henry VI. geführt worden waren, wären eine bessere Lektion gewesen als die eher wundersamen Erfolge eines Henry V. Die französische Wiedereroberung bestand aus langen Belagerungen, und die entscheidende Waffengattung war die Artillerie. Im Frühsommer 1513 begannen englische Truppen, den Kanal zu überqueren, und Ende Juni traf Henry VIII. in Calais bei ihnen ein. Nach ihrem Marsch in die Niederlande im Juli stellten sie alsbald fest, dass es nicht um kurz dauernde, heftig geführte Schlachten ging, sondern um eine lang anhaltende, anstrengende Belagerung. Die Schlacht bei Thérouanne am 16. August, in der Henry die französische Kavallerie in die Flucht schlug und sich damit seine Sporen verdiente (im Englischen daher *Battle of the Spurs* genannt), war eine militärische Meisterleistung. Dennoch war sie kaum mehr als ein Gefecht, bei dem eine Truppe vertrieben wurde, die eine belagerte Stadt entsetzen sollte. Thérouanne wurde schließlich eingenommen und geplündert. Im Anschluss daran ergab sich das nahegelegene Tournai, um nicht ein ähnliches Schicksal zu erleiden. Bei diesem Tempo war eine Eroberung Frankreichs jedoch schlicht unmöglich. Dass die Engländer überhaupt etwas erreichten, verdankten sie nur der Tatsache, dass der französische König Ambitionen in Italien hegte. Streitkräfte, wie sie Louis XII. 1512 in die Lombardei oder François I. 1515 über die Alpen führte, hätten aus den englischen Invasoren „Hackfleisch gemacht". Wie auch immer, Henrys Krieg war erfolgreich, und niemand kritisiert einen Erfolg im Krieg.

Ebenso traditionell wie der Konflikt zwischen Frankreich und England war auch die Freundschaft zwischen Frankreich und Schottland. Die

„*auld alliance*“ beruhte auf dem Prinzip, dass der Feind deines Feindes dein Freund sei. Henrys größte Sorge jenseits des Kanals war ein Dolchstoß aus Schottland. Um dieser Bedrohung vorzubeugen, ließ er Katharina von Aragon als Regentin in England zurück, und der Earl of Surrey, Thomas Howard, sollte im Fall der Fälle die militärische Führung im Feld übernehmen. Surrey, einer der Falken in Henrys Kronrat, war völlig am Boden zerstört, dass er zurückgelassen werden sollte. Seine Sorgen waren jedoch unbegründet, da er nun seine Chance sah, Ruhm zu erlangen. Der Feldzug in den Niederlanden hatte kaum begonnen, als die erwartete schottische Invasion erfolgte. James IV. führte eines der größten schottischen Heere über die Grenze, die das Land je gesehen hatte. Surrey fing ihn ab, und die taktischen Fehler des schottischen Königs führten zwischen Flodden und Braxton dann auch zur größten Niederlage schottischer Truppen auf englischem Boden. James selbst fiel am 9. September in Flodden, zusammen mit zwölf Earls und Dutzenden von Lairds und Angehörigen des Landadels. Schenkt man englischen Schätzungen Glauben, so waren die schottischen Verluste mit 12 000 Toten zehnmal größer als die englischen. Surrey wurde dafür belohnt, indem er im folgenden Jahr wieder in das Herzogtum seines Vaters, das *Duchy of Norfolk*, eingesetzt wurde. Aus offizieller englischer Sicht war das Schicksal des schottischen Königs Gottes Strafe dafür, dass er gegen die Sache des Papstes zu den Waffen gegriffen hatte (er war deshalb exkommuniziert worden). John Fisher hielt dazu eine Predigt und klagte über den unseligen Tod und den Meineid James' IV. Erst als die Absolution durch den Papst sicher war, erhielt James ein christliches Begräbnis.

Nachdem die antifranzösische Allianz in Europa, die seine Invasion ermöglicht hatte, zusammengebrochen war, war es Henry trotz seiner Siege zur Ehre seiner Krone und zur Verteidigung der Kirche nicht mehr möglich, seine Erfolge fortzusetzen. Sein Hauptverbündeter und Schwiegervater, König Ferdinand von Aragon, machte Anstalten, mit Frankreich Frieden zu schließen. Der Tod Königin Annes von Frankreich jedoch bot Henry Gelegenheit, sich Genugtuung zu verschaffen, indem er Louis XII. seine jüngere Schwester Mary als weit attraktiveren Ersatz anbieten konnte. Von Wolsey gekonnt unterstützt, der sich als geschickter Diplomat und brillanter Verwalter erwies, gewann Henry den Frieden, auch wenn sein Sieg dadurch geschmälert wurde, dass die Anstrengungen einer Ehe mit einer anspruchsvollen jungen Braut den französischen König binnen weniger Wochen ins Grab brachten. Alles in allem hatten sich die Dinge aber positiv entwickelt, und Wolseys Belohnung war eine Flut von Beförderungen innerhalb der Kirchenhierarchie. 1514 wurde er rasch hintereinander Bischof von Lincoln, dann von Tournai und endlich Erzbischof von York. Im darauf folgenden Jahr wurde er auch noch Henrys *Lord Chancellor* und erhielt, auf Bitten Henrys, von Papst Leo X. den Kardinalshut. Wolsey stand im Brennpunkt der im bunten Wechsel einander folgenden diplomatischen Schritte der nächsten Jahre, in denen er sich mal um Krieg, mal um Frieden zum jeweils geringsten Preis bzw. höchsten Nutzen für den König bemühte. Der sensationelle Sieg des neuen französischen Königs François I. in Marignano 1515, der ihm die Kontrolle über Norditalien verlieh, ließ Henrys Siege von 1513 verblassen und machte den Frieden zur einzig realistischen Option. Aber der Vertrag von London, den Wolsey 1518 erfolgreich mit fast allen wichtigen internationalen Akteuren aushandelte, erlaubte es Henry wenigstens, als europäischer Friedensstifter aufzutreten. Gesten wie die Aufnahme John Colets und Thomas Mores in seinen Kronrat verstärkten seinen Ruf als wohlwollender König, der aufgeschlossen ist für moderne Ansichten, aber auch für Kritik von intellektueller Seite.

Frieden aber war nicht Henrys wirkliche Absicht. Seine Haltung zu dem im Vertrag enthaltenen Vorschlag eines europäischen Kreuzzugs gegen die Türken, die ihren Einfluss auf dem Balkan und in der Levante stetig erweiterten, bestand in reinen Lippenbekenntnissen. Frieden zwischen den christlichen Nationen war auch das Thema eines der berühmtesten Gipfeltreffen der Geschichte, des *Field of Cloth of Gold* (das „Güldene Feld") nahe Calais, zwischen Henry VIII. und François I. im Juni 1520. Doch hinter der Fassade der Prachtentfaltung und Verschwendung, die drei Wochen dieses Sommers so angenehm füllten, bauten sich echte politische Spannungen auf. Henrys Ärger darüber, dass François I. ihn geschickt in einen Ringkampf gezogen hatte, sagte mehr über ihre Beziehungen zueinander als alles äußere Gepränge. Noch während er auf dem *Field of Cloth of Gold* die einzelnen Vorschläge über Frieden und Harmonie zwischen den Völkern prüfte, führte er bereits Geheimverhandlungen mit dem neuen Kaiser des Heiligen Römischen Reiches, Karl V., über eine Wiederaufnahme der Feindseligkeiten. Der Krieg wurde auf englischer Seite im Herbst 1522 mit einem Angriff auf die Normandie von Calais aus wieder aufgenommen, dem 1523 ein größerer, wenn auch nicht erfolgreicherer Feldzug in die Picardie folgte. Die Kriegskosten lasteten schwer auf dem Volk, und im Parlament von 1523 wurden Stimmen gegen die Steuern laut. Henrys Verbündeter, Karl V., übernahm 1524 allein die Bürde des Krieges, doch weckte dessen sensationeller Sieg von Pavia 1525, der die Ergebnisse von Marignano zehn Jahre zuvor auf den Kopf stellte, erneut Henrys Kriegsgelüste. Sein Volk aber war am Ende seiner finanziellen Geduld angelangt. Wolsey wusste, dass das Parlament keine weiteren Einnahmen genehmigen würde, und so bemühte er sich um die Finanzierung eines weiteren Heeres mittels eines erzwungenen Kredits, des so genannten *amicable grant* (freundschaftliche Beihilfe). Die anschließenden Steuerstreiks und Aufstände in Kent und East Anglia brachten diese Seifenblase jedoch zum Platzen. Die Menschen waren nicht so freundschaftlich, wie man gedacht hatte. Henrys Ambitionen hatten seine Finanzen überfordert. Doch kaum war diese Phase seiner Herrschaft abgeschlossen, wandte Henry seine Aufmerksamkeit dem Problem der Thronfolge zu. Seine Versuche, es zu lösen, und die sich daraus ergebenden Konsequenzen sollten ihn fast zwanzig Jahre lang von den kontinentalen Kriegen fernhalten.

VERTEIDIGER DES GLAUBENS

Henrys Frömmigkeit und sein Interesse an Religion sind vielfach kommentiert worden. Natürlich wurde von mittelalterlichen und frühneuzeitlichen Königen erwartet, dass sie religiös waren, wie es sich für sie gehörte. Kein Mensch unterstellte Henrys Vater jemals, etwas anderes gewesen zu sein als ein loyaler Sohn der heiligen Mutter Kirche. Aber selbst bei Königen gab es graduelle Unterschiede des Engagements. Henri III. von Frankreich, der später an öffentlichen Bußprozessionen von Flagellanten teilnehmen sollte, wurde für extrem religiös gehalten. Henry VIII. war fromm und gewissenhaft, aber er übertrieb es nicht. Natürlich könnte man seine Frömmigkeit als heuchlerisch bezeichnen, aber selbst wenn sie heuchlerisch war, so war sie sicherlich nicht zynisch. Henry mag manchmal unausstehlich selbstgerecht gewesen sein – indem er die Splitter in den Augen anderer sah, nicht aber den Balken in seinem eigenen –, aber niemand kann ihm unterstellen, er sei unaufrichtig gewesen.

In einer Zeit, in der Könige noch versuchen durften, Philosophen zu spielen, auch wenn ein Philosoph kaum je König werden konnte, zeigte Henry ein echtes Interesse an dem Glauben, dem er anhing. Im Jahre 1515 beschäftigte er sich persönlich mit dem Aufsehen erregenden Schicksal Richard Hunnes, der in einem kirchlichen Gefängnis zu Tode gekommen war. Der Klerus gab ihn für einen Ketzer aus, die Bürger von London aber meinten, Hunne sei dem Klerus zum Opfer gefallen, weil er gerichtlich gegen den Klerus vorgegangen war. Der Klerus beharrte darauf, Hunne habe sich selbst erhängt, während die Geschworenen, die den Tod zu untersuchen hatten, befanden, er sei von seinen Wächtern ermordet worden. Die Versuche, sie vor Gericht zu bringen, führten zu einer hitzigen Auseinandersetzung über die rechtlichen Privilegien des Klerus. Es war Henry, der schließlich den Vorsitz während einer grundlegenden Debatte übernahm und einen Kompromiss zustande brachte. Henry liebte theologische Debatten, und Themen wie der Nutzen geistlicher Andacht und die Verdienste von Erasmus' Urtext-Ausgabe des Neuen Testaments in griechischer Sprache wurden in seinem Beisein bei Hofe diskutiert. Diesem Intellektuellen unter den Monarchen wurden viele Bücher gewidmet. Religiöse Bücher, die er aus Zeitmangel vielleicht nicht alle selber lesen konnte, gab er zwei Kaplanen zur Prüfung und übernahm den Vorsitz, wenn sie darüber diskutierten.

Henrys theologisches Interesse ging aber über diese amateurhaften Versuche hinaus. Berühmt war sein Buch, das er 1521 gegen Martin Luther schrieb, als die Radikalität von dessen Lehren offenbar geworden war und dem deutschen Mönch die päpstliche Verurteilung und Exkommunikation eingebracht hatte. Damals ging schon das Gerücht, das sich bis heute gehalten hat, die *Assertio septem sacramentorum* (so der lateinische Titel des Buches; auf Deutsch: Erklärung der sieben Sakramente) stamme nicht allein aus seiner Feder. Gelehrte Priester gab es zuhauf in Rufweite seines Arbeitszimmers, und es sieht auch so aus, als habe er professionelle Theologen aus Oxford und Cambridge zu sich gerufen, um die Orthodoxie seines Buches und die Verweise zu überprüfen. Thomas More gab dem Werk den stilistischen Schliff. Aber es wird nicht bestritten, dass Henry selbst daran arbeitete, manchmal stundenlang im Rausch der ersten Begeisterung, und wir erkennen seine Handschrift daran, dass ein Großteil des Buches die katholischen Doktrinen der heiligen Messe gegen Luther verteidigt. Die Messe war dem König sein Leben lang ein wichtiges und zentrales Anliegen.

Henry hatte schon seit langem ein Interesse daran, dem englischen Königstitel eine religiöse Dimension hinzuzufügen, ähnlich wie in Spanien (die „katholischen" Könige) oder in Frankreich (die „allerchristlichsten" Könige). Sein Buch verschaffte ihm die päpstliche Auszeichnung *Fidei Defensor* (Verteidiger des Glaubens), die noch heute die Münzen des Königreichs ziert. Zweifellos gefielen dem Papst auch Henrys Bemerkungen zur päpstlichen Autorität:

„Ich habe nicht die Absicht, den Papst zu beleidigen, indem ich seine Vorrechte diskutiere, so als ob sie etwas wären, das dem Zweifel unterläge … Luther kann kaum leugnen, dass alle Kirchen den Heiligen Römischen Stuhl annehmen und verehren als die Mutter und den Lenker aller Gläubigen …“

Henrys Aversion gegen Luther kam von Herzen. Neben der *Assertio* verfasste er noch zwei andere Schriften gegen Luther: Zunächst einen offenen Brief an die Herzöge von Sachsen, worin er sie drängte, gegen diesen Unruhe stiftenden Mönch vorzugehen, bevor er noch mehr Schaden anrichte. Einige Jahre später schrieb er Luther selbst einen langen offenen Brief, der, anders als die *Assertio*, auch ins Englische übersetzt wurde, zum Nutzen des eigenen Volks.

Die katholische Welt war von den Bemühungen des englischen Königs sehr beeindruckt. Katholische Autoren wussten nicht, was sie mehr loben sollten: seine Bildung oder seine Tugend. Mit dieser Reaktion hatte Henry gerechnet. „Philosophenkönig“ war eine seiner bevorzugten Rollen. Was er aber nicht erwartet hatte, war die donnernde Antwort, die Luther erschallen ließ. Der Mann, der dem päpstlichen Bann und dem kaiserlichen Verbot getrotzt hatte, war von einer königlichen Feder nicht einzuschüchtern. Luther war höchstwahrscheinlich der erste Mensch, der Henry so aggressiv anging (wenn auch aus sicherer Entfernung). Henry sah sich in der unangenehmen Situation, sich dieser Herausforderung nicht gewachsen zu fühlen, und hat Luther diesen Affront niemals verziehen. Luthers überzogene Reaktion führte dazu, dass selbst nach Henrys Bruch mit Rom die lutherische Richtung der Reformation in England nicht viele Freunde fand. In der Zwischenzeit wurde es More überlassen, sich mit Luther zu beschäftigen. Luther hatte die Diskussion auf das Niveau der Gosse gesenkt, und More behielt dieses Niveau mit Vergnügen bei, er überbot Luther noch in einer der längsten und einfallsreichsten Schmähschriften, die je unter dem Deckmantel der Theologie publiziert wurden. Verständlich, dass der weltläufige Autor von *Utopia* bei dieser *tour de force* um einen *nom de plume* (Pseudonym) bemüht war.

DES KÖNIGS GRÖSSTE SORGE

Henrys theologische Referenzen kamen ihm bei der Suche nach einem Weg aus seiner ersten Ehe mit Katharina von Aragon zustatten, die ihm lästig wurde, zumal sie ihm keinen Sohn geboren hatte. Wann genau ihre Beziehung endgültig gescheitert war, ist ungewiss. In der Zeit nach 1510 waren Henry und Katharina jung und verliebt, aber in den 1520er Jahren machte sich der Altersunterschied bemerkbar. Die Geburt Mary Tudors 1516 hatte ihm nach der furchtbaren Enttäuschung von 1511 und den anschließenden Fehlgeburten die Hoffnung gegeben, dass noch ein Sohn folgen könne. 1518 war Katharina wieder schwanger. Eine der Ehrendamen der Königin erregte des Königs Aufmerksamkeit. Elizabeth Blount spielte eine wichtige Rolle bei den Feiern, die zur Unterhaltung einiger französischer Gesandter um den Michaelistag 1518 herum organisiert wurden, und gebar Henry ungefähr neun Monate später einen Sohn, den er als seinen eigenen anerkannte. In der Zwischenzeit nahm Katharinas Schwangerschaft einen unglücklichen Verlauf und sollte sich zugleich als ihre letzte erweisen; denn in den 1520er Jahren wurde klar, dass sie keine Kinder mehr würde bekommen können, während gleichzeitig ihre Schönheit verblühte. Henry floh in die Arme anderer Frauen, und auch wenn die Zahl der unehelichen Kinder, die ihm damals und später zugeschrieben wurde, schwer zu glauben ist, so gibt es in solchen Dingen keinen Rauch ohne Feuer. Seine Affäre mit Mary Boleyn, der Frau von William Carey, fällt vermutlich in diese Jahre. Nach seiner Erfahrung mit Elizabeth Blount hatte er möglicherweise entschieden, dass Affären mit verheirateten Frauen praktischer waren. Henry Carey, vermutlich Henrys Sohn, wurde 1526 geboren.

Henrys Entschluss, sich seiner ersten Frau auf formalem Wege zu entledigen, ging sowohl auf veränderte Umstände als auch auf eine veränderte Herzenshaltung zurück. Die veränderten Umstände waren der glückliche Tod des einzigen potentiellen Rivalen für den englischen Thron, der sich außerhalb von Henrys Einflussbereich befand: Richard de la Pole, „White Rose“, der letzte noch lebende Sohn der Schwester Edwards IV., der in seiner Jugend dem König von Frankreich gedient hatte, fand den Tod in der erwähnten großen Schlacht von Pavia 1525, als François I. die Kontrolle über Norditalien durch die Truppen Karls V. entrissen wurde. Schon dieser Sieg des Kaisers für sich genommen war eine gute Nachricht für Henry, dachte er doch, darin den Anlass für eine weitere Invasion Frankreichs zu finden (François I. war in der Schlacht in

Gefangenschaft geraten und Frankreich schien daher verwundbar). Doch es war der Tod Richard de la Poles, für den auf Henrys Anweisung die Glocken geläutet und überall im Land Dankprozessionen abgehalten wurden. Erst jetzt konnte man sich über alternative Lösungen für das Thronfolgeproblem ernsthafte Gedanken machen. Die erste Möglichkeit war die Anerkennung seines unehelichen Sohnes Henry Fitzroy, der zum Duke of Richmond and Somerset gemacht wurde (was ihn als Nachfahren der Tudors bzw. Beauforts auswies). Möglicherweise wollte Henry ihn als möglichen Thronanwärter aufbauen.

Es dauerte aber nicht lange, bis sich eine Alternative fand, die mehr versprach: die Scheidung von Katharina von Aragon, die ihm eine zweite Ehe ermöglichen würde. („Scheidung" bedeutete damals nicht, wie heute, die Auflösung einer gültigen Ehe, sondern das, was wir heute „Annullierung" nennen: ein Richterspruch, dass eine Ehe nicht gültig vollzogen wurde.) Im ausgehenden Mittelalter war die Annullierung eine vertraute Lösung für die Eheprobleme von Königshäusern. Sie konnte nur vom Papst als dem Stellvertreter Christi auf Erden vollzogen werden. Viele unglückliche königliche Ehen sind auf diese Weise beendet worden – der jüngste (und berüchtigtste) Fall war der von Louis XII. von Frankreich und seiner ersten Frau Jeanne, der auf eine Travestie der juristischen Verfahren hinauslief, die vom Papst sanktioniert wurden. Ein Vorwand für eine solche Scheidung fand sich fast immer. Aus den komplexen Verwandtschaftsbeziehungen innerhalb einer kleinen Elite, die von ihrer Genealogie besessen war, konnte das kanonische (Ehe-)Recht mit seinem verwickelten und ausgedehnten System der Gesetzgebung und Gesetzesauslegung immer etwas machen.

Aber Henry wollte keine Scheidung unter solchen Bedingungen. Sein Fall war viel einfacher, er ließ sich mit der Bibel und mit theologischen Prinzipien begründen. Die Bibeltexte in 3. Mose 18,16 und 20,21, die die Ehe mit der Frau des Bruders verbieten, schienen sich genau mit seinem Fall zu decken. Henry behauptete, dass seine Ehe mit Katharina eindeutig gegen göttliches Gebot verstieß, dass selbst der Papst nicht das Recht habe, irgendjemanden von seiner Gehorsamspflicht gegenüber diesem Gebot zu entbinden, und dass daher seine Ehe ungültig sei, auch wenn sie ursprünglich durch eine päpstliche Bulle sanktioniert worden war.

Obwohl die anfänglichen Diskussionen über eine Scheidung hinter verschlossenen Türen stattfanden, sickerten Nachrichten darüber bald durch. Im Mai 1527 gingen Gerüchte in London um, der Beichtvater des Königs, John Longland, Bischof von Lincoln, und andere gelehrte Geistliche hätten dem König gesagt, seine Ehe sei ungültig. Henry wies den Lord Mayor an, die Gerüchte zu unterdrücken. Kurz zuvor hatten lose Zungen verbreitet, eine Tochter von Sir Thomas Boleyn habe gesagt, falls der König wieder frei wäre, um zu heiraten, sei sie seine Braut. Ihr Name war Anne, und sie war die Schwester der früheren Geliebten des Königs. Dies war die erste öffentliche Erwähnung einer veränderten Gesinnung des Königs, des zweiten Faktors in dem ganzen Prozess. Wie David Starkey kürzlich gezeigt hat, zwang Henrys Vernarrtheit in Anne ihn dazu, die Scheidung zu suchen, da diese sich weigerte, den Weg ihrer Schwester zu gehen, und bis zur Ehe warten wollte. Es sollte eine lange Wartezeit werden. Henry selbst hat immer darauf bestanden, dass seine Zweifel an seiner ersten Ehe auf Gewissensbissen beruhten – aber er hätte ja auch kaum lauthals sagen können, dass er die eine Frau nicht mehr mochte und eine andere es ihm angetan hatte. Er bevorzugte immer das hohe moralische Argument und war sicherlich selbst davon überzeugt, dass er nur aus den reinsten Motiven heraus handelte. Sein Talent, Gewissen und Zweckmäßigkeit, Selbstgerechtigkeit und Eigeninteresse geschickt miteinander zu verbinden, machten seinen Wunsch nach Scheidung zu einer gewaltigen politischen Kraft.

John Fisher, den Henry einmal als den gelehrtesten Theologen, den er je gekannt habe, beschrieben hatte und der im Gefolge Henrys ebenfalls Bücher gegen Luther geschrieben hatte, die ihn in ganz Europa berühmt gemacht hatten, gehörte natürlich zu jenen, die Henry zu dem Thema Scheidung konsultierte. Fisher war es, der den ersten Stab in die Speichen steckte und darauf verwies, dass das biblische Argument gegen Henrys Ehe keineswegs eindeutig sei. Im Gegensatz zum 3. Buch Mose (auf das Henry sich berief), das die Schwagerehe verbietet, enthält nämlich das 5. Buch Mose eine göttliche Vorschrift, die einen Mann verpflichtet, seine verwitwete Schwägerin zu heiraten, wenn sein Bruder kinderlos gestorben ist (5. Mose 25,5). Da genau dies bei Arthur, seinem Bruder Henry und Katharina der Fall gewesen war, ging es bei der Debatte der nächsten zehn Jahre – unter Beteiligung von Gelehrten aus ganz Europa – um diese beiden Bibelstellen und ihre Beziehung zueinander. Am Ende war es die Politik, nicht die Theologie, die das Thema entschied. Aber Henry liebte es nicht nur zu gewinnen, er liebte es auch, Recht zu haben. Also wurden enorme Anstrengungen unternommen, genau dies zu erreichen.

Der Text im 5. Buch Mose, den Fisher ins Spiel brachte, erschwerte es Henry sehr, weiter auf dieser theologischen Höhe zu argumentieren, und hätte die Sache peinlich werden lassen, wenn nicht ein ambitionierter junger Gelehrter aus Cambridge mit einigen Antworten hätte aufwarten können. Robert Wakefield – ironischerweise ein früherer Zögling Fishers – war der damalige führende englische Experte für Hebräisch. Als er 1527 das erste Mal nach einer Meinung gefragt wurde, war er klug genug, auf einer klaren Weisung Henrys zu bestehen. Unter den Tudors konnte schließlich jede akademische Diskussion über die Thronfolge als Verrat ausgelegt werden. Noch wichtiger aber war, dass er natürlich wissen wollte, welche Antwort der König erwartete. Wakefields Kenntnisse des Hebräischen erlaubten ihm, das Gewünschte vorzutragen. Das Verbot im 3. Buch Mose ist mit einem Fluch verbunden, der jedem, der seines Bruders Frau heiratet, androht, er werde „ohne Kinder" sein. Da Henry ein Kind hatte, nämlich Mary, war dies zunächst nicht sonderlich hilfreich, bis Wakefield – exegetisch richtig – bemerkte, vom Kontext her müsse dies bedeuten, er werde „ohne Sohn" sein, der den Familiennamen weiterträgt. Außerdem spreche das 3. Buch Mose von Brüdern im engeren Sinne, während das 5. Buch Mose das Wort „Bruder" in einem weiteren Sinn verwende und von männlichen Verwandten im Allgemeinen ausgehe. Er schlug daher vor, dass das 3. Buch Mose einen besonderen Fall der im 5. Buch erwähnten allgemeinen Verpflichtung verbiete. Dies war zwar nicht ganz wasserdicht, musste aber reichen. Und da Henry sich nun im Hinblick auf die Fehlgeburten oder Tode der Söhne als Opfer einer göttlichen Bestrafung sah, war er mehr denn je davon überzeugt, dass sein Verständnis des 3. Buchs Mose richtig war, egal was das 5. sagt.

Aber neben den theologischen Aspekten gab es noch andere. Die Scheidung würde politische Unterstützung benötigen, und diese musste aus Frankreich kommen. Also machte sich Kardinal Wolsey ausnahmsweise selbst auf den Weg, um die Kontakte mit dem französischen König zu festigen, der sich über die nächsten zehn Jahre als verlässlicher und hilfsbereiter Verbündeter erweisen sollte.

Die Annullierung von Ehen oblag dem Papst, und Henry ging natürlich davon aus, dass dieser kooperieren werde. Seiner Ansicht nach war der Papst dafür da. Henry hatte sein großes Ansehen dafür eingesetzt, die päpstliche Autorität zu untermauern, indem er persönlich gegen Luther schrieb, und nun war es Zeit für eine Gegenleistung. Es war typisch für Henry, dass er die Hürden auf diesem Wege nicht wahrnahm. Zunächst einmal hatte der Sieg von Pavia, der Henry den Anreiz geliefert hatte, um eine Scheidung zu ersuchen, just die Mittel, sie zu erreichen, zunichte gemacht, da er Karl V. die Kontrolle über Italien gegeben hatte. Die kaiserlichen Armeen plünderten Rom 1527, und der Papst war quasi ein Gefangener in seiner eigenen Festung Sant' Angelo. Clemens VII. war nicht in der Position, in der er sich erlauben konnte, den Kaiser zu verärgern, indem er Henry eine Scheidung gewährte, die besagen würde, dass die Tante Karls V. beinahe zwanzig Jahre lang inzestuös gelebt hatte. (Das Europa des 16. Jahrhunderts war eine Männerwelt, in der sexuelle Schande weit bereitwilliger Frauen als Männern zugeschrieben wurde.) Das zweite Hindernis war Katharinas eigener ausgeprägter Sinn für Ehre und Würde. Zwar konnten solche königlichen Eheprobleme in aller Freundschaft gelöst werden, wenn die Frau bereit war, einen ehrenvollen Rückzug zu akzeptieren, aber Katharina gab keinen Zentimeter nach, und sie war durch und durch eine spanische Prinzessin. Und schließlich bat Henry den Papst um die Annullierung einer Entscheidung eines seiner Vorgänger, da seine erste Ehe bereits auf einem päpstlichen Dispens vom kanonischen Recht beruhte, das, wie das 3. Buch Mose, die Ehe mit einer Schwägerin verbot. Auch wenn dies nicht außerhalb der Grenzen des Möglichen lag, so war doch der Zeitpunkt denkbar schlecht gewählt. Die protestantische Reformation, die in Deutschland und der Schweiz an Boden gewann, stellte nicht nur die päpstliche Autorität prinzipiell in Frage (sie bestritt, dass Christus dem heiligen Petrus oder seinen Nachfolgern irgendeine besondere Autorität in der Kirche verliehen hatte), sondern griff sie auch in der Praxis an, indem sie behauptete, ihr rechtliches Vorgehen sei durch Reichtum und Macht korrumpiert. Dies war also nicht gerade der Zeitpunkt, eine frühere päpstliche Bulle aufzuheben, um einem befreundeten König einen Gefallen zu erweisen.

Die einzige Option des Papstes war, auf Zeit zu spielen, in der Hoffnung, der Tod werde Henrys Problem lösen. Der Tod irgendeines Beteiligten hätte eigentlich gereicht: der von Karl V., Henry, Katharina oder Anne Boleyn. In der Zwischenzeit hielt er Henry, den er genauso wenig verärgern konnte wie Karl V., erst einmal hin. Als königliche Gesandte vorschlugen, den Fall vor einem Sondergericht in London zu verhandeln, gab er sich einverstanden und entsandte Kardinal Campeggio, der mit Kardinal Wolsey den Vorsitz übernehmen sollte. Campeggio kannte die Spielregeln, und nach seiner Ankunft dauerte es sechs Monate, bis das Gericht im Juni 1529 endlich zusammentrat. Kaum war dies geschehen, zog Katharina die Notbremse. Nicht völlig unbegründet behauptete sie, dass in der Hauptstadt ihres ihr entfremdeten Ehemannes ein faires Verfahren wohl nicht zu erwarten sei, und appellierte an den Papst, den Fall nach Rom zurückzuverlegen. Da Henry ebenfalls anwesend war, war dies eine tödliche Beleidigung, ein Schlag gegen das von ihm so beflissen kultivierte Image der Unvoreingenommenheit. Nach einer weitschweifigen Diskussion über die Ehe an sich zwischen den Vertretern des Königs und der Königin setzte Campeggio die Verhandlung aus und verwies den Fall zurück nach Rom. Katharinas Appell bot ihm einen willkommenen Vorwand; in Wahrheit bestimmte die Politik in Italien diese Entscheidung. Bereits über ein Jahr lang hatten die Franzosen versucht, Italien der Hand des Kaisers wieder zu entwinden. Die Würfel fielen im Juni 1529 bei Landriano in der Po-Ebene. Ein französisches Heer, das nach Süden marschierte, um andere französische Truppen zu entsetzen, die bei Neapel eingeschlossen waren, wurde von den kaiserlichen Truppen zerschlagen. Die päpstliche Diplomatie lag in Trümmern.

GEGEN DEN KLERUS

Die Rückverlegung des Falles nach Rom brachte Henry in Rage, und wie so oft, wenn seine Herzenswünsche enttäuscht wurden, schlug er um sich. Diesmal traf es Kardinal Wolsey. Dessen Karriere war darauf aufgebaut, dem König zu geben, was er wollte, und sein steiler Fall war der Preis des Scheiterns. Seine fünfzehn Jahre an der Spitze hatten ihm Feinde in rauen Mengen eingebracht, und den Raubtieren, die ihn am Hofe und im Parlament, das Henry in jenem Herbst einberief, angriffen, folgten die Aasvögel, die in Scharen herbeiflogen, um die Krumen aufzupicken. Die Ländereien und Ämter, die Henry nun neu zu vergeben hatte, halfen sicherlich, viele Gentlemen zu überzeugen, dass seine Sache eine gute war. Es kostete Wolsey nicht gleich den Kopf. Zunächst wurde der Kardinal nur nach York versetzt, eine Diözese, die er zwar seit 1514 inne, aber nie besucht hatte. Erst als er fälschlicherweise annahm, er könne weiterhin ein Akteur auf der europäischen Bühne bleiben, obwohl er die Gunst des Königs verloren hatte, führte dies zu seinem Untergang. Seine privaten Kontakte mit Repräsentanten Karls V. mussten (und sollten) Henry nachgerade beleidigen, für den die auswärtigen Angelegenheiten selbstverständlich ein Feld waren, auf dem Unbefugte nichts zu suchen hatten. Wolsey wurde 1530 nach London gerufen, um sich der Anklage wegen Verrats zu stellen, hatte aber das Glück, auf dem Weg dorthin zu sterben und somit dem Henker zu entgehen.

Der Sturz Wolseys ging mit etlichen Gesetzen gegen die Privilegien und Interessen des Klerus einher. Katharina von Aragon genoss im Klerus viel Unterstützung, und der ständige Druck, dem dieser über die nächsten Jahre ausgesetzt war, sollte nicht nur den Papst einschüchtern, sondern auch den heimischen Klerus auf Linie bringen. Als sich drei englische Bischöfe (und Unterstützer Katharinas) an Rom wandten, um gegen diese Gesetze zu protestieren, wurden sie prompt eingesperrt. Um dem Ganzen die Krone aufzusetzen, wurde der gesamte englische Klerus mit einer Geldstrafe von astronomischen 100 000 Pfund belegt, weil er gegen das alte *Statute of Praemunire* verstoßen hatte, das die Anrufung der päpstlichen Gerichtsbarkeit gegen den König unter Strafe stellte, und er während Wolseys Machtausübung als päpstlicher Legat in England in den vergangenen zehn oder fünfzehn Jahren sozusagen dessen Komplize war. Der Verteidiger des Glaubens begann, die Kirche anzugreifen. Ungefähr ein Jahr später beschrieb ihn ein unzufriedener Mönch als „Zerstörer des Glaubens".

Henrys Gelehrte machten mittlerweile Überstunden. Einige wurden abgestellt, um Thomas More zu „bearbeiten", den Henry als Nachfolger Wolseys zum *Lord Chancellor* ernannt hatte. In der komplizierten Scheidungssache gab es niemanden, dessen Zustimmung Henry lieber gewesen wäre, als More, der einzige Berater, der garantiert auf der richtigen Seite jener Linie stand, die den Staatsmann vom Jasager trennt. Henry hatte großes Interesse an den Recherchen, die bezüglich seiner Scheidung angestellt wurden (das Dokument, in welchem sein Fall 1529 dem päpstlichen Tribunal vorgestellt worden war, wurde *The king's book* genannt), und mit seinem durch die Argumente Wakefields und anderer gestärkten Gewissen konnte er sich nicht vorstellen, dass irgendein Gutwilliger nicht seiner Meinung sein konnte. Doch zu des Königs wachsender Enttäuschung ließ sich More nicht überreden, auch wenn er seine persönlichen Gefühle immerhin so weit hintanstellte, um 1531 Henrys Sache dem Parlament formell als *Lord Chancellor* zu unterbreiten. Andere königliche Gelehrte folgten einem Vorschlag Thomas Cranmers, dessen Karriere in Henrys Diensten nun rasante Fortschritte zu machen begann, und holten an europäischen Universitäten die Gutachten wohlwollender Theologen und Rechtsgelehrter ein. Wieder andere durchforsteten noch immer die Chroniken und Archive nach nützlichen Präzedenzfällen und Gedanken, zum einen bezüglich der Unmöglichkeit, einen englischen König vor ein Gericht im Ausland zu rufen, zum anderen bezüglich der Rechte nationaler Kirchen, ihre Probleme selbst (und nicht in oder durch Rom) zu lösen sowie bezüglich der Umstände, unter denen päpstliche Sanktionen auf legitime Weise ignoriert werden durften. Dieses

Forschungsmaterial sollte später zur Grundlage für die Doktrin der Vorherrschaft des Königs werden, auch wenn dies zu jenem Zeitpunkt noch nicht absehbar war.

Alle diese Forschungsbemühungen untermauerten Henrys Entschluss, an die Öffentlichkeit gehen. Es gab, was nicht überraschte, viel öffentliche Sympathie für Katharina, die ganz dem klassischen Bild einer Frau entsprach, der Unrecht getan worden war. Als königliche Agenten 1530 sich um die Meinung der Oxford Universität bemühten, wurden sie von den Frauen der Stadt mit verfaultem Gemüse beworfen. Henrys Verliebtheit in Anne Boleyn war mittlerweile auch allgemein bekannt, wobei Anne als diejenige galt, die in die Ehe eingebrochen war. Henry wollte alle wissen lassen, dass es sich in seinem Fall nicht um die klassische Dreiecksgeschichte handle, sondern um eine persönliche Tragödie, die sein ganzes Königreich in den Abgrund stürzen könne. Also wurden dem Parlament am 30. März 1531 die Gutachten ausländischer Universitäten vorgelegt. Zuerst auf Latein, später auf Englisch veröffentlicht als *Determinations of the Universities* in der Übersetzung von Thomas Cranmer, sind sie ein komplettes Gutachterdossier zu dem königlichen Fall. Nachdem er so die Öffentlichkeit vorbereitet hatte, trennte sich Henry nun auch öffentlich von seiner Frau – ihre Beziehung war seit Jahren ohnehin nur noch eine Fassade gewesen. Während des Sommerumritts ließ er sie am 14. Juli in Windsor zurück und sah sie danach niemals wieder.

Katharinas Freunde reagierten schnell auf Henrys Öffentlichkeitskampagne. Aber während Henry immer noch sehr darauf bedacht war, als Fürst der *Utopia* betrachtet zu werden, der von allen Seiten Rat entgegennimmt und Schmeichelei nicht nötig hat – immerhin war Thomas More immer noch *Lord Chancellor* –, konnte nichts, was im Sinne Katharinas geschrieben wurde, in England gedruckt werden. John Fishers Darlegung seiner Sichtweise war 1530 erschienen – in Alcalá in Spanien und auf Latein, nachdem es vom Botschafter Karls V. außer Landes geschmuggelt worden war. Einer der Priester Katharinas, Thomas Abel, veröffentlichte eine Abhandlung zugunsten der Königin auf Englisch, das erste einer Handvoll solcher Bücher, die heimlich in den Spanischen Niederlanden gedruckt wurden (die auch zu Karls V. Besitztümern gehörten). Abels Buch, eine meisterhafte Darstellung der Sache der Königin, war bekannt genug, um in Edward Halls Chronik aufzutauchen, und wurde vom König äußerst übel aufgenommen. Doch Henrys Arm reichte weit, und der König sann auf Rache. Abel, der seiner Königin unerschütterlich loyal ergeben war, wurde 1534 in den Tower geworfen und sollte ihn nur verlassen, um 1540 gehängt und gevierteilt zu werden.

Aber alle Propaganda dieser Welt brachte das Problem einer Lösung nicht näher. Es gab eine Vielzahl an Ideen, aber keine Politik. Anfang 1531, während der König den Klerus noch immer aufstachelte, den er zu Recht verdächtigte, nicht entschlossen hinter ihm zu stehen, forderte er von der Bischofssynode, ihn zum „Oberhaupt der Kirche von England" zu erklären. Nach vielen bangen Beratungen wurde seine Forderung bewilligt mit dem Zusatz „soweit es das Gesetz Christi erlaubt" – ein nützlicher Vorbehalt, der alles oder nichts bedeuten konnte. In der Absicht, den Papst zu beeinflussen, wiederholte Henry seine strikte Weigerung, seinen Fall außerhalb seines eigenen Königreichs klären zu lassen, und drohte 1532 damit, die englischen Zahlungen an Rom einzustellen. Seine Minister, angeführt von dem aufstrebenden Thomas Cromwell, schürten den uralten laizistischen Groll gegenüber dem Klerus bezüglich der Exkommunikation, der Macht der Kirchengerichte und der vielen Immunitäten, die der Klerus vor königlichen Gerichten genoss. Selbst die Affäre des unglücklichen Richard Hunne wurde wieder ausgegraben. Anfang 1532 hatte Cromwell die *Supplication against the Ordinaries* zusammengestellt, eine Beschwerdeschrift gegen den Klerus, die im Parlament als „spontane" Petition an Henry eingebracht wurde, die Privilegien und Anmaßung des Klerus zu beschneiden. In seiner Antwort forderte Henry die Bischofssynode auf, ihren traditionellen Anspruch auf legislative Autonomie aufzugeben und einzuwilligen, dass in Zukunft ihre Gesetzgebung der Zustimmung oder dem Veto des Königs unterworfen werde. Damit war die „Freiheit der Kirche", die der erste Artikel der Magna Charta garantierte, praktisch hinfällig geworden. Als die Synode nachgab und am 15. Mai zustimmte, wurde es dem *Lord Chancellor* zuviel. Auch wenn sein Rücktritt am nächsten Tag taktvoll mit seiner schlechten Gesundheit begründet wurde, ließ der Zeitpunkt keinerlei Missverständnis über dessen wahre Bedeutung zu. Thomas More konnte seinen Dienst für den König nicht mehr mit seinem Gewissen vereinbaren.

In den späten 1520er und frühen 1530er Jahren, die im politischen Kontext ganz im Zeichen der Scheidung standen, entwickelten sich religiöse Interessengruppen, welche die Dominanz des katholischen Glaubens in England gefährdeten. Während viele Anhänger der alten Religion und ihrer Praktiken dazu neigten, mit Katharina von Aragon zu sympathisieren und deshalb gegen den König zu opponieren, sahen diejenigen, die sich von der „neuen Lehre" (wie sie genannt wurde) des

Protestantismus angezogen fühlten, eine Chance, des Königs Gunst und Sympathie zu erlangen. Auch wenn William Tyndale, inzwischen ein Flüchtling im Ausland und somit außer Reichweite, die Scheidung Henrys ablehnte und sie als Machenschaft Kardinal Wolseys betrachtete, stellten sich andere protestantische Theologen wie Robert Barnes, Hugh Latimer und Thomas Cranmer auf Henrys Seite.

Auf der anderen Seite sah sich keiner der drei Engländer, die in Henrys Kielwasser gegen Luther veröffentlicht hatten (Thomas More, John Fisher und ein Theologe aus Oxford namens Edward Powell), in der Lage, die Scheidung zu unterstützen. Die Observanzbewegung der Franziskaner, die Henrys Vater so viel zu verdanken hatte, stand Katharina näher als Henry und setzte diese Einstellung in die Tat um, indem sie Unterstützung für sie mobilisierte und zu ihren Gunsten predigte. Am Ostersonntag 1532 ging William Peto, der Provinzialabt des Ordens in England, so weit, dass er in Greenwich im Beisein des Königs eine Predigt hielt, die die Motive für die Scheidung in Zweifel zog und andeutete, dass Henry von schlechten Beratern fehlgeleitet werde. Als Peto sich in einem anschließenden Privatgespräch weiterhin als stur erwies, ließ Henry einen seiner eigenen Hofgeistlichen am nächsten Sonntag eine Erwiderungspredigt halten. Noch schlimmer war, dass eine der einflussreichsten religiösen Gestalten Englands, eine Nonne namens Elizabeth Barton, bekannt als das „heilige Mädchen von Kent“, ihr großes persönliches Charisma für Katharinas Sache einsetzte. Nachdem sie durch das Eingreifen der Heiligen Jungfrau Maria unter dramatischen Umständen von der Epilepsie geheilt worden war, wurden Elizabeth Barton wundersame und prophetische Gaben nachgesagt, und sie wurde zur Anführerin einer Art katholischer Erweckungsbewegung. Die Armen und die Mittelschicht strömten zu Tausenden herbei, um sie zu sehen und zu hören, während die Reichen und Mächtigen sie um Rat und Fürbitte baten. Ihre Botschaft an die Öffentlichkeit, die von gelehrten Mönchen aus Canterbury weitergegeben wurde (besonders solchen der franziskanischen Observanzbewegung), verband Rufe nach moralischer Erneuerung mit apokalyptischen Warnungen gegen die Verbreitung der lutherischen Ketzerei, gegen Henrys Plan, seine Frau loszuwerden, und gegen dessen Übergriffe auf die Privilegien der Kirche. Sie verfügte über große öffentliche Unterstützung – und erntete dafür den Hass des Königs.

Die wichtigste Auswirkung ihres Einsatzes auf die politische Situation in England war, dass sie den Entschluss des Erzbischofs von Canterbury, William Warham, stärkte, nichts zu unternehmen, was sich für das Papsttum als nachteilig erweisen könnte. Elizabeth Barton kam aus Kent und war selbst eine Nonne im Konvent von St. Sepulchre in Canterbury geworden. Eine von Warham eingesetzte Kommission hatte ihre wundersame Heilung und ihre spirituellen Erfahrungen bestätigt, und er hatte sie mehr als einmal persönlich gesprochen. Henrys Grundprinzip war, den Fall in England klären zu lassen, was praktisch hieß: durch den Erzbischof von Canterbury. Solange aber Warham Erzbischof war, bestand keinerlei Aussicht darauf.

DIE SCHEIDUNG

Mit Warhams Tod kam wieder Bewegung ins Spiel. Der Countdown lief. Seinen Platz einnehmen konnte eigentlich nur Stephen Gardiner. Dieser war nach einer glanzvollen Karriere an der Universität von Cambridge in den 1520er Jahren in Wolseys Dienst getreten und 1529 vom König abgeworben und zu seinem Ersten Sekretär ernannt worden. Er hatte sich unermüdlich um die Scheidung bemüht und war dafür 1531 mit der Ernennung zum Bischof von Winchester belohnt worden. Doch dann hatte er sich unmöglich gemacht. Anfang 1532 entwarf er die Antwort des Klerus auf die *Supplication against the Ordinaries*, eine Fehleinschätzung, die ihn eine Zeit lang das Vertrauen und die Gunst des Königs kostete. Gardiner wurde daher bei der Besetzung des Erzbistums übergangen, und so ging der Bischofsstuhl von Canterbury an den noch wenig bekannten Thomas Cranmer. Cranmer war schnell genug aufgestiegen, um zu Henrys Botschafter am Hofe Karls V. in Deutschland ernannt zu werden, aber seine Berufung nach Canterbury überraschte jeden, auch ihn selbst. In Deutschland fühlte er sich zu den neuen evangelischen Lehren Luthers und seiner Anhänger hingezogen und hatte, etwas überstürzt (und für einen katholischen Priester illegal), geheiratet: Margaret, die Nichte des prominenten deutschen Reformators Andreas Osiander. Dass er diese Ehe vor seinem Souverän, der entschieden gegen die Priesterehe war, verheimlichte, sollte nicht die letzte Herausforderung sein, mit der sich Cranmer in den folgenden fünfzehn Jahren konfrontiert sah.

Noch bevor Cranmer aus Deutschland zurück war, stellte Henry schon das diplomatische Schachbrett auf für die dramatischen Züge, die er plante. Ein weiteres Gipfeltreffen mit dem französischen König jenseits des Kanals wurde einberufen. Es war nicht das „Güldene Feld“, und diesmal gab es keine Ringkämpfe – beide Männer waren etwas zu alt für solche jugendlichen Albereien. Aber hinsichtlich praktischer Politik war das Treffen wesentlich bedeutsamer. Das Wichtigste war, dass Henry nicht Katharina von Aragon – die er sicherlich in keinem Sinn mehr als seine Frau betrachtete – mit dorthin nahm, sondern Anne Boleyn, die am 1. September 1532 als Marchioness of Pembroke in den Hochadelsstand erhoben worden war. In Henrys Gefolge hatte sie damit den höchsten Rang, als zweite gleich hinter dem König. Die Reise selbst dauerte über einen Monat (11. Oktober – 14. November) und sicherte ihm die französische Unterstützung für seine Scheidung und zweite Ehe, mit denen Henry seine Trennung vom kaiserlichen Lager besiegeln sollte. Noch wichtiger war, dass Anne auf dieser Reise vermutlich Henrys Werben nachgab. Wenn man von der Geburt ihrer Tochter Anfang September 1533 zurückrechnet, ergibt sich, dass sie kurz nach der Reise nach Frankreich schwanger geworden war. Laut einer Quelle heiratete Henry Anne heimlich bei ihrer Rückkehr am 14. November, während andere Quellen auf den Januar verweisen.

Annes Schwangerschaft machte die Angelegenheit noch dringender. Was auch immer geschehen mochte, das Kind musste ehelich zur Welt kommen, um nach englischem Recht erbberechtigt zu sein. Es mag in unseren Augen wie Bigamie erscheinen, dass Henry wieder heiratete, ohne vorher geschieden worden zu sein, aber wir sollten uns daran erinnern, dass er bereits davon überzeugt war, dass seine erste Ehe dem Gesetz Gottes widersprach und er daher gar nicht verheiratet war. In der Zwischenzeit war Thomas Cromwell, der nun als Henrys erster Minister hervortrat, eifrig dabei, die Gesetzgebung vorzubereiten, mit Hilfe derer der Erzbischof von Canterbury das benötigte Urteil über Henrys Ehe sprechen konnte. Das entsprechende Gesetz, der *Act of Appeals* (es verbot die Anrufung Roms in Rechtsfällen), begann mit einer dröhnenden Erklärung:

> „In mancherlei verschiedenen alten Geschichten und Chroniken wurde offenkundig erklärt und ausgesprochen, dass dieses Königreich von England ein Reich ist …, das regiert wird von einem höchsten Haupt und König …, dem, nächst Gott, jedermann natürlichen und unterwürfigen Gehorsam schuldet …"

Dieser Anspruch auf einen „imperialen" Status, gleichbedeutend mit dem, was wir unter „Souveränität" verstehen, war die Basis, von der aus der *Act* behauptete, dass eine englische Person weder rechtmäßig vor ein ausländisches Gericht geladen werden könne noch selbst ein solches anrufen dürfe. Man braucht nicht erst zu erklären, dass dieses Gesetz auf das Papsttum zielte. Es gab damals keine andere ausländische juristische Institution, an die Engländer legal hätten appellieren können.

Thomas Cranmer kehrte Anfang des Jahres wieder auf englischen Boden zurück und wurde am 30. März 1533 zum Erzbischof von Canterbury geweiht. Eine seiner ersten Aufgaben war es, letzte Hand an die Vorarbeiten für die Scheidung zu legen. Der Synode wurden im April zwei entscheidende Fragen vorgelegt: Ob die Ehe mit der Witwe eines verstorbenen Bruders von der Bibel verboten sei, und ob der Papst irgendeine Autorität besitze, dieses Verbot in bestimmten Fällen aufzuheben. Drei Jahre antiklerikaler Agitation und fiskalischen Drucks hatten ganze Arbeit geleistet. Die benötigten Antworten auf die beiden Fragen, also „Ja“ und „Nein“, wurden am 5. April gegeben, und nur eine Handvoll Kirchenmänner wagte es, dem König zu trotzen. Ihr letzter verzweifelter Widerstand wurde von John Fisher angeführt, der am nächsten Tag, Palmsonntag, verhaftet wurde, um ihn daran zu hindern, gegen die Entscheidung zu predigen. Bis zu Annes Krönung im Juni wurde er unter Hausarrest gehalten. Dies war eine Zeit, in der eine wohl berechnete Predigt in einem kritischen Moment einen Aufstand oder gar eine Rebellion auslösen konnte, und so verhängte Cranmer nun ein allgemeines Predigtverbot.

Mit den Beschlüssen der Synode ausgerüstet und vom *Act of Appeals* gedeckt, rief Cranmer Henry und Katharina am 10. Mai zu sich nach Dunstable, damit sie die Gültigkeit ihrer Ehe verteidigten. Das Verfahren war verhältnismäßig einfach, denn Henry verteidigte die Ehe nicht, und Katharina hatte sich geweigert zu erscheinen. Cranmer annullierte die Ehe am 23. Mai und Katharina wurde mit dem Titel *Princess Dowager*, den sie ablehnte, ins innere Exil geschickt.

Henry hatte Anne keine prachtvolle Hochzeit bieten können, aber er machte dies mit ihrer Krönung am Pfingstsonntag (1. Juni) 1533 wieder gut. Die Schrift, die das Ereignis schildert, spricht zwar betont von dem freudigen Beifall des Volkes, doch der Bericht des kaiserlichen Botschafters lässt allenfalls auf mürrische Zustimmung schließen. Die Show war spektakulär, vermochte das Volk aber nicht zu überzeugen. Auch bei der Aristokratie war die Krönung kein großer Erfolg. Einige Peers erschienen gar nicht erst, vor allem George Talbot, Earl of Shrewsbury, einer der ältesten und engsten Vertrauten des Königs, der sich von seinem Sohn vertreten ließ. Thomas More verhielt sich bewusst provokativ. Einige seiner kirchlichen Freunde hatten zusammengelegt und ihm 20 Pfund geschickt, damit er sich neu einkleiden und mit dem König Frieden schließen konnte, indem er bei der Krönung erschien. Doch er lehnte ihre Einladung ab, behielt aber das Geld!

Katharina hatte viele Freunde im Ausland, die ihre Anrufung Roms unterstützten, und im September erklärte der Papst ihre Ehe mit Henry für gültig und verhängte Sanktionen gegen Henry. Da Anne nunmehr Henrys Kind zur Welt gebracht hatte (zu Henrys Enttäuschung war es wieder eine Tochter, Elizabeth), war es wichtig, den Anspruch dieses Kindes und anderer Nachkommen auf den Thron zu sichern. Außerdem gab es noch immer die *Holy Maid*, die Nonne von Kent, die laut einer Version ihrer Prophezeiungen vorhergesagt hatte, dass Henry im Fall seiner Scheidung von Katharina, innerhalb von sechs Monaten seinen Thron verlieren würde. Auf den Tag genau sechs Monate nach Cranmers Annullierung der Ehe wurde Elizabeth Barton gezwungen, vor der Kathedrale von St. Paul öffentlich zuzugeben, dass sie eine Schwindlerin war.

DER BRUCH MIT ROM

Die Entscheidung des Papstes machte es notwendig, seine Autorität in England zu unterminieren, vielleicht sogar zu beenden. Der Kronrat beschloss im Dezember 1533, der Papst solle in England von nun an nur noch als „Bischof von Rom" bezeichnet werden – eine deutliche Zurückweisung päpstlicher Ansprüche. In Henrys öffentlichen Dokumenten und offizieller Propaganda machen sich ab diesem Zeitpunkt zunehmend stärker imperiale Töne bemerkbar. Die traditionellen Bezeichnungen des Königs als „Seine Hoheit" *(His Highness)* und „Seine Gnaden" *(His Grace)* gingen immer häufiger mit „Seine Majestät" *(His Majesty)* einher. „Majestät" war nach römischem Recht die Eigenschaft der Person und des Amtes des Kaisers. Im Englischen war diese Bezeichnung ausgesprochen selten, in offiziellen Dokumenten sogar nahezu unbekannt gewesen. Erstmals 1534 in Gesetzen und Proklamationen verwendet, wurde „Seine Majestät" dann aber nicht nur geläufig, sondern schließlich Vorschrift.

Die Rache des Königs an Elizabeth Barton war mit ihrer Demütigung noch nicht zu Ende. Zu Beginn des Jahres 1534 wurden sie und ihre Anhänger durch einen *Act of Attainder* wegen Hochverrats verurteilt. Solche Gesetze waren zuvor zur Bestrafung offenkundiger Verräter eingesetzt worden, solcher, die gegen den König zu den Waffen gegriffen hatten oder von einem Gericht des Hochverrats für schuldig befunden worden waren. Thomas Cromwell aber setzte sie ein, um ordentliche Gerichtsverfahren abzukürzen, indem er Menschen einfach für schuldig und straffällig erklärte, um sich den Ärger und die Kosten eines Verfahrens zu ersparen. Henry wollte mit seinen Gegnern aufräumen. Obwohl nur wenige Mönche der Observanzbewegung der Franziskaner in dem *Act of Attainder* erwähnt wurden, bekam der Orden als Ganzes seine Wut zu spüren und wurde aufgelöst. Ihre Konvente gingen an die „eigentlichen" Franziskaner oder die Austin Friars über, und viele Mitglieder verließen lieber das Land, als sich einer anderen Ordensregel zu unterstellen.

Henry wollte das Gesetz auch gegen seine beiden prominentesten Gegner einsetzen. John Fisher, der Bischof von Rochester, wurde darin erwähnt, weil er Elizabeth Barton getroffen und ihren Prophezeiungen zugehört hatte, ohne sie dem König mitzuteilen, was als Vertuschung von Verrat ausgelegt wurde. Seine Verteidigung, die Prophezeiungen seien schließlich allgemein bekannt gewesen, war zwar vollkommen einsichtig, reichte aber nicht aus, um das *House of Lords* dazu zu bewegen, ihn von dem Gesetz auszunehmen und sich damit das Missfallen des Königs zuzuziehen. Mehr Glück dagegen hatte Thomas More. Als geschickter Anwalt hatte er die *Holy Maid*, wenn sie kam, um ihn zu besuchen, stets von sich ferngehalten und nichts von ihren Prophezeiungen hören wollen. Diese Verteidigung verfehlte ihre Wirkung nicht, die Lords akzeptierten sie und strichen More von der Liste. Henry war darüber wütend und wollte ins Parlament kommen, um die Lords so unter Druck zu setzen, dass sie More wieder in das Gesetz aufnehmen. Doch die Mitglieder des Kronrats, angeführt von Thomas Audley, Mores Nachfolger als *Lord Chancellor*, redeten ihm das aus und überzeugten ihn davon, dass selbst sein persönliches Erscheinen Mores Verurteilung nicht sicherstellen würde und der daraus folgende Gesichtsverlust eine politische Katastrophe bedeuten würde.

Thomas More war noch einmal entkommen, doch nicht für lange. Das Netz begann sich mit dem nächsten wichtigen Gesetz, dem *Act of Succession*, zuzuziehen. Dieses Gesetz machte die jüngsten Änderungen bei den königlichen Eheschließungen zu geltendem Recht, und jeder erwachsene männliche Engländer musste darauf schwören. In dieser außergewöhnlichen Maßnahme erkennen wir für einen Moment, was sich unseren Ohren hinter den Übertreibungen der schmeichlerischen Chronisten und dem pompösen Wortschwall der Gesetze leicht verbirgt – die höchst reale Nervosität eines Königs, der, getrieben von drängenden persönlichen und dynastischen Nöten, eine revolutionäre und deutlich unpopuläre Politik verfolgte. Der Eid, der Aussagen gegen das päpstliche Primat enthielt, wurde zunächst nur bei ausgewählten Gruppen angewandt: bei den Mitgliedern beider Häuser des Parlaments, den Höflingen und der königlichen Dienerschaft. Am Freitag, dem 17. April, sollte der Londoner Klerus ihn leisten, und einige weigerten sich: John Fisher und Thomas More zum Beispiel, die prompt in den Tower geworfen wurden. Am darauf folgenden Montag wurde der Eid einer breiteren Öffentlichkeit auferlegt, nämlich der Bevölkerung Londons, von der sich niemand weigerte, ihn zu leisten. Diese Einmütigkeit mag durch das Spektakel der Hinrichtung Elizabeth Bartons und ihrer engsten Anhänger zustande gekommen sein: Sie wurden an diesem Morgen durch die Straßen von Tyburn geschleppt (ungefähr dort, wo jetzt Marble Arch steht), erhängt, erschlagen, zerstückelt und auf der London Bridge und den Stadttoren zur Schau gestellt. Der Mann, der dieses grauenvolle Werk vollbrachte, „ein Metzger, versiert in der Vierteilung von Menschen", wurde wenige Jahre später wegen Raubes gehängt.

Henrys eher allgemeine Besorgnis bezüglich seines Volkes, dessen Sympathien Katharina von Aragon galten, wurden von konkreteren Sorgen um mächtige Adlige daheim und den Kaiser im Ausland begleitet. Im Frühling 1534 rief er die beiden Männer nach London, die seine Position am meisten gefährden konnten: den Earl of Kildare, den mächtigsten Mann in Irland und zu diesem Zeitpunkt des Königs Statthalter dort, und Lord Dacre, *Warden of the Marches*, jenen Mann also, der im hohen Norden Englands die Aufgabe hatte, das Königreich vor den Schotten zu schützen. Gleichzeitig entsandte er einen neuen und tatkräftigen Repräsentanten in das traditionell unruhige walisische Grenzgebiet, wo die englische Regierung in das weniger klar definierte rechtliche und soziale System von Wales überging, um dort für Ruhe und Ordnung zu sorgen. Der Grund für die intensive Beschäftigung der Tudors mit diesen drei Regionen lag vor allem darin, dass diese zu Bürgerkriegszeiten in der Regel große Teile der Heere stellten. Im Falle einer inneren Bedrohung der Herrschaft Henrys würde also mindestens eines dieser Gebiete eine Rolle spielen. Es handelte sich mithin bei diesen Aktivitäten im Frühjahr 1534 um Präventivmaßnahmen gegen mögliche Zentren der Opposition.

Ironischerweise führte eine dieser Maßnahmen zu genau jener Krise, die sie eigentlich verhindern sollte. Der Sohn des Earls of Kildare, Thomas Fitzgerald, fürchtete, vermutlich nicht ganz zu Unrecht, dass sich in der Einbestellung seines Vaters und dessen Inhaftierung im Tower ein

Generalangriff auf die Vormachtstellung seiner Familie in Irland ankündige, und zog gegen Henry zu Felde. Er bat den Kaiser und den Papst um Hilfe und stellte sich als Verteidiger der Kirche dar. Damit begann jener Prozess, in dem sich katholischer Glaube und ein im Entstehen begriffener irischer Nationalismus zu einer mächtigen Ideologie verbinden sollten, die gegen die englische Herrschaft opponierte. Henrys Streitkräfte benötigten zwei Jahre, um in Irland wieder annähernd jenen Frieden herzustellen, der dort im Allgemeinen herrschte, und ein Großteil seiner späteren Herrschaft musste darauf verwandt werden, die Autorität des Königs dort auszuweiten und zu stärken.

Die anderen Interventionen waren erfolgreicher. Die Terrorherrschaft des Bischofs von Coventry und Lichfield, Rowland Lee, in den walisischen Grenzgebieten, die in die Literatur der Barden als eine Zeit erbarmungsloser und drakonischer Justiz einging, machte den Weg zur völligen Integration von Wales in das englische Königreich 1536 frei. Dabei wurde das englische System der Grafschaften, der Friedensrichter und des Parlaments auf diese ganze Region ausgedehnt. Aber die vielleicht wichtigste Lektion war, dass die Entwicklungen in Wales nicht von einem hohen Adligen, sondern von einem Bischof eingeleitet wurden, dessen politische Macht ausschließlich von der Krone herrührte. Die letzten großen walisischen Adligen, der Duke of Buckingham und Rhys ap Griffith, waren schon in den zwanziger Jahren vernichtet worden. Das neue walisische Regime förderte die Entwicklung des Landadels, wie es ihn auch im Südosten Englands gab, der sich bezüglich Schutz und Gunst direkt an den König hielt statt an adlige Mittelsmänner.

Lord Dacre wurde vor seinesgleichen, den Peers, des Verrats angeklagt. Die Anklagepunkte waren lächerlich, es ging zumeist um Verhandlungen, die jeder *Warden of the Marches* mit den Schotten zu führen hatte, wenn er in dieser Region für eine gewisse Stabilität sorgen wollte. Er wurde freigesprochen, was in den Annalen der Verratsprozesse der Tudorzeit äußerst selten vorkam. Dass Dacres Verteidigung überzeugen konnte, zeigt, wie vorsichtig der König damals auftreten musste. Der Freispruch bedeutete aber nicht, dass Dacre seine Stellung behalten konnte. Henry versetzte ihn irgendwo anders hin. Katholische Überlieferungen besagten später, Henry habe Dacre zu Fall gebracht, weil er Angst hatte, dieser könne im *House of Lords* die Opposition anführen. Es gab auch das Gerücht, Henry habe nach dem Bruch mit Rom und der Etablierung der königlichen Vormachtstellung Dacre gefragt, was er davon halte. Dieser habe geantwortet: „Von nun an, Eure Majestät, könnt Ihr

Euch bei einem Fehltritt selbst Absolution erteilen." Es ist natürlich unwahrscheinlich, dass Dacre sich gegenüber seinem Souverän derart dreist verhalten hat, aber die Geschichte lässt uns spüren, wie ein typischer katholischer Adliger über Henrys Vorgehen wirklich gedacht haben mag. Doch was auch immer Dacre dachte, Henry hatte sein unmittelbares Ziel erreicht. Der Norden blieb 1534 ruhig, obwohl er auf Dauer den henrizianischen Reformen gegenüber nicht so aufgeschlossen war wie Wales.

Der *Act of Succession* bedeutete noch nicht das Ende der Fahnenstange. Als das Parlament im Herbst wieder zusammentrat, wurde ihm ein noch radikalerer Gesetzesentwurf vorgelegt, der vorsah, den König als Oberhaupt der englischen Kirche einzusetzen und England endgültig aus der rechtlichen Zuständigkeit des Papstes zu lösen, dessen Autorität seit etwa einem Jahr in England offen angegriffen wurde. Mehr als alle vorherigen Gesetze wurde dieses als der Punkt betrachtet, von dem an es kein Zurück mehr gab. Stephen Gardiner, der als Bischof im *House of Lords* über diesen *Act of Supremacy* abstimmte, erinnerte sich zwanzig Jahre später, dass das Parlament „mit größter Grausamkeit gezwungen" worden sei, den Primat des Bischofs von Rom abzuschaffen. Henrys Supremat, zwar „unter Christus", aber ansonsten uneingeschränkt, stellte die Apotheose Henrys als königlicher Theologe dar. Er war nun nicht nur Herrscher im eigenen Königreich, sondern auch gleichsam noch Papst. Das sorgfältig formulierte Gesetz stellte klar, dass das Parlament lediglich die Macht anerkannte, die Henry als König von Rechts wegen sowieso zustand, und nicht darauf zielte, ihm eine neue Macht zu verleihen. Verschiedene Gesetze der Jahre 1534 und 1535 ermächtigten ihn, Bischöfe zu ernennen (anstatt sie dem Papst vorzuschlagen), das kanonische Recht zu reformieren (auch wenn dies nie geschehen ist!) und die Steuern einzuziehen, die traditionell dem Papst gezahlt wurden (und die er effizienter eintrieb, als je ein Papst es getan hatte). Ein Gesetz, das einige Jahre später erlassen wurde und nur festschrieb, was bis dahin schon Wirklichkeit geworden war, gab Henry das persönliche Recht, die Lehre der Kirche festzulegen und zu verändern, wie er es für richtig hielt. Auch wenn er diese Macht nie ausübte, war es doch eine, die über die Unfehlbarkeit des Papstes hinausging. Der Salontheologe der 1520er Jahre saß jetzt in der „Kathedra" des Papstes, und es machte ihm Spaß, dann und wann dem Publikum in dieser willkommenen Aufmachung zu erscheinen.

So sehr hing Henry an seinem neuen Titel, dass alsbald Gesetze folgten, die es zum Verrat machten, ihm dieses Recht abzusprechen. Dies führte ebenfalls zu Problemen im Parlament, denn es wurde so verstanden, dass bloße Worte schon Verrat bedeuten konnten. Das *House of Commons* schaffte es, eine, wie es glaubte, einschränkende Klausel einzufügen, die die Strafen für Verrat auf solche begrenzte, die das Supremat des Königs mit „böser Absicht" bestritten. Dies war aber ein wertloser Sieg. Im Sommer 1535 wurden Thomas More, John Fisher und eine Handvoll Kartäusermönche angeklagt, das Supremat bestritten zu haben. Die Kartäuser hatten ihre Meinung von sich aus vertreten. John Fisher war veranlasst worden, vielleicht durch ein Täuschungsmanöver, die seine zu sagen. Fisher verteidigte sich damit, dass er nicht in böser Absicht gehandelt habe. Die Richter urteilten, dass die Formel „in böser Absicht" lediglich beschreibend, nicht qualifizierend zu werten sei. Jedes Bestreiten des Supremats sei von sich aus „böse". Fisher wurde schnell verurteilt. More war deutlich vorsichtiger gewesen und verteidigte sich vor Gericht sehr geschickt. Seine Verurteilung beruhte auf der (meineidlichen?) Zeugenaussage eines einzigen Mannes, Richard Rich. Natürlich ist es möglich, wie viele Historiker nun zu glauben scheinen, dass More log, als er die Aussage Richs bestritt. Aber Mores Verteidigung bleibt überzeugend: Wenn er so wenig von Eiden halte, dass er vor Gericht einen Meineid geleistet habe, warum hätte er sich dann weigern sollen, auf die Nachfolge und das Supremat zu schwören, insbesondere wenn ihm diese Unterwerfung wieder Gunst und Wohlstand gesichert hätte?

Die Opfer wurden zwischen Mai und Juli hingerichtet. Die Kartäuser wurden mit der ganzen Barbarei des Hängens, Zur-Schau-Stellens und Vierteilens behandelt. Fisher und More erfreuten sich eines zweifelhaften Gnadenaktes des Königs, der einst ihr Freund gewesen war, und wurden geköpft. Henry VIII. soll der Hinrichtung Mores verkleidet beigewohnt haben. Thomas Mores Scherz auf dem Schafott über seinen Bart (er bat den Henker, vorsichtig zu sein und den Bart nicht zu schneiden) veranlasste Henry wohl, sich seinen Bart abzunehmen, den er jahrelang getragen hatte, und glatt rasiert zu gehen.

Die Hinrichtung der Dissidenten war nur ein Teil einer zweifachen Durchsetzungsstrategie. Der andere Teil bestand aus Propaganda, teilweise gedruckt, aber zum Großteil in Predigten, dem wichtigsten Massenmedium in einer überwiegend noch mündlichen, nicht schriftlichen Kultur. Die systematische Art, in der die neue Theorie des königlichen Supremats verbreitet wurde, beweist wieder einmal, auf welch kühle und überlegte Weise Henry und seine Minister vorgingen. Sie wussten genau, was sie taten. Diese Propagandakampagne war in der englischen Geschichte ohne Beispiel, sowohl was ihren Umfang als auch was ihre

Organisation betraf. Auch Bücher spielten eine Rolle. Stephen Gardiner zum Beispiel schrieb *On True Obedience*, die umfangreichste Abhandlung, die Henrys Position beschrieb. Sie wurde allerdings auf Lateinisch veröffentlicht und wandte sich eher an eine gebildete Leserschaft in Europa als an das englische Volk. Außerdem verfolgte das Werk den Zweck, Gardiner wieder die Gunst des Königs zukommen zu lassen. Diesbezüglich war sein Erfolg gemischt. Er wurde mit der Ernennung zum Botschafter am Hofe des französischen Königs belohnt. Dies war zwar ein prestigeträchtiger (und schwieriger) Posten, aber auch ein einfacher Weg für Thomas Cromwell, seinen potentiellen Hauptrivalen auf sicherer Distanz zu halten.

GOTTES WORT UND HENRYS REFORMATION

Diejenigen, welche den Papst am lautesten anprangerten, waren die, welche bereits den „evangelischen" protestantischen Lehren aus Deutschland und der Schweiz zuneigten. Soweit es die Protestanten betraf, hatte sich das Papsttum schon darin als der Antichrist erwiesen, dass es ihre Schlüssellehre von der „Rechtfertigung allein aus Glauben" verdammt hatte. Die feurige Rhetorik, die durch diese Identifizierung des Papstes als Todfeind Christi und Anhänger des Teufels entzündet wurde, war für Henry sehr nützlich, der privat diese Sichtweise teilte, auch wenn er der Rechtfertigungslehre ebenso feindlich gegenüberstand wie der Papst. Er war überglücklich, seine Prediger mit dieser Vorstellung an die Öffentlichkeit treten zu lassen, und Erzbischof Cranmer selbst ging mit gutem Beispiel voran, als er am Sonntag, dem 6. Februar 1536, in einer zwei Stunden währenden Tirade den Papst als Antichristen anprangerte. Henrys offizielle Publikationen folgten diesem Beispiel allerdings nicht, aber die Vorstellung wurde von Unterstützern des Königs wie Richard Morrison stark verbreitet.

Prediger sprangen in Scharen auf den fahrenden Zug. Aufrichtige Anprangerung des Papsttums war eine Zeit lang der Schlüssel zum Erfolg. In der Zeit zwischen 1534 und 1536 kamen die Männer, die Henry zu Bischöfen ernannte, alle aus den Reihen der „Evangelischen". Dies spiegelt den Einfluss seiner neuen Gemahlin Anne wider, die sich schon seit den späten 1520er Jahren für die Personen und die Schriften der Reformatoren interessiert hatte. Die bekanntesten dieser neuen Bischöfe, Hugh Latimer, Nicholas Shaxton und William Barlow, waren zuvor ihre

Geistlichen gewesen. Diese Bischöfe im Besonderen und die „evangelischen" Prediger im Allgemeinen machten von ihrer neuen Freiheit ausgiebig Gebrauch, indem sie ihr protestantisches Programm unter dem Deckmantel der Propagierung des Supremats unters Volk brachten. Da viele von ihnen häufig im Beisein des Königs predigten, ist es schwer vorstellbar, dass er das nicht gemerkt hat. Vermutlich dachte er aber, er könne das Tempo des Wandels kontrollieren, und war bereit, diesen Preis für manch gut formulierte und eindeutige Unterstützung des Supremats von der Kanzel zu bezahlen.

Es waren jedoch nicht nur Protestanten, die das Supremat predigten. Der konservative Klerus – besonders die Bischöfe – sollte auch zeigen, wie es mit seiner Loyalität tatsächlich stand. Die Bischöfe John Stokesley von London, Cuthbert Tunstall von Durham, John Longland von Lincoln und viele weniger wichtige Figuren mussten sich bei Hofe oder am Paul's Cross öffentlich zur neuen Orthodoxie bekennen. Auf jeder Ebene der Kirche wurde die Botschaft kontrolliert und ausgehorcht. Im Juni 1535 wurden alle Gemeindepfarrer des Landes angewiesen, ihrer Herde Woche für Woche das königliche Supremat zu predigen. Diese Verpflichtung wurde ungefähr ein Jahr später auf mindestens zweimal alle drei Monate reduziert. Die Intensität dieser Predigtkampagne wirft nicht nur ein Licht auf Henrys Nervosität bezüglich der Rezeption der neuen Doktrin, sondern auch auf die Art seines Engagements. Er wollte nicht nur Gehorsam, er wollte Recht haben. Es genügte ihm nicht, dass das Volk das Supremat annahm oder sogar einen Eid darauf ablegte (ein ausdrücklicher Eid wurde nur von Geistlichen gefordert), er wollte, dass es ernstlich und ohne Vorbehalt daran glaubte.

Von dieser Zeit an war die königliche Suprematie das Zentrum von Henrys religiösem Empfinden. Wie immer bei ihm wurde aus einem zweckgerichteten Mittel eine Gewissensangelegenheit, und zwar so sehr, dass man seine Übernahme des Supremats nicht als zynisches Manöver, sondern als religiöse Bekehrung betrachten sollte. Er sprach darüber stets in theologischen, meist mystischen Begriffen. Für ihn war das Supremat das „Wort Gottes". Seine Untertanen passten sich den neuen Denk- und Sprachgewohnheiten, die er forderte, schnell an und lernten, was er hören wollte. Henry Parker, Lord Morley, ein altmodischer Aristokrat, der seinem Souverän oft die Früchte seines begrenzten literarischen Könnens widmete, überreichte ihm folgende Gedanken in einer 1539 veröffentlichten Schrift:

> „Gesegnete Majestät wirst du genannt, Allerchristlichster König Henry VIII., Oberhaupt der Kirche von England. Gesegnet seist du, den Gott gelehrt hat, die verderbliche Lehre des Bischofs von Rom auszuspeien, wodurch das Volk von England von der Finsternis zum Licht gebracht wurde, vom Irrtum auf die Höhe der richtigen Erkenntnis, von der Gefahr des ewigen Todes zu dem Leben, das nimmer endet – kurz: von der Hölle zum Himmel."

Henry war geradezu „evangelisch" und wollte seinen fürstlichen Standesgenossen ebenfalls die Augen öffnen. Er rechnete tatsächlich damit, eine internationale Bewegung der Fürsten gegen den Papst anzuführen, und begann im Blick darauf Verhandlungen mit dem Schmalkaldischen Bund. Unglücklicherweise war das engagierte Luthertum der deutschen Fürsten zu bitter für ihn, als dass er diese Pille hätte schlucken können, auch wenn seine evangelischen Berater wie Cranmer und Cromwell ihr Bestes taten, ihm die Pille zu versüßen. Als die Verhandlungen 1538 abgebrochen wurden, ging es vor allem um die unterschiedliche Bewertung der Heiligen Messe, die schon im Zentrum seines Angriffs auf Luther 1521 gestanden hatte. In diesem Punkt verweigerte er jeden Kompromiss. Ein Kompromiss hieß für ihn, dass andere sich seiner Ansicht anschlossen. Als deutlich wurde, dass die Schmalkaldischen Fürsten sich nicht bewegten, gab er es einfach auf, sich weiter mit ihnen zu befassen. Es sollte in England keine Zukunft für das geben, was Henry als „verdammenswerte Häresie der lutherischen Sekte" betrachtete.

Henrys persönliches Engagement für das königliche Supremat erklärt, warum dieses ursprüngliche Hilfsmittel die Auflösung des komplexen Netzwerks von Umständen, das erst zu ihm geführt hatte, das Jahr 1536 so triumphal überlebte. Anfang jenes Jahres starb Katharina von Aragon, zweifelsohne an natürlichen Ursachen (wenn auch beschleunigt durch Kummer und schlechte Behandlung) und nicht an Gift, wie es die Gerüchte alsbald wollten. Kurz danach verlor Anne Boleyn ein Kind, und dass sie Henry nach drei Jahren Ehe keinen Sohn schenken konnte, hat sicher zum Verlust seiner Zuneigung beigetragen. Innerhalb weniger Monate sollte auch sie Katharina in die Schande und ins Grab folgen.

Annes Sturz erfolgte schnell und war dramatisch. Während Henry sich am Maifeiertag in Greenwich Turnierkämpfe anschaute, wurde ihm eine Botschaft überreicht, die ihn die Festlichkeiten abrupt und grimmig verlassen ließ. Diese Botschaft gab vor, Beweise dafür erbringen zu können, dass Anne Ehebruch begangen habe (bei einer Königin Hochverrat), eine Beschuldigung, die dem König erst ein oder zwei Tage zuvor zugetragen worden war. Die Historikerzunft ist sich noch immer nicht völlig einig, ob etwas Wahres dahinter gesteckt haben könnte, auch wenn die Mehrzahl meint, die Beschuldigung sei falsch gewesen. Wie auch immer, Henry ließ sie untersuchen und war schnell überzeugt davon, dass sie wahr sei. Die Verdächtigungen dehnten sich rasch auf den ganzen Hof aus, und einige der engsten Freunde des Königs wurden damit in Verbindung gebracht, vor allem Sir Henry Norris, der *Groom of the Stool,* also der Verantwortliche für Henrys Privatgemächer, der den König selbst zu bedienen hatte. Ein weiteres Opfer war George Boleyn, Viscount Rochford, Annes Bruder, mit dem eine inzestuöse Beziehung unterhalten zu haben sie beschuldigt wurde, was noch nicht einmal Historiker glauben, die Annes Unschuldsbeteuerungen wenig Sympathie entgegenbringen. Norris und Rochford waren die führenden Reiter auf dem Turnier gewesen, das Henry so wütend verlassen hatte. Anne wurde am nächsten Tag verhaftet und ebenso wie ihre angeblichen Liebhaber innerhalb der folgenden drei Wochen verurteilt und hingerichtet.

Henry hätte den Beschuldigungen vielleicht nicht so schnell Glauben geschenkt, wenn er nicht bereits ein Auge auf ein hübsches junges Mädchen bei Hofe geworfen hätte. Seine Vernarrtheit in Jane Seymour war schon im März bei Hofe allgemein bekannt gewesen, und nun verlor Henry keine Zeit mehr. Am 20. Mai 1536, dem Tag nach Annes Hinrichtung, wurden er und Jane miteinander verlobt, die Hochzeit fand zehn Tage später statt. Ein neuer *Act of Succession* löste seinen Vorgänger aus dem Jahre 1534 ab und übertrug Henry für den Fall, dass aus der Ehe mit Jane keine Erben hervorgingen, das Recht, die Nachfolge per Einsetzungsurkunde oder in seinem Testament zu bestimmen.

Katharina von Aragons und Anne Boleyns Abtritt von der Bühne hätte den Weg zu einer Aussöhnung mit Rom bereiten können. So hat sicherlich Stephen Gardiner aus seiner fernen Perspektive am französischen Hof die Dinge gesehen und begann sogar, gegenüber päpstlichen Diplomaten inoffizielle Fühler auszustrecken. Doch Gardiner hatte die Signale falsch verstanden und erhielt aus London keinerlei Ermutigung. Er hatte Glück, dass sein Vorgehen Henry nicht zu Ohren kam, denn solche Kontakte hätte man leicht als Verrat auslegen und dazu benutzen können, seine Karriere zu beenden.

Dafür zeichnete sich eine andere Art der Aussöhnung ab. Mary Tudor hatte die Schande ihrer Mutter geteilt und war ihr Zeit ihres Lebens treu geblieben. Nun aber, ohne die Unterstützung ihrer Mutter und vielleicht durch die plötzliche Beseitigung Anne Boleyns, der Rivalin ihrer Mutter, ermutigt, war sie bereit, dem Willen ihres Vaters zu entsprechen und mit ihm Frieden zu schließen. Sie befolgte Thomas Cromwells Rat und fügte sich dem Supremat, der Zurückweisung des Papsttums und der Beschreibung der Ehe ihrer Eltern als „inzestuös und ungesetzlich". Trotzdem war Henrys Preis für seine Vergebung hoch. Mary wurde erst völlig rehabilitiert, als Henry sich herabließ, einen Brief von ihr zu empfangen, dessen Sprache der Reue und Demut auch an eine Gottheit hätte gerichtet sein können:

> „In größter Demut wirft sich vor die Füße Eurer höchsten Majestät Eure demütigste, vertrauensvollste und gehorsamste Untertanin, welche Eure gnädigste Hoheit so schwer beleidigt hat, dass mein beschwertes und furchterfülltes Herz sich nicht anzumaßen wagt, Euch Vater zu nennen, noch dass Eure Majestät sich um mich Verlassene kümmere, es sei denn, die Güte Eurer höchst gesegneten Natur überwindet alle Übel, Beleidigungen und Übertretungen und ist so gnädig und bereit, die reuevolle Bitte um Gnade anzunehmen, zu jeder genehmen Zeit …"

Marys Selbsterniedrigung sicherte ihr die Rückkehr an den Hof und die Gunst des Königs – vielleicht sogar ihr Leben. Auch wenn das Stigma der unehelichen Geburt an ihr haften blieb, sollte sie im Laufe der Zeit ihren Platz in der Erbfolge zurückerhalten.

In der Zwischenzeit machten die „Evangelischen", angeführt von Cranmer und Cromwell, in der Kirche von England weiterhin ihren Einfluss geltend und säten die Saat für einen religiösen Wandel, teilweise durch die Verbreitung protestantischer Ideen an der Basis (obwohl echte Protestanten in der Minderheit blieben), vor allem aber, indem sie den König dazu brachten, erste Schritte hin zu einer umfassenden Reformation zu unternehmen. Für drei große religionspolitische Maßnahmen wurde der König in den drei Jahren nach Fishers und Mores Hinrichtung gewonnen: für die Auflösung der Klöster, die Abschaffung der Wallfahrten und der damit verbundenen religiösen Praktiken und für die Veröffentlichung einer englischen Bibelübersetzung. Von den ersten beiden Maßnahmen musste Henry erst überzeugt werden, doch für die dritte, eine englische Bibelübersetzung, hatte er schon immer einige Sympathie gehegt.

Wenn man 1535 in England jemandem gesagt hätte, dass innerhalb von fünf Jahren sämtliche Klöster des Königreiches geschlossen und ihre riesigen Besitztümer auf den König übertragen werden würden, hätte dies niemand geglaubt. Schaut man auf diesen Prozess zurück und vor allem auf dessen schiere Geschwindigkeit, könnte man ihn leicht für das Ergebnis eines großen Gesamtplanes halten. Kardinal Pole behauptete später, Thomas Cromwell habe sich Henrys VIII. Gunst durch das Versprechen erkauft, ihn reicher zu machen als jeden anderen englischen König vor ihm. Henry selbst schrieb sich im Rückblick 1540 zu, den großen Plan zur Schließung der Klöster mit außerordentlicher Klugheit und Raffinesse umgesetzt zu haben. Doch wenn man die Geschichte nicht von hinten, sondern von vorne aufrollt, stellt sie sich anders dar.

Die Schätzung des Kirchenbesitzes durch die Regierung im Jahre 1535 sollte nicht der Enteignung der Kirche dienen, sondern einer wirksameren Besteuerung, da jetzt alle kirchlichen Steuern an die Krone gingen. Die Visitation sämtlicher Klöster Ende 1535 und Anfang 1536 war darauf angelegt, diskreditierendes Material über Mönche zu sammeln und somit den Weg für das Gesetz von 1536 zu bereiten, das verkündete, alle Klöster mit einem Bruttoeinkommen von bis zu 200 Pfund pro Jahr seien aufzulösen und dem König zu übereignen, sofern sie nicht vom König davon ausgenommen würden, und ihre Bewohner seien entweder in andere Klöster zu versetzen oder von ihrem Gelübde zu entbinden, damit sie als weltliche Priester dienen konnten. Trotz der grausigen Geschichten, die den Mitgliedern des Parlaments erzählt wurden, war das Gesetz nahezu überschwänglich, wenn es um die Lobpreisung des moralischen Standards der größeren und wohlhabenderen Klöster ging. Diese Konzession und die Tatsache, dass in der Tat viele ärmere Klöster von dem Gesetz ausgenommen wurden (in der Regel gegen beträchtliche Abgaben und kleinere Aufmerksamkeiten) und alle, die weiterhin ein klösterliches Leben führen wollten, dies tun durften, lässt darauf schließen, dass Henry zu jenem Zeitpunkt noch keine vollständige Auflösung der Klöster im Sinn hatte. Dafür spricht auch, dass Henry mit den Erträgen der ersten Enteignung sogar zwei Klöster erneuerte: das Mönchskloster Bisham Abbey und das Nonnenkloster in Stixwold erhielten neue Stiftungsgelder, wurden wieder mit Personal belegt und nach Henry benannt. Vielleicht war das Tarnung. Aber es war nicht Henrys Art, für nichts und wieder nichts mit großen Summen Geldes und sogar seinem Namen zu spielen. Erklärtes Ziel dieser Klostererneuerung war vielmehr, dass man dort für das irdische Wohl und die ewige Ruhe nach seinem

Tod und dem seiner neuen Frau, Königin Jane Seymour, und ihrer Nachkommen und Vorfahren beten sollte. Es gibt keinen Grund, ihm das nicht zu glauben.

Die weiteren Maßnahmen wurden erst im Jahre 1536 erkennbar und begannen eher zaghaft. Thomas Cromwell sicherte sich vom König seine Ernennung zum „Vizeregenten“ in allen geistlichen und kirchlichen Fragen und betrieb dann zusammen mit Cranmer eine moderate „evangelische“ Politik. Die konservative Mehrheit des Klerus fand daran keinen Gefallen. Kanzeldispute waren an der Tagesordnung, bei denen theologische Rivalen die jeweils anderen als „Papisten“ oder „neumodische Kerle“ schmähten. Auf der Synode im Sommer jenes Jahres spitzte sich die Lage zu. Die zumeist konservativen Repräsentanten der verschiedenen Diözesen stellten eine lange Liste falscher Doktrinen zusammen, die *mala dogmata*, die sie verurteilt sehen wollten, während Cranmer, Cromwell und einige wenige Verbündete unter den Bischöfen wie Hugh Latimer darauf abzielten, ihnen einige unangenehme religiöse Neuerungen aufzuerlegen.

Mit dem Segen des Königs unterstützten Cromwell und Cranmer eine Zusammenstellung der Glaubenssätze, die *Ten Articles of Faith*, die ein weiterer Verbündeter, der Bischof von Hereford, Edward Foxe, erstellt hatte, um die Konflikte auf der Synode zu lösen, öffentliche Zwistigkeiten und Diskussionen über die Lehre zu verhindern und dabei so viel protestantisches Denken und Terminologie hineinzuschmuggeln, wie es nur ging. Dies führte zu so vielen Differenzen, dass die Glaubenssätze Henry VIII. zur endgültigen Entscheidung vorgelegt wurden. Es mag am Einfluss mancher mächtiger konservativer Kirchenmänner, die dem König nahe standen, gelegen haben, vor allem an Richard Sampson, Dekan der *Royal Chapel*, dass die endgültige Fassung, die unter dem Namen des Königs erschien, wesentlich weniger radikal ausfiel als der Entwurf. Zwar ließen lutherische Schlagworte auf die Herkunft schließen, aber subtile Änderungen und Einfügungen nahmen den Artikeln, die sich mit der Lehre beschäftigten, die Schärfe. Spätere Artikel, die sich mit Frömmigkeitspraktiken wie Wallfahrten und Heiligenverehrung auseinandersetzten, kritisierten solche Praktiken als Aberglaube, Missbrauch und Exzesse, legten aber nicht wirklich die Axt an die Volksfrömmigkeit. Der wichtigste Aspekt des Dokuments war, dass es nicht nur im Namen des Königs verabschiedet wurde, sondern auch so formuliert war, als sei es von ihm persönlich vorgetragen worden. Seine Gültigkeit hing nicht von der Synode, vom Parlament oder gar der Bibel ab, sondern lediglich vom

Supremat des Königs. Wie viele Hände auch immer an dem Entwurf mitgeschrieben hatten, die Zehn Artikel sprechen mit der Stimme des Königs.

Cromwell konnte manche der ursprünglichen radikalen Positionen in seine *Injunctions* (Instruktionen) an alle Geistlichen des Landes vom Sommer jenes Jahres wieder einfügen. Die *Injunctions* wandten sich vor allem gegen Wallfahrten, die Anbetung von Reliquien und Berichte über Wundertaten von Heiligen – also gegen einen „Heiligenkult", wie er für das Volk von großer Wichtigkeit war. Er wies die Gemeinden auch an, eine englische Bibelausgabe zu kaufen, und hob damit ein mehr als ein Jahrhundert altes Verbot auf. Da es bisher aber nur eine englische Bibelausgabe gab (aus dem Ausland, wohlgemerkt) und er nicht erwähnte, wer dafür aufzukommen habe (der Gemeindepfarrer oder die Gemeindemitglieder), wurde die Anweisung so gut wie überall ignoriert. Aber die Veröffentlichung der *Injunctions* selbst war ein Schlag ins Gesicht der konservativen Kleriker, die in „englischen Büchern" (aus denen die meisten der *mala dogmata* stammten) die Wurzel allen Übels sahen. Entscheidender noch war, dass sie Cromwell, der die *Injunctions* in seinem Namen auf Grundlage der Befugnisse herausgegeben hatte, die der König ihm erteilt hatte, unmissverständlich mit der Bewegung der religiösen Neuerungen assoziierten. Einer der herausragendsten Angehörigen dieser Bewegung, William Tyndale, der das Neue Testament ins Englische übersetzt hatte, wurde in jenem Sommer in den Niederlanden wegen Ketzerei verbrannt. Die Botschaft konnte deutlicher nicht sein. Cromwell stand auf der Seite Tyndales.

DIE GNADENWALLFAHRT

Die Religionspolitik des Jahres 1536 führte zur größten Krise während Henrys Herrschaft: der Gnadenwallfahrt *(Pilgrimage of Grace)*, der größten Rebellion, der ein Tudormonarch je gegenüberstand, und der als Volksaufstand in der englischen Geschichte nur vergleichbar ist mit dem Bauernaufstand von 1381. Sie begann mit der Visitation der Kirchen in Nord-Lincolnshire durch Kircheninspektoren, die im September Cromwells *Injunctions* umsetzten. Diese Visitation, die mit einer weiteren durch Steuereintreiber und dem Beginn der Auflösung der Klöster einherging, fachte apokalyptische Gerüchte um Pläne der Regierung an, die Gemeindekirchen auszusaugen und fast allem ein Ende zu bereiten, was das religiöse Leben der Menschen ausmachte. Diese Ängste vor geistlicher und materieller Verarmung waren eine gefährliche Mischung. Der Funke, der das Feuer voll entfachte, war eine Predigt des Ortspfarrers Thomas Kendall am Sonntag, dem 1. Oktober 1536, in der großen Pfarrkirche von Louth, dem Verwaltungszentrum der Region, wo sich von weither angereiste Priester und die örtlichen Notabeln zur Visitation versammelt hatten. Binnen weniger Tage stand Lincolnshire unter Waffen. Henrys Reaktion war heftig und zornig. Der Ungehorsam der Rebellen wurde in einer Proklamation verurteilt, und eilig wurden Truppen unter dem Duke of Suffolk ausgehoben. Als das königliche Heer auf Lincoln zu marschierte, beruhigten sich die Rebellen rasch wieder und wurden mit Amnestieversprechungen zerstreut.

Alles schien in Ordnung zu sein, und das königliche Heer begann sich aufzulösen. Doch bald wurde offenbar, dass sich hinter den Geschehnissen in Lincolnshire im Norden noch schlimmere Dinge zusammenbrauten. Während sich die Regierung auf Lincolnshire konzentriert hatte, hatte sich die Revolte wie ein Buschfeuer in den sechs Grafschaften im Norden Englands verbreitet. Die Erhebungen des Volkes und des Klerus wurden vom Landadel und teilweise sogar vom Hochadel unterstützt, vor allem von Lord Dacre. Eine Streitmacht der Rebellen, die wie ein Heer organisiert war, machte die königliche Burg von Pontefract zu ihrem Hauptquartier. In der Tat handelte es sich im Wesentlichen um das englische Heer des Nordens, das größtenteils von den gleichen Familien und Personen angeführt wurde, welche die englischen Truppen bereits 1513 gegen die Schotten bei Flodden Field kommandiert hatten. Als ihre Abzeichen wählten sie die „fünf Wunden Christi" (die er bei seiner Kreuzigung erlitten hatte) und nannten sich in einem feierlichen Schwur, der ihre Anhänger verband, die „Gnadenwallfahrt für aller Wohl" *(Pilgrimage of Grace for the Commonweal),* die durchaus Ähnlichkeit mit einem Kreuzzug hatte (der von Historikern gerne „bewaffnete Pilgerfahrt" genannt wird). Andere große Rebellengruppen aus Carlisle und anderswo schlossen sich ihnen an, und im Herbst 1536 befand sich fast ganz England nördlich des Trent in der Hand der Rebellen. Ihre Klagen wurden auf einer Art parlamentarischen Versammlung vorgebracht und in einer Liste von Forderungen zusammengefasst, die mit einem Ruf nach Aussöhnung mit Rom begann. Ferner forderten sie die Aufhebung der religiösen Neuerungen und die Wiederherstellung der Klöster, erhoben materielle Forderungen in Bezug auf Steuern und Landrecht und riefen – dies war das Bedrohlichste – nach Beseitigung der Berater des Königs „von niedrigem Stand", die für alles verantwortlich gemacht wurden, was die *Pilgrims* hassten. An erster Stelle dieser verhassten Berater stand natürlich Thomas Cromwell, gefolgt von Cranmer und Latimer.

Aus der Art, wie Henry auf diese Herausforderung seiner Herrschaft durch eine breite Basis reagierte, können wir viel über ihn lernen. Konzessionen zu machen oder Kompromisse einzugehen, war für ihn unvorstellbar. Als seine junge Frau Jane zum ersten und einzigen Mal politisch zu intervenieren versuchte und Henry auf Knien bat, seine Klosterpolitik zu revidieren, zog Henry sie grob wieder hoch und ermahnte sie, sie an das Schicksal ihrer Vorgängerin erinnernd, sich nicht in Dinge einzumischen, die sie nichts angingen. Statt Konzessionen in Aussicht zu stellen, veröffentlichte Henry eine Proklamation, deren Ton noch schärfer war als der von Lincolnshire, und wies den Duke of Norfolk an, unmittelbar militärisch einzugreifen und bittere Rache zu üben. Dass die *Pilgrims* einige der Klöster wiedereröffneten, die zuvor geschlossen worden waren, betrachtete Henry als besonderen Affront. Er befahl Norfolk, einige dieser Mönche am Turm ihrer eigenen Kirche aufzuhängen. Am schlimmsten fand Henry, dass die *Pilgrims* sich erdreisteten, ihm zu sagen, wen er in seinen Kronrat aufnehmen könne und wen nicht. Er machte ihnen unmissverständlich klar, dass er allein bestimme, was „Adel" ist, dass die Berufung in den Kronrat eine höhere Ehre sei als jeder ererbte Rang und dass sein Kronrat sehr wohl Adlige von hohem Rang umfasse, auch wenn sie das Gegenteil behaupteten. Mit Leuten wie Norfolk, Suffolk und Shrewsbury unter den Mitgliedern des Kronrats hatte er damit auch Recht. Allerdings wusste natürlich jeder, auch die Rebellen, dass Cromwell im Kronrat eine größere Rolle spielte als irgendjemand sonst.

Wäre der Duke of Norfolk in Yorkshire nicht so taktvoll und diplomatisch vorgegangen, hätte Henrys Sturheit ihn den Thron kosten können. Denn Norfolks Streitmacht war den Rebellen unterlegen, und wäre er Henrys Befehlen gefolgt und hätte die Schlacht gesucht, wäre er vielleicht zerrieben worden. Der Weg nach Süden hätte dann einer Truppe offen gestanden, die Blut geleckt hatte, die zu weit gegangen war, um noch an Rückzug zu denken, und die erfahren hatte, dass der König nicht hören wollte. Schließlich überzeugte Norfolk den König, dass Verhandlungen die einzig realistische Option seien, auch wenn die unverbindlichen Zugeständnisse, die er machte, vermutlich schon weit über das hinausgingen, was Henry zugestanden hätte. Er sicherte ihnen für den Fall, dass sie sich zerstreuten, vollständige Amnestie zu und versprach, dass der König sich ihre Klagen anhören werde. Dass die Rebellen ihm glaubten, hilft uns zu verstehen, warum die englische Reformation im

Besonderen und die Herrschaft der Tudors im Allgemeinen so erfolgreich waren. Die *Pilgrims* waren überzeugt, dass Henry im Wesentlichen einer von ihnen war, konservativ in Politik und Religion. Sie waren völlig durchdrungen von der monarchischen Idee, die im englischen Denken durch das Gewohnheitsrecht und die Kirche seit langem tief verwurzelt war und die von den Tudors mit häufiger Anspielung auf die unsicheren Zeiten der Rosenkriege zu einem unverzichtbaren Bestandteil einer lebensfähigen gesellschaftlichen Ordnung gemacht worden war. Da nun aber Henry selbst es war, der unumkehrbar hinter den revolutionären Maßnahmen der 1530er Jahre stand, wäre der einzige Weg, diese zu revidieren, sein Sturz gewesen. Eine solche Lösung aber war für die *Pilgrims* schlechterdings nicht vorstellbar.

Henry akzeptierte, wenn auch widerstrebend, Norfolks *Fait accompli*. Aber als ein unsicherer Ritter des Nordens, Sir Francis Bigod (ironischerweise einer der wenigen im Norden, die der Religionspolitik Henrys und seinem Supremat anhingen), Anfang 1537 aus eigenem Antrieb die Rebellion wieder entfachte, ergriff Henry schnell diese Chance, Rache zu nehmen. Die Glut der Revolte wurde von dem örtlichen Landadel ausgetreten, der sich im Herbst zuvor selber erhoben hatte. Henry aber dachte, dieser neuerliche Verrat entbinde ihn von den Versprechungen, die Norfolk in seinem Namen gemacht hatte. Er befahl, im Norden durch Hinrichtungen ein Exempel zu statuieren, und ließ die Rädelsführer der ursprünglichen *Pilgrimage* nach London bringen, um ihnen den Prozess zu machen und sie hinrichten zu lassen. Das war nicht Gerechtigkeit, sondern eine brutale Machtdemonstration. Von da an sollte Henry in England keine Rebellion mehr erleben.

Die Maßnahmen des Jahres 1536 waren sicher die komplexesten seiner ganzen Regierung, und so kann man dieses Jahr mit gutem Grund als *das* entscheidende Jahr seiner Herrschaft betrachten – weniger wegen dem, was geschah, als wegen dem, was nicht geschah. Am bedeutsamsten war, dass Anne Boleyn ihm keinen Sohn schenkte und vor allem deshalb gestürzt wurde. Annes Sturz wiederum hätte auch das Ende jener Männer bedeuten können, die so viel dafür getan hatten, sie zur Königin zu machen, Cromwell und Cranmer – doch sie überlebten und gingen sogar erhobenen Hauptes aus dem Debakel hervor. Nach dem Tod Katharinas und Annes hofften viele Konservative, besonders Stephen Gardiner in seinem faktischen Exil am französischen Hof, auf eine Wiederannäherung an Rom. Solche Hoffnungen waren jedoch vergeblich. Cranmer und Cromwell ihrerseits mochten auf eine entschiedenere reformatorische Wendung gehofft haben, aber Henry wollte so weit nicht gehen und hielt sie zurück. Die große Rebellion des Herbstes 1536 schließlich, die *Pilgrimage of Grace,* hätte seine Politik rückgängig machen, ihn vielleicht sogar den Thron kosten können. Henry aber ging aus dieser Auseinandersetzung gestärkter denn je hervor. Das Jahr 1536 war eines der unentschiedensten Schlüsseljahre der englischen Geschichte. Es zeigt uns Henry als einen Mann, der keinesfalls gewillt war umzukehren.

REFORMATION UND REAKTION

Anstatt Henry zur Umkehr zu bewegen, hatten die *Pilgrims* nur erreicht, dass er sich noch mehr verschanzte. Es gab in seinen Augen kein Zurück, das nicht ausgesehen hätte, als beuge er sich dem Druck. Somit konnten Cromwell und Cranmer ihren Kurs des religiösen Wandels weiter vorantreiben. Weitere kleinere Klöster wurden geschlossen, und der königliche Zorn über die Beteiligung von Klöstern an der *Pilgrimage* beschleunigte diesen Prozess noch. Von da an verlor Henry jegliche Sympathie für „klösterliches Leben“. Einige der Klöster fielen an den König, indem ihre Äbte des Verrats bezichtigt wurden. Andere übergaben ihren Besitz freiwillig, um diese Beschuldigung zu verhindern. Das Jahr 1537 erlebte eine neue, vollständige Erklärung der Lehre der Kirche von England, Produkt einer langen und schwierigen Diskussion zwischen den konservativen und „evangelischen“ Fraktionen innerhalb des hohen Klerus. Unter normalen Umständen hätte sich Henry begeistert an dieser Art von Diskussion beteiligt, aber er hatte nun drückendere Sorgen als die Religion. Seine neue Königin erwartete ihr erstes Kind, und Henry war zu aufgeregt, um sich um den Katechismus kümmern zu können. Jane gebar ihm am 12. Oktober einen Sohn. Ungefähr zur gleichen Zeit wurde ihm das neue Buch, *Institution of a Christian Man*, zur Annahme vorgelegt. Mit den Freuden der Vaterschaft beschäftigt, nickte er es einfach ab. Aber statt in seinem eigenen Namen ließ er es im Namen der Bischöfe herausgeben (es wurde als *Bishops' Book* bekannt) und auch nur für eine Probezeit von drei Jahren. Als er später Zeit fand, das Buch gründlich zu studieren, entdeckte er vieles, was er zu kritisieren hatte.

Die Taufe Edwards am 15. Oktober – die letzte Taufe eines englischen Prinzen nach katholischer Liturgie – war einer der Höhepunkte in Henrys Leben. Gott schien ihm zu lächeln, und nicht einmal der tragische Tod Jane Seymours infolge von Komplikationen nach der schwierigen Geburt konnte seine Freude trüben. Die Aussöhnung innerhalb der königlichen Familie wurde durch die Rolle der älteren Tochter Mary Tudor symbolisiert, die Edwards Patin wurde. Die weiteren Paten waren Erzbischof Cranmer, der Duke of Norfolk und der Duke of Suffolk.

Cranmer und Cromwell trieben den religiösen Wandel weiter voran und konnten 1538 Henry davon überzeugen, sich ein Stückchen weiter von der auf der Heiligenverehrung basierenden Frömmigkeit des Spätmittelalters weg hin zu der auf der Bibel beruhenden Religion des Protestantismus zu bewegen. Gebräuche wie Wallfahrten zu Orten, an denen Wunder wirkende Reliquien oder Heiligenbilder standen, oder das Entzünden von Votivkerzen vor solchen Bildern wurden kurzerhand zur Götzenverehrung erklärt. Erleichtert wurde diese radikale Veränderung dadurch, dass zuvor im *Bishops' Book* die Zehn Gebote neu geordnet und nummeriert worden waren (so wie das einige protestantische Reformatoren getan hatten), um das göttliche Bilderverbot deutlicher hervorzuheben. Zur Unterstreichung der neuen Politik wurden dann in jenem Sommer die großen heiligen Stätten Englands landesweit geschlossen. Die Reliquie des Blutes Christi aus Hailes in Gloucestershire wurde nach London gebracht und öffentlich verbrannt. Das Gleiche geschah mit der Statue der Jungfrau Maria, die über Jahrhunderte in Walsingham in Norfolk verehrt worden war.

Diese Kampagne gipfelte Ende September in der Zerstörung des vielleicht berühmtesten Schreins Englands, des Schreins des heiligen Thomas in Canterbury. Es war keineswegs leicht gewesen, Henry die Zustimmung zu der Bilderstürmerei des Jahres 1538 abzuringen. Hugh Latimer berichtete später, welche Mühe es gekostet hatte, den König zur Verbrennung der Heilig-Blut-Reliquie zu überreden. Aber die Zerstörung in Canterbury zeigt, dass der König sich dann aus vollem Herzen dieser Kampagne anschloss. Henry übernahm am 8. September selbst den Vorsitz bei der Zeremonie, in der die Gebeine von Thomas verbrannt wurden und ein Stück von John Bale (einem früheren Mönch, der zum eifrigen Reformator geworden war) aufgeführt wurde, das die traditionelle Überlieferung von Thomas' Tod auf den Kopf stellte. Eine anschließende Proklamation verweigerte Thomas den Anspruch auf Heiligkeit und Martyrium, prangerte ihn als Verräter an und verordnete die Streichung seiner Namenstage (es gab drei) aus dem Kalender der Kirche von England. Von nun an war der heilige Thomas von Canterbury nicht mehr der Märtyrer, sondern der Verräter Thomas Becket.

Henrys zunehmende Enttäuschung über die religiösen Orden zeigte sich bei der Verbrennung des Mönches John Forest. Forest gehörte zur Observanzbewegung der Franziskaner, die sich Henry in den frühen 1530er Jahren standhafter als jede andere Gruppe widersetzt hatte, und war eine Zeit lang Katharina von Aragons Beichtvater gewesen. Nun wurde er wegen Verrats und Ketzerei verurteilt. (Er war der einzige Katholik, der von der Kirche von England je formal wegen Ketzerei verurteilt wurde.) Hingerichtet wurde er anschließend auf besonders abstoßende Weise: Er hing in Ketten über einem Scheiterhaufen, auf dem ein hölzernes Heiligenbild brannte, das extra aus Wales herangeschafft worden war. Die Kombination aus Erhängen und Verbrennen, die zunächst für die rebellischen Lollarden unter Henry V. vorgesehen war, lenkte die Aufmerksamkeit auf den doppelten Charakter seines Verbrechens. Andere öffentliche Gesten in jenem Jahr verwiesen ebenfalls auf Henrys neu entdeckten Hass auf das Mönchtum. Der Bischof von London wurde des *praemunire* angeklagt (eine Variante des Hochverrats, die vor allem in der Anrufung ausländischer Gerichtsbarkeit innerhalb des Königreichs bestand), mit der Begründung, er habe eine liturgische Zeremonie abgehalten, bei der ein Mönch sein endgültiges Gelübde abgelegt habe. Der Bischof musste nur eine symbolische Geldbuße zahlen, aber es war klar, worum es ging: In England durfte niemand mehr Mönch oder Nonne werden. Die „freiwillige" Übergabe der Klöster nach der Gnadenwallfahrt weitete sich nun auf Klöster aus, die nicht gegen das Gesetz verstoßen hatten, und Henrys eigene Gründungen in Bisham und Stixwold taten es ihnen gleich. Gleichsam als Bestätigung seines Beschlusses, alle Klöster aufzulösen, veröffentlichte er 1538 ein öffentliches Dementi ebensolcher Gerüchte. Die Unterdrückung der Klöster war zwar erst 1540 abgeschlossen, aber der Prozess war unaufhaltsam.

Der Höhepunkt des „evangelischen" Einflusses auf Henrys Kirche von England war die Veröffentlichung der englischen Bibel unter der Schirmherrschaft des Königs. Obwohl die Heilige Schrift in landessprachlicher Übersetzung traditionell mit dem Lollardentum und jüngst mit dem Luthertum in Verbindung gebracht wurde, hatte Henry immer Sympathien für diese Idee gehegt. Er hatte dies in seinem Brief an die Herzöge von Sachsen in den frühen 1520er Jahren bereits mitgeteilt. Schließlich hatte Erasmus diese Idee schon in Mode gebracht, bevor Luther die Bühne betrat. Allerdings hatten Henry und seine Bischöfe in den späten zwanziger Jahren die Übersetzung des Neuen Testaments durch Tyndale noch verhindern wollen. Erst nach dem Bruch mit Rom, als so viele kirchliche Haltungen in Frage gestellt wurden, wurde aus der englischen Bibel praktische Politik. Cranmer und Cromwell waren sehr dafür, und Henry selbst scheint teils durch die Logik des königlichen Supremats und teils durch seine rhetorische Propaganda überzeugt worden zu sein. Logisch betrachtet, war nach dem Bruch mit Rom die Bibel die einzige alternative Quelle christlicher Autorität, die man glaubhaft anrufen konnte. Das machte es schwer, sich den Argumenten für eine Bibel in der Landessprache zu widersetzen. Henrys Prediger und Propagandisten verwiesen unablässig auf die Bibel, vor allem das Alte Testament, um die Autorität der Könige im Allgemeinen und über Priester im Besonderen zu begründen. Das „Wort Gottes" wurde gegen die „menschlichen Traditionen" des Bischofs von Rom angerufen. Tatsächlich waren es die dreißiger Jahre jenes Jahrhunderts, in denen die Bibel, größtenteils dank der königlichen Propaganda, im Englischen zunehmend als „Wort Gottes" beschrieben wurde. Das Wort Gottes galt als Lehre des Gehorsams – jener Tugend, die Henry (bei anderen) am meisten liebte. John Bale drückte es in seinem Stück *King John,* das Henrys Triumph über den Klerus feiert, so aus:

> „Wenn Euer Gnaden dafür sorgen, dass Gottes Wort ernstlich gelehrt wird, und solche Priester unterwerfen, die es nicht getreulich predigen, werden die Menschen durch ihren Fürsten ihre gesetzmäßige Pflicht kennen."

In den *Injunctions* von 1536 und 1538 waren die Kirchengemeinden bereits angewiesen worden, englische Bibeln zu erwerben. Aber obwohl 1535 und 1537 im Ausland Ausgaben erschienen waren, waren sie in England erst 1539 erhältlich. In jenem Jahr wurde nämlich von Richard Grafton und Edward Whitchurch die *Great Bible,* die erste offizielle englische Bibel – auf der Grundlage der Übersetzung von Miles Coverdale und finanziert von Cromwell – herausgegeben. Es folgten viele weitere Auflagen, und 1540 kam ein langes Vorwort von Cranmer hinzu. Die königliche Zustimmung wurde durch das Frontispiz symbolisiert, von dem man annimmt, dass es von Holbein entworfen wurde, und das Henry VIII. zeigt, wie er das „Wort Gottes" Cromwell und Cranmer zur Verbreitung unter den dankbaren Priestern und seinen Untertanen überreicht.

Während der religiöse Wandel hier seinen Höhepunkt fand, verschoben sich sowohl zu Hause als auch im Ausland die Verhältnisse. In England hatte der nachlassende Druck auf die Ketzer das Entstehen einer Art von Häresie begünstigt, die Henry auf das Schärfste ablehnte: der

Sakramentarianismus, das heißt die Leugnung der Transsubstantiation, der realen Gegenwart Christi im Sakrament der Eucharistie. Im Ausland hatte die Zerstörung der Grabstätte des heiligen Thomas das katholische Europa schockiert, und der Frieden zwischen Frankreich und Spanien gab dem Papst die Gelegenheit, Henry noch einmal zu exkommunizieren, in der Hoffnung, dass die nunmehr versöhnten Kontinentalmächte die Strafe auch vollstrecken würden. Henry reagierte auf zweierlei Weise: Er investierte intensiv in die Verteidigung, vor allem in Küstenfestungen, von denen viele mit dem Baumaterial der aufgelösten Klöster errichtet oder wiedererrichtet wurden, während im ganzen Land Männer für einen möglichen Militärdienst gemustert wurden. Im Sommer 1539 nahm Henry eine glanzvolle Parade solcher Männer ab, die mit neuen Uniformen aus feinem weißem Stoff ausgestattet waren (die sie alle selbst bezahlen mussten! Männer, die sich dies nicht leisten konnten, durften nicht teilnehmen).

Hinzu kam, dass der König den religiösen Wandel abbremste, was durch eine weitere dramatische persönliche Intervention anlässlich des Schauprozesses gegen einen der Sakramentarier, John Lambert, am 16. November 1538 zum Ausdruck kam. Henry hatte, in symbolträchtiges Weiß gekleidet, den Vorsitz übernommen, während seine Bischöfe in einem Disput mit Lambert versuchten, diesen zu einem Sinneswandel zu bewegen. Schließlich versuchte es Henry selbst und drängte ihn zu widerrufen, doch ohne Erfolg. Daraufhin verurteilte er Lambert persönlich zum Tode auf dem Scheiterhaufen und erließ noch am selben Tag eine Proklamation, die die traditionellen Lehren über Eucharistie und Taufe gegen jüngste Neuinterpretationen aufrechterhielt. Selbst seine reformatorisch gesonnenen Bischöfe verabscheuten die Anabaptisten („Wiedertäufer"; sie verwarfen die Kindertaufe und tauften Erwachsene). Doch es war Henry selbst, der das Wort „Sakramentarier" in den Entwurf der Proklamation einfügte und damit potentiell viele Freunde der reformatorischen Bischöfe einbezog. Eine Woche nach Lambert wurden einige holländische Anabaptisten verbrannt, um zu zeigen, dass die Proklamation es ernst meinte.

Unter den Bischöfen, die Lamberts Prozess beiwohnten, waren zwei, deren Stern seit dem Bruch mit Rom gesunken war, die nun aber wieder des Königs Gunst zurückgewannen. Stephen Gardiner war endlich von seiner dreijährigen Mission in Frankreich zurückberufen worden, während sich der Bischof von Durham, Cuthbert Tunstall, nützlich machte, als der König nach Verbündeten im Kampf gegen die Ketzerei Ausschau hielt. Gardiner und Tunstall sprachen die konservative Seite des Königs an und taten sich vor allem bei den taktischen Manövern hervor, die im

Frühling 1539 zu jener Passage im *Act of Six Articles* führte, die sich gegen den Sakramentarianismus richtete und gegen ein oder zwei weitere religiöse Sorgenkinder Henrys, namentlich die Priesterehe. Henrys Handschrift wird in der drakonischen Handhabung der Strafen erkennbar, die bereits bei einem erstmaligen Vergehen den Tod auf dem Scheiterhaufen vorsahen, obwohl bis dahin nach dem herkömmlichen Häresiegesetz in England ein Widerruf ausgereicht hatte, um nicht verbrannt zu werden. Mit dieser neuen Macht im Rücken kam es im Namen des Königs in London anschließend zu einem massiven Feldzug gegen die Ketzerei. Gleichzeitig machte Henry 1539 aus seiner Teilnahme an traditionellen kirchlichen Zeremonien eine öffentliche Darbietung und stellte sicher, dass ausländische Botschafter dabei zuschauten. Diese meldeten dann auch brav nach Hause, dass Henry in jeder Hinsicht katholisch sei, wenn man von seiner Haltung gegenüber dem Papst und der Plünderung des Klerus absehe. Da die meisten Könige ab und zu mit dem Papst im Streit lagen und oft genötigt waren, den Reichtum der Kirche zu plündern, erschien Henry ihnen nun weniger fremd als zuvor.

Während der Papst wegen Henrys Plünderungen der Kirchen und Klöster gegen ihn vorging, ging Henry selbst gegen die englischen Verwandten des Kardinals Reginald Pole vor, der vom Papst mit der Umsetzung der Sanktionen gegen den König beauftragt worden war. Sir Geoffrey Pole, dem leicht zu beeinflussenden jüngeren Bruder des Kardinals, waren nämlich Aussagen entlockt worden gegen all jene, die an der sogenannten Exeter-Verschwörung beteiligt waren, womit dieser sein Leben retten konnte. Die im Dezember hingerichteten Opfer waren der Marquis of Exeter (Poles Cousin), Henry, Lord Montague (Poles Bruder) und Sir Edward Neville (Lord Abergavennys Bruder und ein prominenter Höfling). Etwas verspätet folgte ihnen im Februar 1539 Sir Nicholas Carew, *Master of the King's Horse.* Das war Terror, nicht Gerechtigkeit. Da Henry an Kardinal Pole nicht herankam, musste er sich mit der Zerstörung seiner Familie begnügen und damit die Reihe möglicher Thronanwärter, die nicht zu den Tudors gehörten, ausdünnen. Die Behandlung der bejahrten Mutter des Kardinals, Margaret, Countess of Salisbury (einer Nichte von Edward IV.), verdeutlicht das Element bloßer Rache bei diesem Vorgehen: Im Jahre 1539 durch einen *Act of Attainder* verurteilt, der eine ganze Reihe lebender und toter Feinde Henrys umfasste, wurde sie bis 1541 im Tower festgesetzt und am 27. Mai jenes Jahres hingerichtet. Solche Hinrichtungen machten deutlich, dass niemand, wie adlig auch immer, über dem Gesetz stand und niemand, wie mächtig auch immer, dem Zorn des Fürsten entkommen konnte. Kein englischer König hat je so viel adliges Blut vergossen wie Henry VIII. Wo sein Vater ihnen ihr Geld genommen hatte, nahm Henry ihnen das Leben, oft genug unter ebenso fadenscheinigen Vorwänden. Er hätte ebenso sehr eine Revolte des Adels verdient wie sein Vater, aber dass keiner von beiden je mit einer solchen konfrontiert war, verdeutlicht, wie sehr sich die englische Politik geändert hatte.

DER STURZ CROMWELLS

Der zunehmende Einfluss konservativer Kirchenmänner in Henrys Umgebung bedrohte die dominierende Stellung Thomas Cromwells, der versuchte, dem entgegenzuwirken, indem er eine eigene, von ihm favorisierte Politik verfolgte: ein Bündnis mit den protestantischen Fürsten in Deutschland. Ein ziemlich schmeichlerisches Portrait von Hans Holbein half ihm dabei, Henry zu überreden, seine neue Braut aus den Reihen dieser fürstlichen Dynastien zu wählen, aus der des Herzogs von Kleve. Die Ehe, die Cromwells Karriere hätte retten können, führte stattdessen zu ihrem Ende. Auch wenn Henrys Hochzeit mit Anna von Kleve am 6. Januar 1540 gefeiert wurde, wurde die Ehe nie vollzogen. Henry fand seine neue Frau unattraktiv, und die Peinlichkeit seiner Impotenz in ihrer Gegenwart brachte ihn dazu, den „Architekten" der Ehe ebenso heftig abzulehnen wie die Ehe selbst. Nachdem der Duke of Norfolk und Bischof Stephen Gardiner, der Henry irgendwann die hübsche junge Nichte des Duke, Catherine Howard, vorstellte, ihn bearbeitet hatten, setzte Henry die Scheidung in Gang. Rachsüchtig wie immer ließ Henry seinen ganzen Zorn an Cromwell aus, der erst im April 1540 zum Earl of Essex gemacht worden war.

Das revolutionäre Jahrzehnt der Herrschaft Henrys endete mit Cromwells dramatischer Verhaftung in der *Council Chamber* am 10. Juni 1540. Das Tempo des religiösen Wandels hatte sich bereits fast bis zum Stillstand verlangsamt, und durch das Debakel der Ehe mit Anna von Kleve sank Cromwells Glaubwürdigkeit vorübergehend auf den Nullpunkt. Dies war die Gelegenheit für dessen Feinde, Henry zu überzeugen, dass Cromwell die Ketzerei geschürt und auf Verrat gesonnen habe. Die zweite Anschuldigung war natürlich absurd, aber die erste hatte durchaus Substanz, und der verlässliche Richard Rich war wie immer bereit, sich der rechtlichen Feinheiten anzunehmen. Cromwell wurde per *Attainder* ohne Prozess verurteilt – ein Verbrechen, das ironischerweise zu den Bestrafungen passte, die er so oft anderen auferlegt hatte – und am 28. Juli 1540 hingerichtet. Zuvor beteuerte er noch seine Loyalität und Orthodoxie (auch wenn sein Glaubensbekenntnis nichts enthielt, was nicht auch ein überzeugter Lutheraner guten Gewissens hätte sagen können).

Der Sturz Cromwells beschleunigte eine der entscheidenden Leistungen der Herrschaft Henrys: die formale Etablierung des Kronrats als Teil der Regierung. Zwar war er einerseits eine traditionelle Institution (Könige hatten immer über einen Rat verfügt), andererseits aber auch eine Schöpfung Cromwells (der englische Begriff, also *Privy Council,* tauchte erst in den 1530er Jahren auf, gerade dann, als Henry die Vorwürfe der *Pilgrims* zurückwies, er sei mit niedriggeborenen, schlechten Beratern umgeben), doch erst mit Cromwells Sturz gewann er seine eigentliche Bedeutung. Nie wieder sollte Henry einem Mann erlauben, allein die Politik zu beherrschen, wie dies Wolsey und Cromwell getan hatten. Der Kronrat sollte für ungefähr ein Jahrhundert zum wichtigsten Instrument bei der Formulierung und Ausübung des Willens des Souveräns werden. Jetzt jedoch (also um 1540) lag seine Bedeutung wohl eher darin, dass es im Zusammenhang mit ihm neue Regeln für die Rangfolge bei Hofe gab. Obwohl Männer von adliger Abstammung häufig in den Kronrat berufen wurden und hohe königliche Ämter innehatten, und *Gentlemen*, die sich in königlichen Diensten bis in den Kronrat nach oben gearbeitet hatten, oftmals in den Hochadelsstand erhoben wurden, erließ Henry Regeln, nach denen die höchsten Beamten der königlichen Regierung und des Haushaltes Vorrang vor dem Adel hatten, gleich welchen Rang sie bekleideten. Dies entsprach dem Argument, das er 1536 den *Pilgrims* entgegengehalten hatte, nämlich dass sein eigentliches Kriterium nicht der Geburtsrang, sondern der Dienst am König sei, und der Adel sich vom König ableite und von diesem abhänge.

Am 8. August 1540, keine zwei Wochen nach Cromwells Hinrichtung, heiratete Henry VIII. Catherine Howard. Norfolk und Gardiner aber hatten das Pech, dass die Waffe, die sie eingesetzt hatten, zwar mächtig, aber instabil war und sie selber treffen sollte. Catherine mag zwar die Leidenschaft des Königs im mittleren Alter entfacht haben, aber seine Gefühle wurden nicht vollständig erwidert. Während des Sommerumritts 1541, der den königlichen Haushalt zum ersten und einzigen Mal während Henrys Herrschaft in den Norden führte (über Lincoln,

Gainsborough und Pontefract nach York), begann sie sich nach der Gesellschaft eines ihrer alten Freunde und Freier, Thomas Culpeper, eines *Gentleman of the Privy Chamber*, zu sehnen. Ihre nächtlichen Treffen verliefen recht zurückhaltend, und auch wenn es nur eine Frage der Zeit gewesen wäre, so waren sie bis zur Rückkehr des Hofes im Herbst noch kein Liebespaar. Sie sollten dazu auch keine Chance mehr bekommen. Kurz nach der Rückkehr Henrys nach Hampton Court erhielt er einen Brief von Erzbischof Cranmer mit der Nachricht, dass Catherine vor ihrer Ehe mit Henry intime Beziehungen mit zwei anderen Männern gehabt habe. Ein offenes Geständnis hätte sie vielleicht retten können, aber nachdem die Untersuchung auch ihre sommerliche Liebelei mit Culpeper aufgedeckt hatte, war ihr Schicksal besiegelt. Auch wenn sie sich noch nicht geliebt hatten, machte es ihre Vorgeschichte unmöglich, an die Unschuld ihrer Motive zu glauben (die sie auch nicht zu verteidigen versuchte). Catherine wurde per *Act of Attainder* wegen Verrats verurteilt und am 13. Februar 1542 geköpft. Das Gesetz enthielt den Passus, dass es Verrat war, wenn eine Frau, die vorehelichen Geschlechtsverkehr gehabt hatte, den König heiratete. Wie der kaiserliche Botschafter sarkastisch bemerkte, engte dies das Feld sehr ein.

Anderthalb Jahre später, am 12. Juni 1543, heiratete Henry seine sechste und letzte Frau, Catherine Parr, eine reife, aber noch ziemlich junge Witwe (Verrat lag nur bei vorehelichem Sex vor, nicht bei einer vorherigen Ehe) und Schwester eines seiner *Privy Councillors*, William Parr. Es ist bemerkenswert, dass keine seiner beiden letzten Frauen von ihm schwanger wurde, obwohl er sich zum Zeitpunkt seiner Hochzeit mit Anna von Kleve seiner exzellenten sexuellen Gesundheit gebrüstet hatte. Catherine Parr hingegen wurde nach ihrer fast ungebührlich schnellen Hochzeit mit Thomas Seymour nach Henrys Tod sehr bald schwanger. Henrys Gesundheitszustand verschlechterte sich in diesem Jahrzehnt. Er hatte ständige Probleme mit einer eitrigen Wunde am Bein und starkes Übergewicht. In diesem Zusammenhang erließ Henry 1544 seinen letzten *Act of Succession*. Die Thronfolgeregelung sah nun die Reihenfolge Edward, Mary und Elizabeth vor. Die schottische Linie der Stuarts, die von seiner Schwester Margaret abstammte, wurde mit Schweigen übergangen, und es wurde verfügt, dass für den Fall, dass seine eigene Linie ausstarb, die Thronfolge auf die Erben seiner jüngeren Schwester Mary überging, die mit dem Duke of Suffolk verheiratet war.

DIE SPÄTEN JAHRE

Von einer Auszeit in der englischen Außenpolitik in den 1530er Jahren zu sprechen, wäre übertrieben. Schließlich zogen englische Gesandte kreuz und quer durch Europa, um Bündnisse zu schmieden, Gegenmaßnahmen des Papstes zuvorzukommen und Henrys neues Evangelium des königlichen Supremats zu verkünden. Aber Henrys Politik hatte ihn quasi isoliert, und über Jahre hin spielte er bezüglich der zentralen europäischen Geschehnisse, der Rivalität zwischen den Häusern Habsburg und Valois, so gut wie keine Rolle. Als er 1538 wieder eine gewisse Bedeutung erlangt hatte, war es die einer potentiellen Zielscheibe, eine Gefahr, die er durch seine Zurschaustellung eines religiösen Konservatismus abwenden konnte. Nun aber, im darauf folgenden Jahrzehnt, waren seine dynastischen Probleme gelöst, und das Tempo des religiösen Wandels war fast zum Stillstand gekommen. Zudem hatten dank der Vernichtung Cromwells die ständigen Spannungen in der englischen Politik nachgelassen, und die Plünderung der Kirche hatte Henry reicher gemacht als jeden englischen König vor ihm. Henry konnte sich wieder seinem vorrangigen politischen Ziel widmen, der Eroberung Frankreichs. Die Monarchie unterschied sich sehr von der ein Jahrzehnt zuvor, doch der Monarch war derselbe, auch wenn er den alten Ideen ein paar neue hinzugefügt hatte.

Die militärischen Feldzüge, die folgten, waren in mancher Hinsicht eine Wiederholung der Feldzüge der Jahre nach 1510. Diesmal aber entschloss sich Henry, präventiv gegen die Schotten vorzugehen. Diplomatischer Druck und zunehmend heftiger werdende Grenzzwischenfälle gipfelten in einer englischen Militäraktion, die politisch auf lange Sicht so entscheidend wie taktisch auf kurze Sicht sinnlos war. Der Angriff der Truppen des Duke of Norfolk im Oktober 1542 war ein Fiasko und kostete die Angreifer wohl mehr als ihre Opfer. Norfolks Stern sank. Der Held von 1536 ähnelte nun eher einem Clown, und so musste sich Henry für die Zukunft anderswo nach militärischen Führungsqualitäten umsehen. Dennoch endete die schottische Erwiderung in der üblichen Katastrophe. Im November 1542 erlitt eine gewaltige schottische Streitmacht bei Solway Moss eine vernichtende Niederlage. Wo James IV. noch in der Schlacht gefallen war, starb James V. an dem Schock, den er erlitt, als er vom Ausmaß der Niederlage hörte.

Inspiriert vom königlichen Supremat und den traditionellen Ansprüchen Englands auf die Vorherrschaft in Schottland, die bei den Recherchen zum Supremat zu Tage gefördert worden waren, ging Henry nun gegen Schottland in die Offensive. Er forderte die neue Königin Schottlands, die Infantin Mary, als Prinz Edwards Braut, um die beiden Kronen für immer zu vereinigen. Anfangs stimmten die Schotten den Forderungen im Vertrag von Greenwich vom 1. Juli 1543 zu, aber die kaleidoskopartigen Wechsel in der schottischen Politik führten schon bald zu einer Zurückweisung des Vertrags. Als Henry sich auf den Krieg mit Frankreich vorbereitete, wurde als Strafmaßnahme ein zweiter Schlag gegen Schottland geplant. Diesmal wandte sich Henry nicht an Norfolk, sondern an Edward Seymour, Earl of Hertford und Onkel von Prinz Edward, der ja von den Schotten so sehr in seiner Ehre gekränkt worden war. Im Mai 1544 griff er Edinburgh von Land und von See her an und verwüstete das schottische Tiefland. Mit Beute beladen kehrte er zurück, und sein Stern stieg, wie der Norfolks gesunken war.

Da die Schotten nun ausgeschaltet waren, konzentrierte sich Henry auf Frankreich. Etliche Jahre gewissenhafter Diplomatie hatten die traditionelle englisch-kaiserliche Achse wiederhergestellt, und schon im Vorjahr hatte Henry Kaiser Karl V. Truppen für den Kampf in den Niederlanden gestellt. Nun überquerte er trotz seiner angeschlagenen Gesundheit – allein schon die Probleme mit seinen Beinen hätten einen anderen Mann bewegungsunfähig gemacht – im Juli 1544 zum vierten und letzten Male den Kanal, um Frankreich zu erobern. Da er nicht mehr in der Lage war, seine Männer selbst in die Schlacht zu führen, errichtete er sein Hauptquartier in Calais, während zwei Heere gegen die Franzosen zu Felde zogen. Das erste, unter dem Duke of Norfolk, belagerte erfolglos Montreuil, das zweite, unter dem Duke of Suffolk, belagerte erfolgreich Boulogne und nahm die Stadt im September ein. Norfolks Stern sank weiter. Der Feldzug endete, als Henry – wie schon drei Jahrzehnte zuvor – plötzlich von seinem Verbündeten im Stich gelassen wurde, der in Crépy einen Separatfrieden schloss, nur wenige Tage nach dem Fall von Boulogne. Doch zumindest hatte Henry etwas erreicht.

Die folgenschwerere und bedeutsamere Lektion, die man in diesem Jahrzehnt gelernt hatte, war die eminente Bedeutung einer starken Flotte für Englands Sicherheit. Henry selbst interessierte an seinen Schiffen wohl mehr ihre Eignung als Offensivkraft oder zumindest als eine Demonstration seiner Macht. Aber selbst wenn Ruhm und Machtdemonstration seine Ziele waren, erwiesen sich Henrys Interesse an Schiffen und die Ausgaben, die er für die Kriegsflotte tätigte, im Jahre 1545 als berechtigt. Nachdem François I. mit Karl V. Frieden geschlossen hatte, versuchte er den Spieß umzudrehen und über den Kanal in England einzufallen. Seine Flotte wurde jedoch vor der Isle of Wight im Rahmen einer Seeschlacht zurückgeschlagen, wie sie während der Seeherrschaft der Tudors nur vom Sieg über die spanische Armada übertroffen werden sollte. Zu Unrecht erinnert man sich heute daran nur noch im Zusammenhang mit dem Untergang der *Mary Rose*, die auf Grund lief, bevor sie den Hafen überhaupt verlassen hatte. (Das Schiff hatte zu viele Kanonen, was typisch für Henry war, der so grenzenlos wie unbegründet an seine eigene Genialität glaubte, dass er sich in den Bau des Schiffes eingemischt und völlig naiv gemeint hatte, mehr sei immer besser.) Dieser französische Rückschlag war einer von vielen, die Englands Feinde in den nächsten 400 Jahren zur Verzweiflung bringen sollten, als die wachsende englische Seemacht es zunehmend besser vor einer Invasion schützte. Politisch und militärisch bedeutete das Jahr 1545 die Feuertaufe der neuen Generation der Staatsmänner und Befehlshaber unter den Tudors. Circa 100 000 Mann wurden mobilisiert, um sich einer Invasion entgegenzustemmen. John Russell (Lord Russell) befehligte die Landstreitmacht und der kommende Mann John Dudley (Lord Lisle) die Seestreitmacht. Seymour, der zunächst mit der Verteidigung von Boulogne beauftragt war, wurde später im Jahr 1545 noch einmal gegen die Schotten geschickt.

Der Sturz Cromwells war in mancher Hinsicht Resultat des Stillstandes des religiösen Wandels in den späten dreißiger Jahren gewesen und schien den Weg für eine Umkehr zu bahnen. Doch auch in diesem Falle war Henry entsprechend seiner Art wenig geneigt, den Rückzug anzutreten. Der Ton während der restlichen Zeit seiner Herrschaft wurde bestimmt von dem schwarzen Humor des 30. Juli 1540, zwei Tage nach Cromwells Hinrichtung, als Henry sechs Dissidenten in den Tod schickte. Drei von ihnen (Edward Powell, Thomas Abel und Richard Featherstonehaugh) waren katholische Priester, die Jahre im Tower verbracht hatten, nachdem sie Katharina von Aragon unterstützt und sich geweigert hatten, die Eide auf die Thronfolge und das Supremat zu leisten. Die anderen drei waren protestantische Prediger (Robert Barnes, William Jerome und Thomas Garrett), die sich in den 1530er Jahren der königlichen Gunst erfreut und eifrig das Supremat vertreten hatten. Keiner von ihnen war vor Gericht gestellt worden. Ein *Act of Attainder* sparte die Kosten eines Prozesses. Sie wurden paarweise zur Hinrichtung geführt, je ein Katholik und ein Protestant Seite an Seite auf einem Karren. Die Katholiken wurden gehenkt und ihre Eingeweide ausgenommen, die Protestanten wurden auf dem Scheiterhaufen verbrannt. Die Botschaft war eindeutig: Ketzerei nicht zu dulden hieß nicht, dass Henry beim königlichen Supremat Kompromisse machen würde.

Ungefähr zu jener Zeit wandte sich Henry der offiziellen Kirchenlehre zu und studierte das *Bishops' Book* genauer, das er 1537 vorläufig gebilligt hatte. Er war mit dem Ton eines Großteils des Werkes höchst unzufrieden und debattierte mit Cranmer und anderen lebhaft darüber, wie es zu verändern sei. Schließlich wurde es einem Komitee von Bischöfen und Theologen zur Überarbeitung übergeben. Die Überarbeitung erbrachte ein sehr konservatives Resultat, was den ausdrücklichen Wünschen des Königs entsprach. Sie bestätigten zum Beispiel traditionelle Lehren der Eucharistie und ließen mehr Spielraum für die Fürsprache durch Heilige und Gebete für die Toten als das *Bishops' Book*. Das Ergebnis dieser Bemühungen wurde 1543 unter dem Titel *A Necessary Doctrine and Erudition for any Christian Man* veröffentlicht und im weiteren Verlauf des Jahres als *Act for the Advancement of True Religion* in Gesetzesform gegossen. Es war gemeinhin als *King's Book* bekannt, da es auf der Titelseite als „von seiner Majestät dem König bekannt gemacht" bezeichnet wurde und ein von Henry selbst verfasstes Vorwort enthielt. Henry spielte mal wieder gerne den Theologen und brüstete sich mit seinen Bemühungen, „unser Königreich [von] Aberglauben und Heuchelei zu säubern". Außerdem warf er seinen Untertanen vor, „sich in böser Auslegung der heiligen Schrift, Anmaßung, Arroganz, fleischlicher Freiheit und Zank" zu ergehen.

Henrys Kirchenpolitik in den 1540er Jahren bestand aus einer Verbindung von Unterdrückung der Ketzerei, vor allem der Sakramentiererei, mit einigen milden Reformmaßnahmen und fortgesetzten Plünderungen der Kirche. Nachdem er die Klöster aufgelöst hatte, wandte er sich den Kollegien der Kirche an den Universitäten zu. Zunächst ließ er sie stückchenweise ihren Besitz an ihn übertragen, dann verabschiedete er 1545 ein Gesetz, das ihm erlaubte, kirchliche Einrichtungen nach seinem Gutdünken aufzulösen. Zudem suchte er sich die besten Häuser und Besitztümer seiner Bischöfe aus, die er für deren Übertragung an ihn übervorteilte. Dank solcher Methoden hatte er am Ende seiner Herrschaft mehr Häuser, als er zu verwenden wusste. Die Reformen, die es gab, waren hauptsächlich das Werk seines Erzbischofs Thomas Cranmer, der ständig Veränderungen vorschlug, die die Kirche von England ein wenig näher an den Protestantismus auf dem Kontinent heranführen sollten, ohne bei Henry den Verdacht auf Ketzerei aufkommen zu lassen. Er konnte Henry daher überreden, 1544 eine englische Version der Fürbitten und im folgenden Jahr ein vollständiges englisches Gebetbuch für den privaten Gebrauch zu billigen. Wie er Henry diese Politik verkaufte, lässt sich am Vorwort des Gebetbuches ablesen. Der König verkündet darin seine Überzeugung, dass das neue Buch seinen Untertanen helfen werde, „ihre Pflichten gegenüber Gott, ihrem König und ihrem Nächsten zu kennen". Indem er sich zwischen Gott und den Nächsten platzierte, zeigte er nicht nur, an welcher Stelle innerhalb der Schöpfungsordnung er seinen eigenen, besonderen Platz sah, sondern auch seine selbstgefällige Annahme, sein absonderlicher kirchlicher Kompromiss sei lebensfähig. Wenn es in diesen Jahren in der Entwicklung der englischen Religion überhaupt irgendeine Richtung gab, dann weniger die auf den Protestantismus hin als vielmehr in Richtung einer englischeren Religion.

Die religiösen Risse, die sich in den 1530er Jahren unter den englischen Eliten aufgetan hatten, gewannen nach Cromwell zunehmend an Bedeutung. Die Unstimmigkeiten bei Hofe, die für die wichtigsten Akteure zu einer Sache auf Leben oder Tod werden konnten, standen unter dem Zeichen der Religion. Die Kombination aus politischer Rivalität und theologischer Spaltung wurde unter einem argwöhnischen und religiösen König zu einer explosiven Mischung. Dank der Jugendsünden Catherine Howards gewannen die „Evangelischen" wieder ein wenig an Boden, außerdem profitierten sie von Henrys letzter Ehe, da Catherine Parr mit ihnen sympathisierte. 1543 versuchte Bischof Gardiner seinen großen Rivalen Erzbischof Cranmer zu vernichten, indem er Beweise sammelte, dass dieser in Kent die Ketzerei beförderte. Henry ging darauf aber nicht ein, und Cranmer kam davon. Ein Gegenschlag im Jahre 1544 versuchte Gardiner mit Verrat in Verbindung zu bringen, doch auch er kam davon, obwohl sein Neffe und Sekretär Germain Gardiner auf dem Schafott landete. Henry selbst versuchte über diesen endemischen Zwistigkeiten zu stehen, indem er die Pose olympischer Erhabenheit einnahm. Er hielt sich zunehmend an die Rhetorik eines „dritten Weges" und präsentierte sich in seinen öffentlichen Verlautbarungen, insbesondere in einer Rede vor dem Parlament im Jahre 1545, als der ehrliche Makler, als der weise Salomo, der seine Kirche vor den Zänkereien seiner Bischöfe und Prediger beschützt.

Im Jahre 1546 konnte man an Henrys sich zunehmend verschlechterndem Gesundheitszustand ablesen, dass seine Herrschaft zu Ende ging. Die religiösen Flügelkämpfe verschärften sich. Im Sommer waren die

Konservativen wieder auf dem Vormarsch. Anne Askew, eine *Gentlewoman* mit Verbindungen zu Catherine Parr und dem Hof, wurde wegen Sakramentiererei, die Henry verabscheute, verurteilt, und der *Lord Chancellor* Thomas Wriothesley legte bei ihrer Folterung selbst Hand an, um Informationen aus ihr herauszupressen, die seine evangelischen Rivalen bei Hofe kompromittieren könnten. Allerdings verriet Anne ihm nichts von Wert. Zusammen mit anderen Ketzern wurde sie im Beisein des *Lord Chancellors* und des Duke of Norfolk verbrannt. Derweil flößte der Bischof von London, Edmund Bonner, der kleinen, aber wachsenden protestantischen Minderheit in London Angst ein, und noch Ende September wurden ketzerische Bücher verbrannt.

DIE LETZTEN TAGE

Im Herbst schlug das Pendel zurück. Der Sohn des Duke of Norfolk, Henry Howard (Earl of Surrey), war so töricht, seine Herkunft aus dem Hause Plantagenet zur Schau zu stellen, indem er das königliche Wappen in sein eigenes einfügte. Solch ein Akt konnte in der aufgeladenen Atmosphäre am Hofe eines sterbenden Königs leicht als Verrat ausgelegt werden, was Howards Rivalen auch taten. Der Duke und der Earl wurden des Verrats angeklagt, der Earl wegen des Verbrechens selbst, der Duke, weil er ihn nicht „angezeigt" habe. Interessanterweise beruhte der Fall auf den Befugnissen der Visitation und Untersuchung heraldischer Insignien, die Henry VIII. in den 1520er Jahren dem *College of Arms* (Korporation der königlichen Herolde) übertragen hatte. Die neuen Befugnisse der königlichen Herolde waren nur eines der Anzeichen dafür, wie sich das Verhältnis zwischen Krone und Adel gewandelt hatte, denn sie machten klar, dass Adel und Aristokratie nunmehr ganz vom Willen und der Entscheidung des Königs abhängig waren. Einer der *Kings of Arms*, als solcher vom Souverän als Entscheidungsinstanz in heraldischen Fragen eingesetzt, hatte Surrey vor seinen heraldischen Ansprüchen gewarnt, die gar nicht als Anspruch auf den Thron gedacht waren, sondern, realistischer, als Anspruch seiner Familie als der ersten im Lande, die Regentschaft für den jungen König auszuüben, der bald seinem Vater nachfolgen würde. Henry Howard verteidigte sich mit so viel Energie, dass die Geschworenen lange mit ihrem Urteil zögerten. (Sein Titel eines Earls war nur ein Ehrentitel, keine Peerswürde, also wurde ihm vor seinesgleichen in der Guildhall der Prozess gemacht, nicht vor den

Peers im *House of Lords* in Westminster). William Paget aber eilte zum Hofe, um den Rat des Königs einzuholen. Bei seiner Rückkehr durfte er mit den Geschworenen sprechen, die Surrey auch prompt für schuldig befanden. Howard wurde am 19. Januar 1547 als Henrys letztes Opfer geköpft. Der Duke of Norfolk, dessen Fall auf noch wackligeren Füßen stand, wurde wenige Tage nach dem Tod seines Sohnes einfach per *Act of Attainder* verurteilt. Er sollte am 28. Januar das Schafott betreten und wurde nur durch den Tod seines Königs in den frühen Morgenstunden gerettet.

Als das Ende kam, waren es daher die Evangelischen, die sich um das Totenbett des Königs versammelten. In seinem Testament verfügte Henry für seinen jungen Sohn eine kollektive Regierung und nominierte sechzehn Männer, die Edwards Kronrat bilden sollten. Doch ohne die Howards und den mit ihnen verbündeten klugen Bischof Stephen Gardiner bestand wenig Aussicht auf Gleichgewicht und Stabilität in dieser Gruppe. Auf die Frage, warum er Gardiner übergangen habe, erklärte Henry, nur er und sonst niemand könne mit dem Bischof fertig werden. Dieser werde schließlich alle anderen in die Tasche stecken und die Verantwortung allein übernehmen. Tatsächlich waren Henrys Zukunftssorgen in jeglicher Hinsicht berechtigt, nur nicht im entscheidenden Punkt: Ohne Gardiner landete der kleine Edward in den Händen seines raffgierigen Onkels Edward Seymour.

Henry VIII. starb in den frühen Morgenstunden des 28. Januar, einem Freitag. Wäre er sechs Monate früher gestorben, wäre England katholisch geblieben. Sein eigenes Testament war ein Manifest seines vieldeutigen religiösen Kompromisswerks. Er stiftete eine Gedenkkapelle in der St. George's Chapel in Windsor, wo sein prachtvolles Renaissancegrab noch nicht fertig war und auch nie fertig gestellt werden sollte, und erbat Tausende von Messen und Fürbitten der Heiligen für sich. Seine herrische Geisteshaltung kommt in seinen wenig schüchternen Worten „Wir fordern die Heilige Jungfrau Maria sofortigst auf …, für uns zu beten" wunderbar zum Ausdruck. Dies hätte auch das Testament eines spätmittelalterlichen Königs sein können. Aber neben all dieser traditionellen Vorsorge für sein Seelenheil erkennen wir auch die Hand Cranmers (oder vielleicht Catherine Parrs), die die königliche Feder auf evangelische Weise führte und darauf vertrauen ließ,

> „… dass jedes Christenwesen hier auf dieser vergänglichen und elenden Welt unter Gott, das tapfer und voller Glauben stirbt …

> durch das Leiden Christi dazu bestimmt ist, erlöst zu werden und ewiges Leben zu erlangen, zu denen wir durch seine Gnade zu gehören glauben …“

Es waren die konservativen Bischöfe Gardiner, Tunstall und Bonner, die über die Begräbnisfeierlichkeiten des Königs wachten. Gardiner zelebrierte am Sonntag, dem 13. Februar, die Totenmesse und empfing zwei Tage später Henrys Sarg in der St. George's Chapel in Windsor. Später berichteten katholische Historiker, dass sein Sarg unter dem enormen Druck seines schnell verwesenden Leichnams barst, so dass er von Hunden beleckt werden konnte. Einige fügten hinzu, Mary Tudor habe ihn exhumieren und verbrennen lassen. Diese Geschichten waren reine Legenden der Rachsucht an jemandem, der in ihren Augen mehr als das Höllenfeuer verdient hätte. Gardiner hielt auch die Predigt während der Beisetzung am 16. Februar. Leider hat der Wortlaut nicht überdauert. Es wäre interessant gewesen zu wissen, wie Gardiners abschließendes Urteil über seinen Herrn ausfiel, dem er teilweise sehr nahe gestanden hatte. Henry wurde neben Jane Seymour beigesetzt, der Frau, die er am meisten geliebt hat, da sie ihm einen Sohn geschenkt hatte.

EDWARD VI.

EDWARD VI.

Von allen Tudors ist Edward VI. am wenigsten bekannt. Er kam im Alter von neun Jahren auf den Thron, regierte gerade einmal ein halbes Dutzend, starb vor der Blüte seiner Jahre und stand im Schatten seines Vaters und der beiden Herzöge, die England in seinem Namen nacheinander regierten. Edward konnte also der englischen Geschichte keinen eigenen Stempel aufprägen. Seine Herrschaft ist die Geschichte dessen, was in seinem Namen getan wurde, zunächst vom Duke of Somerset, seinem Onkel Edward Seymour, dann vom Duke of Northumberland, John Dudley, der der Schwiegervater des Thronerben Edwards werden sollte. Doch das, was in diesem halben Dutzend Jahre getan wurde, machte sie zu den bedeutendsten in der englischen Geschichte. In diesen Jahren vollzog sich nämlich nichts Geringeres als eine religiöse Umwälzung, die Verwandlung Englands in ein protestantisches Land. Unter Erzbischof Cranmer wurden die groben Züge der protestantischen Kirche von England festgelegt. Die kreative und anpassungsfähige Genialität Cranmers fügte den schlichteren und klaren Worten des Neuen Testaments William Tyndales die erhabenen und gefühlvolleren Worte des *Book of Common Prayer* hinzu und bestimmte so für die nächsten 400 Jahre die englische religiöse Sprache. Auch wenn die Entwicklung dieser Jahre eher zufällig als gewollt auf die Regelung der Religionsfrage, das *Elizabethan Settlement*, hinauslief, und auch wenn die Herrschaft Mary Tudors zeigt, wie oberflächlich und verwundbar das Erreichte war, so war die Herrschaft Edwards VI. doch die Wiege des englischen Protestantismus.

Als Sohn Jane Seymours, die als junge Adlige in Fragen der Religion sehr konservativ war (als die Rebellion der *Pilgrimage of Grace* ausbrach, hatte sie Henry auf Knien gebeten, die Auflösung der Klöster rückgängig zu machen), hätte Edward leicht als Erbe einer im Wesentlichen katholischen Tradition gelten können. Aber Jane war binnen weniger Tage nach der Geburt gestorben, und die Umstände sorgten für eine deutlich andere Ausrichtung seiner Erziehung. Sein Onkel Edward Seymour war, wie alle gesellschaftlich aufsteigenden jungen *Gentlemen* im Dienste des Königs, den noch frischen Ideen der Protestanten wohlgesonnen, die natürlich dadurch noch attraktiver wurden, dass die Protestanten die Plünderung des Kirchenvermögens billigten. Der Pate Edwards war kein Geringerer als Thomas Cranmer, und die beiden anderen Paten, der Duke of Norfolk und der Duke of Suffolk, waren aufgrund ihrer Position schwerlich in der Lage, sein religiöses Leben zu beeinflussen. Am wichtigsten aber war, dass seine formale Erziehung in den Händen moderater Protestanten lag.

ERZIEHUNG

Den beiden Hauslehrern Edwards ist von den Historikern völlig zu Recht große Bedeutung zugesprochen worden. Der erste war Richard Cox, der später der Almosenier (Almosenverteiler) des jungen Königs wurde, und der zweite, von 1544 an, John Cheke. Beide neigten, und das war bekannt, der evangelischen Richtung im zeitgenössischen Sinne zu. Einige haben in der Wahl dieser Männer Henrys VIII. Wunsch gesehen, dass die Reformation unter seinem Sohn schneller vorangehen möge als unter ihm selbst. Dies hieße jedoch, die Sache überzuinterpretieren und schriebe dem alternden Tyrannen Absichten zu, die er selbst nicht zu verwirklichen wagte. Hätte Henry weitere religiöse Reformen durchsetzen wollen, so hätte es, wie Cranmer später bemerkte, niemand gegeben, der es gewagt hätte, Henry zu widersprechen. Der König, der aus dem Staunen über die Verwegenheit derer, die auch nur den kleinsten Schritt von seinem eigenwilligen Mittelweg abwichen, fast nie herauskam, hatte wohl kaum erwartet, dass die Hauslehrer ihre eigene Agenda bei der Erziehung seines einzigen Sohnes verfolgen würden. John Cheke war ausgewählt worden, weil er eines der brillantesten Talente war, welche die Cambridge Universität hervorgebracht hatte, und, mehr noch, weil er zum St. John's College gehörte. Dieses akademisch hervorragende College war von Bischof John Fisher als Bollwerk der katholischen Orthodoxie gefördert worden, wurde aber nach dessen Hinrichtung 1535 sehr bald zu einem Brückenkopf der englischen Reformation. Der Sohn des Königs sollte die beste Erziehung genießen, die England zu bieten hatte, und Cheke mit seiner feinen kursiven Handschrift und seiner völligen Beherrschung des Lateinischen und Griechischen war der Mann, der dafür sorgen sollte.

Dahinter steckte allerdings noch mehr. Die Ernennung Chekes war nicht nur die Wahl eines erstklassigen humanistischen Gelehrten, sie war auch ein Schlag ins Gesicht des konservativen Bischofs von Winchester, Stephen Gardiner. Dieser hatte sich als Kanzler der Cambridge Universität in einen Gelehrtenstreit über die Aussprache des Griechischen eingemischt und Cheke, den Hauptverursacher dieses Streits, zurechtgewiesen, weil dieser so kühn gewesen war, traditionelle Praktiken anzugreifen, indem er ihn streng ermahnte, dergleichen künftig zu unterlassen. Die beiden waren einander nicht grün. John Cheke hätte nicht notwendigerweise zum Hauslehrer Edwards erkoren werden müssen. Es gab andere Optionen. Gardiner hätte sicherlich lieber ein anderes Talent des St. John's Colleges in dieser Funktion gesehen: John Seton, den Autor des im Tudor-England bestverkauften Lehrbuchs über die Logik, oder Thomas Watson, den Autor einer die biblische Geschichte von Jephtha behandelnden griechischen Tragödie. Beide sollten bald in Gardiners Haushalt als Geistliche dienen.

Ihre Orthodoxie war über jeden Zweifel erhaben (Watson sollte unter Königin Mary der letzte römisch-katholische Bischof von Lincoln werden), aber als die Entscheidungen über Edwards Erziehung getroffen wurden, war Gardiners politischer Einfluss gerade im Schwinden begriffen. Sein Versuch, Cranmer wegen Ketzerei zu stürzen, war gescheitert, Cranmers Gegenschlag hatte 1544 zur Hinrichtung seines Neffen Germain Gardiner geführt. Es sieht so aus, als sei Henry von anderen evangelischen Sympathisanten wie Sir Anthony Denny und Dr. William Butts auf Chekes Verdienste aufmerksam gemacht worden, die einflussreiche Positionen im Dienst des Königs innehatten. Denny stand zu jenem Zeitpunkt Henrys *Privy Chamber* vor, kümmerte sich um dessen tägliche Bedürfnisse und sorgte für Gesellschaft und Unterhaltung, während Butts einer seiner anerkanntesten Leibärzte war. Beide gehörten also zu den Vertrauten des Königs in dessen Alltagsleben, in dem auch über die Erziehung seines Sohnes entschieden wurde. Nichtsdestotrotz – wäre Gardiners Stern nicht bereits gesunken gewesen, hätte er Chekes Ernennung vielleicht verhindern können. Dass er die Erziehung des jungen Prinzen nicht überwachen konnte, wurde ihm und seiner Sache während dessen Herrschaft zum Verhängnis.

DER AUFSTIEG DES DUKE OF SOMERSET

Henry hätte sicher weder erwartet noch sich vorstellen können, dass seine Diener, vor allem der selbstgefällige Cranmer, es wagen würden, sein religiöses Vermächtnis zu ändern, zumindest nicht, während sein Sohn noch ein Kind war. Der Duke of Somerset hatte bald nach Henrys Tod zugegeben, dass der König „ihm und allen Mitgliedern des Rats mit Nachdruck befohlen (habe), nicht nur die Gesetze zu halten, sondern auch alles andere im Königreich in dem Zustand zu belassen, in dem er es hinterlassen (habe), und nichts daran zu ändern". Henry war ein Mann von unvergleichlicher Eitelkeit gewesen und völlig unfähig zu erkennen, dass scharfsinnige und ehrgeizige Männer sich an seinem Totenbett duckmäuserisch und ausweichend verhalten könnten oder dass sein posthumes Andenken einen geringeren Einfluss auf sie ausüben würde als seine sterbende, aber immer noch Furcht einflößende Gestalt. Noch weniger hätte er gedacht, dass Cox, Cheke und andere die Verbundenheit seines Sohnes mit dem henrizianischen Kompromiss noch zu seinen Lebzeiten unterminiert hatten. Cox war schließlich einer derjenigen gewesen, die 1543 Henrys endgültige Darstellung dessen, was englische Orthodoxie bedeutet, das *King's Book*, bearbeitet hatten, und Cheke war lediglich ein Hauslehrer. Aber der Reformflügel war immer der gewesen, der sein neu entdecktes Supremat am eifrigsten verteidigt hatte, und dies war das Vermächtnis, das Henry erhalten wissen und an seinen Sohn weitergeben wollte. Es gab zwar in den 1540er Jahren einen gewissen Spielraum in theologischen Fragen, doch Henry hätte erwartet, dass die Hauslehrer seines Sohnes sich nur innerhalb der Grenzen bewegten, die er festgelegt hatte.

Ebenso wenig hatte Henry die politischen Maßnahmen vorhergesehen oder gewollt, die nun rasch in Gang gesetzt wurden, um mit der Minderjährigkeit seines Sohnes umzugehen. Edward Seymour sicherte sich nämlich die Befugnisse eines Vizekönigs mit den Titeln *Protector of the Realm* und *Governor of the King's Person*. Henrys Testament hatte für die Zeit der Minderjährigkeit seines Sohnes einen Regentschaftsrat aus sechzehn Männern eingesetzt. Hätte er gewollt, dass einer dieser Männer die Führung übernahm, hätte er ihn in seinem Testament selbst ernannt und ihm die entsprechende Vollmacht übertragen. Er war nicht der Mann, seine Absichten im Unklaren zu lassen. Im Gegenteil, durch die genaue Festlegung des Regentschaftsrates hatte er alles getan, um zu verhindern, dass ein Einzelner sich über die Besten der Aristokratie erhob, die den jungen König umgaben, und diese kontrollierte. Dies war die ausdrückliche Begründung für den ansonsten unerklärlichen Ausschluss seines vielleicht fähigsten Mannes aus diesem Rat gewesen, Bischof Stephen Gardiners. Henry fürchtete nämlich, dass der „gerissene Winchester" die übrigen Testamentsvollstrecker möglicherweise einwickeln und schließlich beherrschen könnte – und außerdem große Teile seiner Reformation wieder aufheben würde. Edward Seymour hingegen war zwar ein fähiger Befehlshaber im Felde und der Onkel des Königs, war aber nicht von königlichem Blut und hatte sich nicht durch besondere Fähigkeiten oder gar großen Ehrgeiz ausgezeichnet. Es war daher nicht zu erwarten, dass er nach der höchsten Macht greifen würde, und noch weniger, dass er sie sichern könnte.

Doch die Manöver rund um Henrys Totenbett schlossen nicht nur die meisten überwiegend konservativen Personen von der realen Macht aus, sie ließen auch Raum für eine Unterwanderung des Kollektivregimes, das Henry mit soviel Umsicht in seinem Testament zu regeln versucht hatte. Was auch immer Henrys Absichten gewesen waren, Seymour besaß bei den Ereignissen, die auf Henrys Tod folgten, enorme Vorteile. Er war der älteste männliche Verwandte des Königs, hatte sich in der vernichtenden Schlacht bei Solway Moss gegen die Schotten erfolgreich geschlagen und die schottische Politik für Generationen handlungsunfähig gemacht. Außerdem war er seit der formalen Einsetzung des *Privy Council* im Jahre 1540 dessen Mitglied und nach dem Sturz der Howards 1546 als Earl of Hertford der höchstrangige *Peer* in diesem Gremium. Zudem hatte er nach dem Ausschluss Bischof Gardiners keinen offensichtlichen Gegenspieler.

Henry VIII. starb in der Nacht vom 27. auf den 28. Januar 1547. Das erste, was diejenigen, die ihn umsorgt hatten, taten, war, seinen Tod geheim zu halten. Das Parlament durfte am nächsten Tag zusammentreten, als ob nichts geschehen wäre, obwohl es durch den Tod des Königs eigentlich automatisch aufgelöst worden wäre. Der Zugang zum Schlafgemach des Königs wurde noch strenger kontrolliert als sonst, und auch die Mahlzeiten wurden weiterhin an die Tür gebracht. In der Zwischenzeit wurden der junge Prinz Edward und seine Schwester Elizabeth eiligst an den Hof geholt. Erst am Montag, dem 31. Januar, wurde Edward zum König ausgerufen, auch wenn das königliche Jahr offiziell am 28. Januar begann. Da der Duke of Norfolk sicher im Tower saß und Bischof Gardiner weit entfernt war, konnten Seymour und seine Verbündeten tun, was sie wollten. In den darauf folgenden Tagen befanden sie wohl, dass sie in Henrys Testament nicht großzügig genug behandelt worden waren, und verteilten erst einmal Land und Titel unter sich und vor allem an Seymour, der zum Duke of Somerset erhoben wurde, mit der nicht sonderlich wahrscheinlichen Behauptung, dies entspreche Henrys mündlichen Anweisungen auf dem Sterbebett.

Das Schlüsselmoment der frühen Politik unter Edward war der Ausschluss des mächtigen *Lord Chancellor* und neuen Earls of Southampton Thomas Wriothesley aus der Regierung. Wenn Gardiner der kirchliche Führer des englischen Katholizismus war, so war Wriothesley nach dem Sturz der Howards deren politischer Erbe. Seine politischen und religiösen Überzeugungen waren offenkundig. Er hatte bei der Folterung der protestantischen Adligen Anne Askews im Jahre 1546 selbst Hand angelegt, um Informationen zu erhalten, die die Evangelischen bei Hof und vielleicht sogar Henrys letzte Gemahlin, Catherine Parr, kompromittieren konnten. Im Gerangel um Positionen nach Henrys Tod stand Wriothesley Seymour im Weg. Seymours Erhebung zum *Lord Protector of the Realm* konnte nur durch ein *Letter patent* (hier: Ernennungsurkunde), das mit dem *Great Seal of England* versehen war, rechtsgültig werden – der höchsten Form der Autorisierung, deren Ausstellung Wriothesley als *Lord Chancellor* persönlich kontrollierte. Das *Great Seal* war nicht nur das Markenzeichen des Lordkanzler-Amtes, es war dessen Essenz. Solange Wriothesley über dieses Siegel verfügte, weigerte er sich standhaft, es auf irgendein Dokument zu setzen, das Seymour diese Vormachtstellung übertrug. Seine Motive scheinen eine Mischung aus religiöser Antipathie, kluger Einschätzung der Ziele und Grenzen seines Gegenspielers und einer unerschütterlichen Treue gegenüber dem Andenken seines verstorbenen Herrn gewesen zu sein.

Wriothesley war länger in der Regierung gewesen als Seymour und war ein deutlich fähigerer Administrator. Er hatte zunächst bei Gardiner in Cambridge studiert und dann bei Cromwell gearbeitet, dessen Privatsekretär er in den späten 1530er Jahren war, bevor der König nach Cromwells Sturz 1540 auf ihn aufmerksam wurde. Wie Cromwell gehörte auch er zu jener neuen Schicht von Aristokraten, die in der Zeit der Tudors aufkam: dem Dienstadel, der aus oft bescheidenen Anfängen durch erwiesene Fähigkeiten in die Verwaltung und politische Führung aufstieg. Im Jargon der Zeit waren sie Männer der Feder, nicht des Schwertes. Thomas Wriothesley konnte selbst als *Lord Chancellor* und Earl of Southampton nicht verbergen, dass er ein Emporkömmling war. Mit seinen administrativen Fähigkeiten und seiner angeborenen Vorsicht war er Seymour mit dessen Art, Dinge unerschrocken anzupacken, und dessen nichtssagender Leutseligkeit nicht gewachsen. Auch dem militärischen Prestige und Seymours Verbindungen zum Königshaus hatte er so gut wie nichts entgegenzusetzen.

Somerset ging rasch gegen den Mann vor, der ihm im Weg stand. In einem zweifelhaften Prozess wurde Wriothesley wegen Machtmissbrauchs angeklagt und, um einem schlimmeren Schicksal zu entgehen, am 5. März dazu gebracht, seine Ämter im Kronrat und als *Lord Chancellor* aufzugeben. Zumindest war Seymour kein rachsüchtiger Mensch: Wriothesley konnte sich auf seinen großen Familienbesitz zurückziehen, den er sich in Hampshire dank seiner erfolgreichen Karriere und seiner Schlüsselrolle bei der Auflösung der Klöster geschaffen hatte. Das *Great Seal* wurde nun William Paulet, seit kurzem Lord St. John, übergeben, blieb faktisch aber unter Somersets Kontrolle, und binnen einer Woche war seine Ernennung zum *Protector* perfekt. Im weiteren Verlauf des Jahres, als Somerset die Macht fest in Händen hielt, wurde der zuverlässige und gefügige Richard Rich zum *Lord Chancellor* ernannt.

Unter Somerset wurde der Kronrat, den Henry in seinem Testament so umständlich ausgetüftelt hatte, schon bald zum Papiertiger. Das Machtzentrum wechselte in Somersets eigenen Haushalt, in dem Männer wie William Cecil (später Elizabeths I. Erster Minister) und Michael Stanhope als Sekretäre dienten. Seine Hofhaltung glich der eines Königs. Doch Somerset war kein König. Er mochte der Onkel des Königs sein und sich an dem Titel eines *Lord Protector* freuen, aber dies war kein Ersatz für königliches Blut und die Salbung mit dem heiligen Öl, Herzstück einer Krönung. Seine selbstherrliche Aneignung des Regierungsapparates führte unter seinen früheren Mitstreitern zu Verbitterung, für die er am Ende einen hohen Preis zahlen sollte.

Zunächst aber wurde Somersets Vormachtstellung nur von seinem jüngeren Bruder Thomas in Frage gestellt. Thomas Seymour teilte mit seinem Bruder manche Stärken, aber auch sämtliche Charakterschwächen, und neidete ihm den Erfolg. Rascher, als sich ziemte, heiratete er Henrys VIII. Witwe, um seine Verbindungen zur königlichen Familie zu festigen, und nutzte es weidlich aus, dass die jüngere Tochter des verstorbenen Königs, Elizabeth, in Catherine Parrs Haushalt lebte. Seinen vertrauten Umgang mit ihr würde man heutzutage vermutlich als Kindesmissbrauch bezeichnen. Nach dem Tod seiner Frau im Kindbett im September 1548 nahm er Elizabeth als nächste Braut ins Visier. Er richtete seinen ausgeprägten Charme auch auf den jungen König, der von seinem selbstherrlichen *Protector* zunehmend ignoriert und an den Rand gedrängt wurde. Sein Ziel war es, in Edward ein Gefühl für das Ausmaß königlicher Macht zu wecken und damit seinen älteren Bruder zu verdrängen. Seymours Ehrgeiz ging Somerset aber zu weit, der 1549 das Intrigennetz zerschlug und ihn des Verrats anklagte. Da die Anklagepunkte jedoch so fadenscheinig waren, dass sie vor Gericht nicht bestanden hätten, wurden sie schlicht und ergreifend zu einem *Act of Attainder* erklärt. Somersets Rücksichtslosigkeit gegenüber seinem Fleisch und Blut erhöhte seine eigenen Überlebenschancen allerdings kaum, als sich wenige Monate später die Flut der Ereignisse gegen ihn wandte.

In einer Hinsicht war Somerset dem Andenken des verstorbenen Königs treu geblieben: in der Fortführung der Politik gegenüber Schottland, die eine Ehe zwischen Edward und Mary, der Königin von Schottland, zum Ziel hatte, um so die beiden Königreiche unter einer Dynastie zu vereinigen und die Gefahr, die von der *Auld Alliance* zwischen Schottland und Frankreich ausging und die England in Kriegszeiten so viele Schwierigkeiten machte, für immer zu entschärfen. Da die Schotten noch immer so merkwürdig zögerten, ihre Königin und ihr Land in Englands Obhut zu geben, führte Somerset im September eine Strafexpedition über die Grenze. Sein Sieg war so überwältigend, dass er, obwohl der Feldzug nur als kleiner Überfall gedacht war, viele Festungen im schottischen Tiefland einnehmen konnte. Doch seine ganze Politik wurde zunichte gemacht, als es den Schotten im darauf folgenden Jahr gelang, Mary nach Frankreich zu schmuggeln, wo sie mit dem Dauphin François vermählt wurde. Alles, was von Somersets Triumph übrigblieb, war nur ein weiterer Aderlass für die knappen militärischen und fiskalischen Mittel.

Die fiskalischen Engpässe unter Edward wurden sicher nicht erleichtert durch die Gier des Adels, die durch den breit verfügbaren Reichtum der Klosterländereien unter der vorherigen Herrschaft geweckt worden war, und die sich nun ungezügelt austobte, ohne dass die strenge Hand eines starken Königs dem Einhalt geboten hätte. Dies war sicher nicht dazu angetan, das Fortschreiten der Reformation aufzuhalten. Die Kirche von England verfügte immer noch über viel Landbesitz, und eine Zugehörigkeit zum Protestantismus machte es nicht nur zu einem Vergnügen, sondern gar zur Pflicht, sie von diesem Besitz zu befreien. Edwards erstes Parlament übertrug im weiteren Verlauf des Jahres den Besitz der Kapellen, Gilden und Kollegien (außer Oxford und Cambridge) auf den König. Auch Henrys Politik der „freiwilligen“ Eigentumsübertragung durch die Kirche auf den König wurde fortgesetzt. Dieser Besitz neigte dazu, rasch seinen Weg aus den Händen des Königs in die seiner treu ergebenen Diener zu finden.

DIE PROTESTANTISCHE REFORMATION

Die religiöse Seite des Königreichs kam bei der Krönung am 20. Februar 1547 ins Spiel, als Cranmer Edward den päpstlichen Titel eines „Stellvertreters Christi" für seinen Herrschaftsbereich verlieh und ihn drängte, dem alttestamentlichen König Josia nachzueifern und sicherzustellen, dass Gott „aufrichtig verehrt, der Götzendienst ausgerottet, die Tyrannei der Bischöfe von Rom aus dem Reich seiner Untertanen verbannt" und „die Bilder entfernt" wurden. Vorbei waren die Jahre, als Henry zuletzt vorsichtig zwischen den Vertretern der neuen Lehre, des Protestantismus, und denen, die am Hof im Sinne der alten Lehre predigten, oder bei der Besetzung kirchlicher Ämter lavierte. Stattdessen genoss die neue Lehre nun völlige Handlungsfreiheit. Die neuen Hofprediger wie Nicholas Ridley, William Barlow und Hugh Latimer waren allesamt überzeugte Protestanten.

Das denkbar deutlichste Signal erging an den Klerus, die Drucker und die Öffentlichkeit, als Dr. Richard Smyth, der erste unter den englischen Theologen und ein strenger Verteidiger der katholischen Lehre von der heiligen Messe, gezwungen wurde, seine Ansichten in London (15. Mai) und Oxford öffentlich zu widerrufen. Smyth, ein Mann der alten Lehre, war von Henry VIII. selbst als *Regius Professor of Divinity* auf den von ihm 1540 gestifteten Lehrstuhl in Oxford berufen worden und hatte 1546 seine *Assertio of the Sacrament of the Altar* (Erklärung des Altarsakraments), eine langatmige Rechtfertigung der katholischen Lehre von der Heiligen Messe, dem König gewidmet – ein Thema, das Henry sehr am Herzen lag. Kaum ein Jahr später wurden nun seine Bücher in London verbrannt, was zugleich eine offene Warnung an die Drucker vor einem möglichen finanziellen Risiko war, sollten sie die falschen Bücher verlegen. Gleichzeitig wurden die Beschränkungen bei der Veröffentlichung protestantischer Werke gelockert. Wenn manche Historiker Somersets Pressepolitik als freizügig beschrieben haben, so war diese, wie die meisten Formen von Freizügigkeit, freilich sehr selektiv. Somerset und später Northumberland taten ihr Bestes, um zu verhindern, dass katholische Literatur in England publiziert oder nach dort importiert wurde. Smyths

Demütigung wirft also ein bezeichnenderes Licht auf die Regierungspolitik, als es zunächst den Anschein haben mag. Sie war damals wichtig genug, um in mehreren Chroniken erwähnt zu werden. Der junge König selbst berichtete darüber in seinem politischen Tagebuch, in dem er manche der herausragenden Ereignisse seiner Herrschaft aufzeichnete. Edwards eigenes Engagement für den Protestantismus, anfänglich zweifellos durch seine Hauslehrer beeinflusst, war dennoch von Beginn an ein politisches Faktum.

Die Signale, die während und nach der Krönung ausgesendet wurden, trogen nicht: England stand vor einem religiöser Wandel. Im Juli 1547 veröffentlichte Cranmer sein offizielles Homilien- oder Predigtbuch, das überall in der Kirche von England verwendet werden sollte und die „traditionelle Religion" des englischen Volkes, den Katholizismus, kompromisslos als Mischmasch „papistischen Aberglaubens" zurückwies. Seine Darstellung des evangelischen Protestantismus selbst war etwas verhaltener, aber theologisch versierte Beobachter wie Stephen Gardiner sahen, worauf es hinauslief. Seine sarkastisch angehauchte Skepsis gegenüber dem Nutzen intensiven Predigens begründete Gardiner mit der Beobachtung, dass die meisten Menschen, „wenn sie die von der Kanzel gesprochenen Worte hörten, diese zwar gut, sehr gut und sogar wundervoll fänden, aber was sie tatsächlich enthielten, könnten sie nicht sagen". Noch beredter waren eine Reihe von Briefen an Cranmer, in denen er mit gnadenloser Genauigkeit darlegte, wie sehr doch die Predigt des Erzbischofs über die Rechtfertigungslehre dem *King's Book* von 1543 widerspreche, und dessen guten Glauben bezweifelte, indem er ihn dreist aufforderte zu begründen, warum er die Lehre, der er in den letzten vier Jahren der Herrschaft Henrys angehangen hatte, über Bord geworfen habe.

Cranmers Predigten wurden dem Klerus durch neue königliche *Injunctions* auferlegt, die am 31. Juli 1547 erlassen wurden und in ihrem Eifer, die traditionellen katholischen Bräuche auszurotten, sehr viel weiter gingen als die des Jahres 1538. Sämtliche bildlichen Darstellungen mussten aus den Kirchen entfernt werden, und die Gemeindemitglieder wurden aufgefordert, ihre persönlichen Heiligenbilder abzuliefern. Der Rosenkranz durfte nicht mehr gebetet werden. Die Gemeindepriester mussten ihre Schäfchen ermahnen, ihren Angehörigen künftig kein Geld mehr für Seelenmessen zu hinterlassen. Gemeindegelder, die dem Kirchenschmuck und der Ausgestaltung der Messen dienten, mussten für die Armenhilfe eingesetzt werden. Sämtliche Kerzen bis auf zwei Altarkerzen mussten entfernt werden. Gemeindeprozessionen vor dem Hochamt oder an Feiertagen wurden abgeschafft, dasselbe galt für das Weihwasser. Kein Wunder, dass gewöhnliche Christen sich überall im Land eher an Edwards Herrschaft als die Zeit der Kirchenspaltung erinnerten als an die Henrys.

Einige wenige Katholiken protestierten erfolglos gegen die rigorose Durchsetzung der *Injunctions* im Herbst und Winter 1547/48 durch königliche Visitatoren, die persönlich den Umwandlungsprozess in den Gemeinden überwachten. Der Bischof von London, Edmund Bonner, wurde dafür eingesperrt, und Stephen Gardiner kämpfte in seiner Diözese von Winchester ein verzweifeltes Rückzugsgefecht. 1547 erinnerte er Somerset in aller Schärfe daran, dass die Predigten und *Injunctions* gemäß Henrys *Act for the Advancement of True Religion* von 1543 illegal seien. Unter Berufung auf dieses Gesetz weigerte er sich, die *Injunctions* zu akzeptieren, doch seine Proteste an den Kronrat führten lediglich zu seiner eigenen Gefangensetzung und einem Eintrag in das politische Tagebuch des Königs. Cranmer und Somerset machten ungeachtet dessen weiter und ließen Henrys Gesetzgebung in jenem Herbst vom ersten Parlament der Herrschaft Edwards aufheben.

Die nahezu unverzügliche Einführung dieser verstörenden religiösen Veränderungen, während der König gerade einmal zehn Jahre alt war, führte zur zweiten politischen Krise der Herrschaft Edwards, nämlich einer öffentlichen Kontroverse über das Wesen und die Ausübung des Königtums während der Minderjährigkeit des Königs. Minderjährige Könige hatte es zuvor schon gegeben. Für solche Fälle gab es einen stillschweigenden Konsens, dass die Regierung nur eine unstrittige Politik verfolgen solle, bis der König alt genug sei, eigene Entscheidungen zu treffen. „Kurs halten" war das Motto. Somersets entschlossene Förderung des Protestantismus brach mit diesem Konsens. Der konstitutionelle Mythos der Monarchie ging natürlich davon aus, dass es sich bei dem Königtum um ein Kontinuum handelte: „Der König ist tot, lang lebe der König!" Jede Rechts- und Regierungsfunktion wurde wie bisher im Namen des Königs ausgeübt, doch wenn der König ein unreifer kleiner Junge war, wurde die unverzichtbare rechtliche Fiktion rasch zum bloßen Schein. Daher musste man es vermeiden, die Gutgläubigkeit oder gar Loyalität der Menschen allzu sehr durch eine Politik im Namen des Königs zu strapazieren, die zu Spaltungen und Kontroversen führte. Es dauerte auch nicht lange, bis Katholiken, die über die Demontage ihrer Religion verärgert waren, sich darüber beschwerten, dass da eine kleine Gruppe von Männern ihre eigenen Ziele verfolgte, und dies im Namen eines Königs, der zu jung war, um sich eine Meinung bilden und ihrer Politik tatsächlich zustimmen zu können. Sie brauchten nicht weit nach Argumenten zu suchen, mit denen sie ihre Gegenspieler herausfordern konnten; sie konnten aus deren Lieblingsbuch, der Bibel, zitieren: „Weh dir, Land, dessen König ein Knabe ist und dessen Fürsten schon früh am Morgen tafeln“ (Kohelet 10,16). Und es gab auch eine konstitutionelle Grundlage für ihre Beschwerde. Henry VIII. hatte die Schwierigkeiten, die sich ergeben konnten, wenn ihm ein Kind nachfolgte, vorhergesehen und 1536 ein Gesetz durch das Parlament gebracht, das seinem Nachfolger gestattete, jedes Gesetz, das während seiner Minderjährigkeit erlassen worden war, durch einen rein exekutiven Akt (ein *Letters patent* mit dem *Great Seal*) aufzuheben. Somerset reagierte darauf, indem er dieses Gesetz aufheben ließ, was die Richter vor ein kniffliges Problem gestellt hätte, wenn Edward lange genug am Leben geblieben wäre, um von dem ursprünglichen Gesetz Gebrauch zu machen.

Als Reaktion auf diese verbreitete Meinung griffen Somerset und seine Regierung auf die politisch unglaubwürdige, aber verfassungsmäßig einwandfreie These zurück, dass königliche Macht königliche Macht sei, unabhängig vom seelischen oder körperlichen Zustand des Monarchen. Alles, was im Namen des Königs erging, ob ein Gesetz, ein Erlass oder eine Instruktion, war vor den zuständigen Gerichten vollstreckbar und moralisch bindend für die Untertanen, von denen selbstverständlich angenommen wurde, dass sie ihren König liebten und ihm Gehorsam schuldeten, was seit 1535 auch als deren gottgegebene oberste Pflicht angesehen wurde. Sie bekräftigten diese Interpretation mit allen ihnen zur Verfügung stehenden Mitteln. Stephen Gardiner, der jede Gelegenheit genutzt hatte, Somerset zu schikanieren, wurde nun aufgefordert, seine ehrlichen Absichten unter Beweis stellen. Am Freitag, dem 29. Juni 1548, musste er von der berühmten Kanzel im Schlossgarten von Whitehall predigen, die in den letzten Jahren der vorherigen Regierung dort aufgestellt worden war. Einige Tage vorher überbrachte William Cecil eine Botschaft Somersets mit dem Rat, einige Worte über die Autorität des jungen Königs in die Predigt aufzunehmen. Gardiner anerkannte Edwards Autorität, unterließ es aber, auf dessen Alter zu sprechen zu kommen; seine Bekräftigung der Messe und des Zölibats wurde von Somerset als reine Provokation betrachtet. Gardiner wurde noch am gleichen Tag verhaftet und in den Tower gebracht. Im darauf folgenden Jahr wurde einer der entschiedensten konservativen Bischöfe, Edmund Bonner von London, vor den Rat gerufen und angewiesen, am 1. September 1549 am Paul's Cross ebenfalls eine entsprechende Predigt zu halten. Wie zuvor schon Gardiner sprach er sich nachdrücklich für die traditionelle Lehre aus; wie Gardiner ignorierte er den Hinweis, auf die Autorität speziell des jungen Königs zu verweisen, und wie Gardiner wurde er gefangen gesetzt – allerdings nicht im Tower, sondern im Gefängnis von Marshalsea.

Somerset ist für seine religiöse Toleranz sehr gelobt worden, weil er angeblich mit einem Großteil des henrizianischen Zensur- und Unterdrückungsapparates aufgeräumt hatte. Die Wirklichkeit aber sah anders aus. Somersets oberstes Ziel war es, religiösen Veränderungen den Weg zu ebnen, die ansonsten ungesetzlich gewesen wären. Erlasse gegen aufrührerische oder spalterische Predigten mögen unparteiisch ausgesehen haben, aber es wurde schnell klar, dass katholische gemeint waren, während protestantische (außer den ganz extremen) *per se* als moderat und versöhnlich galten. Die Aufhebung der drakonischen Ketzerei- und Hochverratsgesetze der vorherigen Herrschaft ließ die Prärogativen der Krone unberührt und war in ihrer Wirkung keineswegs ausbalanciert. Es galt noch immer als Verrat, das königliche Supremat zu leugnen, aber auf die Leugnung der Transsubstantiation stand nicht mehr die Todesstrafe. Und extremes religiöses Abweichlertum konnte noch immer verfolgt werden, wenn man es für nötig hielt: Der radikale Anabaptist John Boucher wurde im Mai 1550 verbrannt. Die einzige Unterdrückung, die aufhörte, war die Unterdrückung evangelischer Ansichten. Die normale Macht der Kirche und der Krone genügte völlig, die Stimme des religiösen Konservatismus zum Schweigen zu bringen.

Die englische Religionslandschaft sah 1548 schon sehr viel anders aus als noch zur Zeit von Edwards Thronbesteigung, doch es ging noch weiter. Solange die lateinische Messe die Hauptform des Gottesdienstes war und solange sie von einer Kaste von Priestern gehalten wurde, die sich durch das Zölibat und die sakramentale Salbung von normalen Menschen unterschied, solange schlug das Herz des Katholizismus noch, auch wenn sein Körper bereits schrecklich verstümmelt war. 1548 gab Cranmer eine englische Fassung der Einsetzungsworte für das Sakrament der Kommunion heraus, gleichzeitig wurden liturgische Zeremonien wie das Aschenkreuz (am Aschermittwoch), die Palmen (am Palmsonntag) und die Kreuzesverehrung abgeschafft. Im Winter 1548/49 stellte er seinen Entwurf einer vollständigen englischen Form des Gottesdienstes fertig, das *Book of Common Prayer*, das im Januar 1549 durch den *Act of Uniformity* gesetzlich verabschiedet wurde und am Pfingstsonntag, dem 9. Juni 1549, in Kraft trat. Dazwischen wurde zum Entsetzen vieler

Gemeindemitglieder auch noch ein Gesetz verabschiedet, das es Priestern erlaubte zu heiraten.

Der Anschein von Unausweichlichkeit, mit dem der letztendliche Erfolg der englischen Reformation ihre frühen Phasen rückblickend umgeben hatte, hat die Nachwelt übersehen lassen, welches Ausmaß die Geschehnisse vom Sommer 1549 hatten. Dieses Ausmaß betraf eigentlich weniger die Lehren, auch wenn man die Bedeutung des Verzichts auf die lateinische Messe – die in Europa seit über einem Jahrtausend und in England seit Beginn seiner Geschichte gültige Liturgie – zugunsten eines englischsprachigen Gottesdienstes, dem eine andere Theologie zugrunde lag, nicht unterschätzen sollte. Es betraf mehr die rein praktischen und technischen Aspekte der Unternehmung. Nichts dergleichen war jemals in der Geschichte der Christenheit geplant, geschweige denn versucht worden. Im Mittelalter hatten liturgische Änderungen schrittweise auf dem Weg über Handschriften stattgefunden, von denen einzelne Abschriften erstellt und verbreitet wurden. Fronleichnam zum Beispiel wurde nicht über Nacht eingeführt, sondern verbreitete sich in der katholischen Kirche nach und nach über das ganze 13. und 14. Jahrhundert. In einer Welt, in der eine rasch erstellte Abschrift eines wichtigen Textes Wochen brauchte und eine schöne, liebevoll künstlerisch gestaltete Monate, konnte ein liturgischer Wandel nur langsam und schrittweise vor sich gehen. Zudem gab es aufgrund der riesigen geographischen Ausdehnung der katholischen Kirche und ihres langen Bestehens (das Papsttum hatte eine längere kontinuierliche Geschichte als jede andere politische Institution in Europa) in der Liturgie des Mittelalters auch noch regionale und örtliche Varianten.

Cranmers beispielloses Unternehmen wurde nur durch die Erfindung des Buchdrucks ermöglicht. Nicht einmal die protestantischen Reformationen auf dem Kontinent hatten etwas ähnlich Umfassendes versucht. Lutherische Liturgien unterschieden sich oft kaum von ihren katholischen Vorgängern, während diejenigen Zwinglis und Calvins nur regional eingeführt worden waren, in einer Stadt und ihrem Umland. Doch dank des Buchdrucks war es möglich, auf einen Regierungserlass hin, für den es kaum, wenn überhaupt, Unterstützung gab, in den etwa 8000 Kirchen Englands an ein und demselben Sonntag einen grundlegend neuen Gottesdienst abzuhalten. Der Erfolg dieser Maßnahme sagt viel über die Fähigkeiten des Verwaltungsapparates unter den Tudors aus.

Die Einführung der neuen Liturgie im Sommer des Jahres 1549 bedeutete einen vollständigen Bruch mit der Vergangenheit. Cranmers Streichung jeder Erwähnung eines Opfers in seiner englischen Liturgie war vielleicht der drastischste theologische Zug (obwohl seine Ansichten über die „Realpräsenz Christi" in den konsekrierten Elementen Brot und Wein bei der Eucharistie ziemlich schwankten, enthält die erste Ausgabe des *Book of Common Prayer* noch keine Anzeichen für einen Wandel in diesem Punkt). Doch die wirklich religiöse Wirkung, wie sie Eamon Duffy beobachtete, war die Vernichtung der alltäglichen liturgischen Erfahrung der Männer und Frauen. Die Umstellung vom Lateinischen aufs Englische machte fast die ganze Kirchenmusik mit einem Schlag überflüssig. Das King's College in Cambridge mit seinem Vorsteher John Cheke (zu der Zeit Sir John Cheke) löste seinen Chor innerhalb eines Jahres auf, da er nicht mehr gebraucht wurde. Die meisten Feiertage wurden nicht mehr begangen. Messen für besondere fromme Anlässe oder Anliegen wurden nicht mehr gelesen. Der Höhepunkt der mittelalterlichen Messe, die Anbetung des Leibes und des Blutes Christi durch die Gläubigen, wurde abgeschafft. Das Zeichen des Friedens und der Eintracht, „Pax", wurde nicht mehr in der Gemeinde weitergegeben. Auch durfte nicht mehr als eine Messe pro Tag in jeder Kirche gefeiert werden und auch dann nur am Hochaltar. Die Kapellen und Seitenaltäre der mittelalterlichen Pfarrkirchen, der ganze Stolz vieler Familien und Gemeinden in den vorhergehenden Jahrhunderten, die sie sich viel hatten kosten lassen, wurden auf einen Schlag obsolet.

DIE REBELLIONEN VON 1549

Die öffentliche Bekanntmachung des *Book of Common Prayer* am Pfingstsonntag 1549 markierte auch das Ende der ersten Phase der Herrschaft Edwards. Wie der Pfarrer Robert Parkyn aus Yorkshire es in einer kleinen persönlichen Chronik der englischen Reformation beschrieb, „gab es nach jenem Pfingstfest … einen Tumult oder Aufstand der Menschen in den südlichen Teilen wie Cornwall und Devonshire". Seine nördliche Heimat blieb eher ruhig, sodass die Rebellen im Süden hier keine Unterstützung fanden, auch wenn in der Nähe von Scarborough einige wenige tausend Männer zu den Waffen griffen, die aber durch ein Amnestieangebot wieder zerstreut werden konnten. Der Norden als Ganzes hatte seine Lektion 1536 gelernt. In anderen Gegenden kam es zwar zu kleineren Protesten gegen die neue Liturgie, vor allem um Oxford herum, aber im Südwesten nahm der Protest die bedrohlichen Ausmaße einer echten Rebellion an. Etwa Anfang Juli kontrollierten die Rebellen einen Großteil von Devon und

Cornwall und belagerten Exeter. Ihre größtenteils religiösen Forderungen konzentrierten sich auf die Wiederherstellung der lateinischen Messe und traditioneller liturgischer Zeremonien, drückten aber auch den Unwillen aus, grundlegende Veränderungen zu akzeptieren, so lange der König noch minderjährig war.

Am 8. Juli wurde eine Antwort auf diese Forderungen im Namen des Königs veröffentlicht. Wie zu erwarten, fußte die Proklamation auf der Autorität des Königs und betonte, dass diese Autorität in keiner Weise durch die Jugend des Königs geschmälert werde:

> „Sind wir ohne Autorität wegen unseres Alters? Sind wir nicht jetzt euer König, wie wir es sein sollen? Sollt ihr erst später Untertanen sein und seid es jetzt nicht? … Wir sind euer rechtmäßiger König, euer Lehnsherr, der souveräne Herrscher von England, nicht durch unser Alter, sondern durch göttliche Verordnung, nicht erst, wenn wir einundzwanzig Jahre alt sein werden, sondern schon als wir zehn Jahre alt waren. Wir tragen unsere Krone nicht aufgrund der Jahre, sondern aufgrund unseres Blutes und der Abstammung von unserem Vater König Henry dem Achten."

Edward hatte dies wohl kaum selbst geschrieben, auch wenn er jetzt vermutlich dazu fähig gewesen wäre. Doch mit seinen nun zwölf Jahren konnte er sicher die stark royalistischen Bekundungen gutheißen und sich zu eigen machen.

Die Probleme der Regierung blieben keineswegs auf den Südwesten oder gar religiöse Konservative beschränkt. Denn zur gleichen Zeit führten soziale und wirtschaftliche Klagen zu einem weiteren Aufstand unter der Landbevölkerung von East Anglia unter der Führung von Robert Kett. Dieser Aufstand wird bisweilen als protestantische Revolte im Gegensatz zu der größtenteils katholischen im Südwesten betrachtet, vor allem, weil führende protestantische Geistliche wie Dr. Matthew Parker (später Elizabeths I. erster Erzbischof von Canterbury) und Dr. John Barrett, der führende Prediger in Norwich, die Rebellen in ihrem Hauptlager bei Mousehold Heath aufsuchten und Gottesdienste nach der neuen Liturgie feierten. Vermutlich war der Hintergrund aber komplexer.

Es war wohl der Schock, den das *Book of Common Prayer* verursachte, der all die Proteste in jenem Sommer auslöste, ob sie nun religiös begründet waren oder nicht. Die Rebellen in East Anglia waren sehr darum bemüht, ihre Treue zu bekunden. Wie alle Rebellen unter den Tudors hatten sie den großen Nachteil, dass in einer echten Monarchie, wie in einem Ein-Parteien-Staat, wirksame Opposition gegen die Herrschaft nur als Verrat ausgelegt werden konnte. Vielleicht dachten sie, man werde ihre sozialen und ökonomischen Beschwerden eher anhören, wenn sie nicht mit einem Protest gegen die wichtigste Politik der Regierung, den religiösen Wandel, verbunden wären. East Anglia war wahrlich noch keine Brutstätte des Protestantismus. In zwei oder drei Städten (wie Colchester, Ipswich und Norwich) gab es einflussreiche, wachsende protestantische Minderheiten, aber die Revolte war vor allem ländlich geprägt, und auf dem Land hatte der Protestantismus kaum Fortschritte gemacht. Die zumeist katholischen Sympathien der Region wurden wenige Jahre später deutlich, als 1553 Mary Tudor während der Thronfolgekrise von dort massive Unterstützung zuteil wurde.

Ketts Strategie war raffiniert, denn Somerset reagierte tatsächlich mit einer gewissen Sympathie für die Klagen und schien nicht mit harten Bandagen gegen die Rebellen aus East Anglia vorgehen zu wollen. Seine aristokratischen Kollegen jedoch waren weniger zimperlich; sie bangten um die Gewinne, die sie in den vergangenen Jahren gemacht hatten. Lord Russell führte eine Streitmacht aus deutschen und italienischen Söldnern gegen die Rebellen im Westen und machte im August Tausende von ihnen nieder. Ironischerweise waren die Söldner selbst katholisch, aber die Vorstellung, dass sie bei näherem Kontakt Verständnis für die Rebellen hätten zeigen können, ist ein wenig naiv. (Die Rebellen sahen bestimmt nicht wie vielversprechende Zahlmeister aus.) Ungefähr zur gleichen Zeit erteilte der Earl of Warwick den Rebellen in Norfolk eine ähnliche, wenn auch weniger blutige Lektion über die Tugend des Gehorsams. Der Sieg der Regierung war keine Überraschung. Ohne die Führung durch eine einflussreiche Persönlichkeit mussten Aufstände dieser Art scheitern. Es gab hier kaum eine Oberschicht oder einen höheren Adel, die wie bei der *Pilgrimage of Grace* die Führung hätten übernehmen können. In den beiden Regionen, die 1549 die schlimmsten Unruhen erlebten, waren die traditionellen Machtverhältnisse durch den Sturz ihrer bedeutendsten Dynastien zerstört worden. East Anglia war unter den Tudors von den Howards beherrscht worden, die 1546 gestürzt worden waren, und der Südwesten von den Courtenays, den Marquesses of Exeter, die 1538 dasselbe Schicksal erlitten hatten. Wären die traditionellen Führer vor Ort gewesen und loyal geblieben, hätte die Chance bestanden, die Revolte im Keim zu ersticken. Da aber Howard und Courtenay im Tower saßen, gab es niemanden, der die Aufständischen entweder hätte unterdrücken oder aber ihnen die Legitimität und Organisation hätte verleihen können, die sie zu einer echten Herausforderung der Regierung gemacht hätte.

DER STURZ SOMERSETS UND DER AUFSTIEG NORTHUMBERLANDS

Der Duke of Somerset, von den Ereignissen und seinen Kollegen überrollt, sah seine Macht unaufhaltsam schwinden. Nachdem die Unruhen erstickt waren, achtete Somerset zunächst nicht auf die Schachzüge Warwicks. Als er Anfang Oktober endlich davon Kenntnis nahm, versuchte er, sich an die Macht zu klammern, indem er den König unter seine Kontrolle brachte und einen Appell an das Volk drucken ließ, der es dazu aufrief, seinem König und dessen *Lord Protector* zu Hilfe zu eilen. Zunächst verschanzte er sich, auf das Schlimmste gefasst, in Hampton Court. Mit Ausnahme weniger, die zu ihm hielten, machten sich seine früheren Mitstreiter davon. So wich er in der Nacht vom 6. Oktober in das sicherere Windsor Castle aus. Doch der Landadel stellte sich nicht hinter ihn, wie er es in seiner Eitelkeit gedacht hatte, und so ließ ihm die wohlüberlegte Zurückhaltung des Kronrats unter Warwicks kluger Leitung keine andere Möglichkeit, als sich zu ergeben – wenn auch mit Garantien für seine Sicherheit, seinen Besitz und seine Ehre. Alsbald fand er sich im Tower wieder.

Viele glaubten, der Sturz Somersets werde zur Umkehrung der drastischen Maßnahmen der protestantischen Reformation der vorherigen zwei Jahre führen. Die religiös konservativen Politiker, die seit dem Sturz Wriothesleys 1547 an den Rand gedrängt worden waren, gingen jedenfalls davon aus. Wriothesley selbst erlebte ein politisches Comeback, als er 1549 wieder in den Kronrat zurückkehrte und sich zusammen mit dem Earl of Arundel und anderen an die Seite Warwicks stellte in der Annahme, die Wirren dieses Jahres und der Kollaps von Somersets Regime bedeuteten das Ende von Cranmers Reformation. Für kurze Zeit sah es so aus, als sei Wriothesley der kommende Mann. Es hieß, er logiere ganz in der Nähe des Königs und „jedermann suche ihn auf … und alles geschehe auf seinen Rat hin“. Doch die Umstände waren noch immer gegen die Konservativen, und ihre Hoffnungen mussten enttäuscht werden. Warwick selbst war zwar nicht gerade von evangelischem Eifer besessen, hatte aber schon seit Mitte der 1530er Jahre einige Sympathien für die

Reformation, vor allem wohl deshalb, weil sie die Plünderung der Kirche mit einem milden Schleier umgab. Nun überließ er seine neuen konservativen Freunde ihrem Schicksal, um rechtzeitig die Führung der Reformer zu übernehmen, als diese wiederum Somerset seinem Schicksal überließen. Der Fall Somersets war dem Fall Anne Boleyns 1536 merkwürdig ähnlich. Beide Male retteten geschickte Manöver die Sache der Reformation, doch um den Preis eines oder zweier Köpfe.

Wie bereits infolge von Henrys Tod war der (nun zweite) Ausschluss Wriothesleys aus dem Kronrat infolge von Somersets Sturz wiederum das Schlüsselmoment. Wir wissen nicht viel über Wriothesleys politischen Stil, aber es sieht so aus, als habe es ihm an Führungsqualitäten gemangelt. Einen Machtkampf zu verlieren kann als Missgeschick betrachtet werden; zwei Machtkämpfe zu verlieren sieht nach Missmanagement aus. Seine kurze Rückkehr in den Kronrat wurde dann auch noch durch Krankheit verkürzt, und im Februar 1550 fand er sich bereits wieder an den Rand gedrängt. Unter den Konservativen, die schon Henry VIII. gedient hatten, hatte nur Gardiner die Fähigkeit und den Ehrgeiz, eine Regierung zu führen. Er blieb im Gefängnis. Das Hauptziel der konservativen *Privy Councillors* im Winter 1550/51 war also, ihn frei zu bekommen. Als dies misslang, schwanden ihre Hoffnungen.

In der Zwischenzeit festigte Warwick seine Herrschaft über den König und seinen Zugriff auf die Macht, wofür er gerne auf entsprechende äußerliche Attribute verzichtete. Sein Regime unterschied sich in vielerlei Hinsicht von dem seines Vorgängers. Edward wurde nun ermutigt, sich mehr an politischen Diskussionen und Handlungen zu beteiligen. Warwick legte von Beginn an Wert darauf, dass der junge König ein Gefühl für seinen Status und sich selbst entwickelte. Die erste Angelegenheit, die Edward im Kronrat in eigener Verantwortung zur Sprache brachte, war das Schicksal seines gestürzten Onkels. Warwick ergriff die Initiative, indem er so tat, als unterwerfe er sich, und seine Kollegen darum bat, diesen ersten Wunsch des Königs zu respektieren. Somersets Leben wurde also erst einmal verschont, und im Februar 1550 wurde er aus dem Tower entlassen. Ab April saß er sogar wieder im Kronrat, und die Versöhnung zwischen ihm und Warwick wurde durch die Ehe zwischen Anne Seymour und Warwicks ältestem Sohn, Lord Lisle, besiegelt. Im darauf folgenden Jahr jedoch begann Warwick eine gnadenlose Verfolgung Somersets, die darin gipfelte, dass ihm im Dezember 1551 der Prozess wegen Hochverrats gemacht wurde. Er verteidigte sich zwar ebenso gut wie der Earl of Surrey fünf Jahre zuvor – doch ebenso erfolglos. Obwohl der Vorwurf des Verrats fallen gelassen wurde, befand man ihn dennoch dreier anderer Kapitalverbrechen für schuldig und verurteilte ihn zum Tode. Warwick, nun zum Duke of Northumberland aufgestiegen, tat so, als setze er sich für Somersets Leben ein, versah aber in Wahrheit Edward ständig mit falschen Informationen über den Prozess, um sicherzustellen, dass der König das Todesurteil unterzeichnete. Soweit wir wissen, wollte Edward, in dessen Wesen nichts Grausames zu erkennen war, das Leben seines Onkels retten, doch die Hinrichtung wurde ihm als unangenehme, wenn auch notwendige Pflicht präsentiert. Als Northumberland kaum zwei Jahre später kurz vor seiner eigenen Hinrichtung sein Gewissen erleichterte, musste er zugeben, die Anklagepunkte gegen Somerset gefälscht zu haben.

Durch dieses Eingeständnis machte sich Northumberland für die Nachwelt selbst zum Schurken, während Somerset, stets darauf bedacht, sein Handeln in das beste Licht zu rücken, der Nachwelt von sich das Bild eines milden Staatsmanns, der sich selbstlos dem allgemeinen Wohl gewidmet hatte, hinterließ. Erst jüngst haben Historiker diese Legenden in Frage gestellt. „Revisionistische" Historiker haben aus dem „guten Herzog" Somerset nicht nur einen Schurken, sondern, schlimmer noch, einen inkompetenten Schurken gemacht, während der „böse Herzog" Northumberland ins Gegenteil transformiert wurde. Aus diesem Prozess ging er nicht nur als ein kompetenter Administrator, sondern auch als ein talentierter Staatsmann hervor, als Meister einer Konsenspolitik und wirklich auf Reform bedacht. Die historische Reputation der beiden wurde also schlicht vertauscht. Tatsächlich aber sollten sich die Historiker von der Vorstellung verabschieden, dass die beiden sich sehr unterschieden hätten. Somerset war ein eigennütziger Emporkömmling, der sich auf Kosten des Königs und der Kirche sein Nest baute. Northumberland war mindestens so eigennützig wie Somerset, aber weniger heuchlerisch und deutlich fähiger. Wo Somersets Arroganz mächtige Interessensgruppen vor den Kopf stieß, konnten Northumberlands Fähigkeiten, Menschen zu gewinnen, für mehr Konsens bezüglich seiner Politik sorgen, die im Übrigen zum Großteil recht vernünftig und vorsichtig war. Per Saldo aber kontrollierte Northumberland den König und regierte das Königreich genauso wie Somerset.

Die Ereignisse der Jahre 1549 und 1550 ließen Northumberland verständlicherweise vor allem an die Sicherheit seiner Regierung denken, und viele seiner Maßnahmen zielten auf dessen Festigung. Die wichtigste davon war die Schaffung des Amtes des *Lord Lieutenant* in manchen Grafschaften (ein Amt, das im Wesentlichen als Ehrenamt bis heute überdauert hat), um die Lücken zu füllen, die während der Wirren des Jahres 1549 durch das Erlöschen der traditionellen regionalen Großdynastien oder zumindest durch das Schwinden ihres Einflusses verursacht worden waren. Wenn man von den kontroversen Themen wie der Thronfolge und der Religion absieht, waren Northumberlands politische Maßnahmen nicht so sehr politische Initiativen als vielmehr ein sich Abfinden mit dem Unvermeidlichen. Frieden mit Frankreich war das einzig Richtige, und Northumberland brachte für die Übergabe von Boulogne 1550 ein vernünftiges Abkommen zustande. Außerdem gab es angesichts leerer Kassen und eines wirtschaftlichen Abschwungs nichts Vernünftigeres, als zu versuchen, die Ausgaben zu begrenzen, die königlichen Finanzen ins Lot zu bringen und Maßnahmen gegen die katastrophale Münzverschlechterung zu ergreifen, mit der zunächst Henry VIII. und nach ihm Somerset den finanziellen Zusammenbruch infolge der Kriege der 1540er Jahre aufgeschoben hatten.

DIE REFORMATION GEHT WEITER

Das unaufhaltsame Fortschreiten der Reformation war durch die andauernde Schikanierung Stephen Gardiners im Jahre 1550 gekennzeichnet, die recht detailliert im Tagebuch des Königs aufgezeichnet wurde. Im Jahre 1549 hatte Gardiner versucht, sich den neuen Zeiten anzupassen, indem er eine Interpretation des *Book of Common Prayer* verfasste, die es ihm ermöglichte zu behaupten, es sei mit der traditionellen katholischen Lehre von der heiligen Messe vereinbar. Das hatte seinen ganzen Scharfsinn erfordert und war mitnichten das, was Cranmer beabsichtigt hatte. Daher ging man daran, die Schlupflöcher, die Gardiner geöffnet hatte, wieder zu schließen. Im Sommer wurde er aufgefordert, eine Reihe von Glaubenssätzen zu unterschreiben, die ihn eindeutig dem reformatorischen Programm verpflichtet hätten. Dies lehnte er ab, obwohl dies eine persönliche Weisung des Königs war. Dessen Tagebuch zeigt an dieser Stelle, dass der junge König der Religionsreform seine ganze persönliche Autorität verlieh: Er schrieb, der Bischof habe die Zustimmung zu den *Books of my proceedings* verweigert. Zuerst wurde Gardiner der Einkünfte aus seinem Bistum beraubt und dann, als er sich immer noch nicht beugte, langen rechtlichen Verfahren unterworfen, die im Dezember 1550 begannen und im Februar 1551, trotz all seines geschickten legalistischen

Taktierens, mit seiner Absetzung als Bischof von Winchester endeten. Aus dem Tower wurde er erst wieder unter Mary Tudor entlassen. Es war typisch für Northumberlands Kirchenpolitik, dass Gardiners Nachfolger in Winchester, der Protestant John Ponet, sich vorher damit einverstanden erklären musste, den gesamten Besitz der Diözese an den König (und anschließend an Northumberland und dessen Gefolgsleute) auszuhändigen und sich statt dessen mit einem Jahresgehalt von etwas über 1300 Pfund zu begnügen. Wüssten wir nicht, dass es sich um Reformatoren gehandelt hatte, könnte man glatt von Pfründenschacher sprechen.

Das Tempo der Reformation beschleunigte sich. Im Januar 1550 wies die Regierung die örtlichen Behörden von Staat und Kirche an, sämtliche alten katholischen liturgischen Bücher einzusammeln, um sie zu vernichten. Messbücher, Breviere, Gesangbücher, Hymnare, Antiphonarien, Graduale, Prozessionarien – zu Abertausenden wurden die Bände den Flammen übergeben. Dies war vermutlich die größte Bücherverbrennung und die Begleitmusik zum gewiss bedeutsamsten Fall von Vandalismus in der englischen Geschichte, denn derselbe Befehl, den „Götzendienst“ zu beseitigen, führte dazu, dass alle bildlichen Darstellungen religiöser Art systematisch vernichtet wurden. Die Durchführung des Religionswandels oblag hauptsächlich den Bischöfen und der kirchlichen Hierarchie, und da die natürliche Fluktuation in den höheren Rängen des Klerus nicht schnell genug Reformkräfte nachwachsen ließ, wurde das königliche Supremat nun aggressiv dafür eingesetzt, den Prozess zu beschleunigen. Konservative Bischöfe wie Day in Chichester folgten Gardiner und Bonner in den Zwangsruhestand und wurden durch verlässliche Protestanten wie Nicholas Ridley und John Scory ersetzt. Fanatische Bischöfe wie Cranmer in Canterbury und Ridley in London ordneten an, sämtliche Altäre aus den Kirchen zu entfernen. Im November 1550 erging an alle Bischöfe die Weisung, „die Altäre niederzureißen“, wie Edward sich ausdrückte. Der Altar, auf dem das Messopfer vollzogen wurde, war für die Protestanten der Inbegriff katholischen Götzendienstes. Da es nun aber keine Altäre mehr gab, gab es auch keinen Bedarf mehr an Altargeräten, Messgewändern und Ziergegenständen, die noch den alten Gottesdienst geschmückt hatten, und so befahl die Krone 1551 – teils als Ausdruck von *theological correctness,* mehr aber noch gedrängt durch finanzielle Nöte –, den restlichen beweglichen Besitz der Gemeindekirchen zugunsten der königlichen Schatulle zu verkaufen.

Das rapide Fortschreiten der Reformation erschöpfte sich nicht in der Umsetzung eines einzelnen Programms, sondern war eine fortwährende

ALLEGORISCHE DARSTELLUNG DER TUDOR-THRONFOLGE:
HENRY VIII. UND SEINE FAMILIE

1520: HENRY VIII. GEHT AN BORD DER
HENRY GRÂCE À DIEU

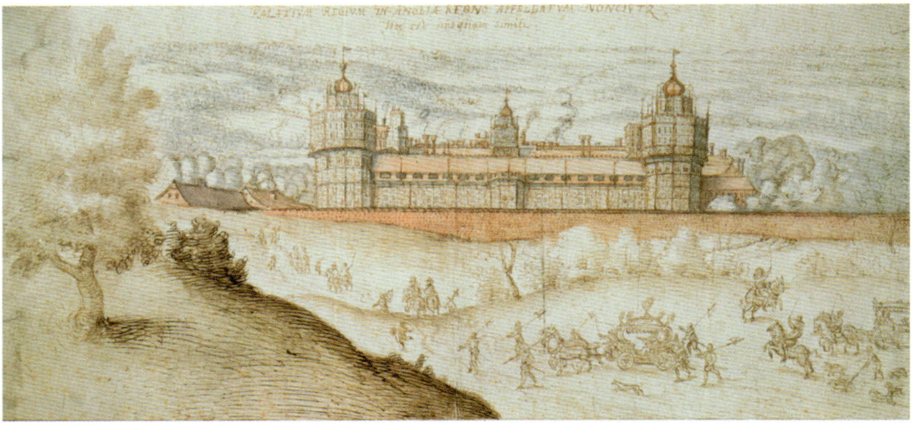

ELIZABETH I. ERREICHT MIT IHREM GEFOLGE
NONESUCH PALACE

PALASTGESELLSCHAFT BEI MUSIK UND TANZ

DAS VORMUNDSCHAFTSGERICHT TAGT UNTER
LORD BURGHLEYS VORSITZ

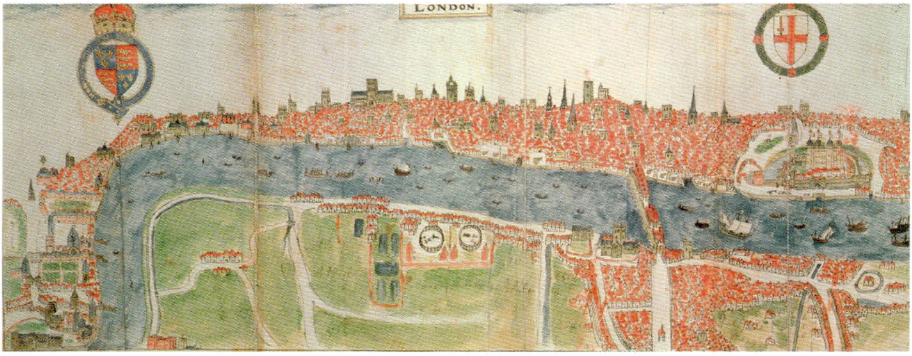

STADTPLAN VON LONDON AUS DEM JAHRE 1588:
DIE THEMSE UND LONDON-BRIDGE

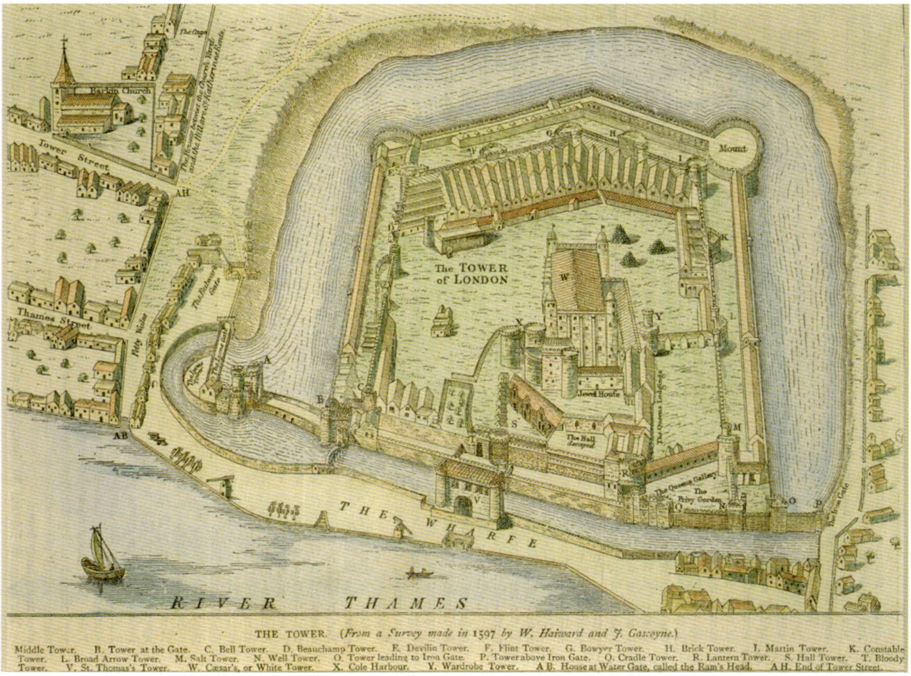

DER TOWER VON LONDON IM JAHRE 1597

Revolution. Cranmers eigene Theologie entwickelte sich ständig weiter und war wohl schon über das erste *Book of Common Prayer* hinausgegangen, bevor es 1549 eingeführt wurde. Protestantische Theologen aus Europa, die nach England geflohen waren, standen ihm mit Rat und Tat zur Seite, als Cranmer eine noch radikalere Version der Liturgie erarbeitete, die er 1552 mit dem zweiten *Book of Common Prayer* veröffentlichte. Die strenge protestantische Haltung dieses Buches wurde in 42 Religionsartikeln noch weiter vertieft – Aussagen über Glauben und Gottesdienst, welche die offizielle Lehre von Cranmers Kirche von England wiedergaben. Cranmer war ein Mann von guter Gesundheit und hätte leicht noch weitere 15 Jahre leben können. Seine religiösen Ansichten hatten sich seit 1530 ständig weiterentwickelt, und es gibt keinen Grund zu glauben, dass er damit schon am Ende gewesen wäre. Die englischen Katholiken waren seit 1534 fast nur auf dem Rückzug gewesen und seit 1547 in die Enge getrieben und zum Schweigen gebracht worden. Einige verharrten ohnmächtig im Exil, andere schmachteten in englischen Kerkern, doch die meisten waren offensichtlich gelähmt und keines Gedankens an Widerstand mehr fähig. Ohne die kurzzeitige Rehabilitation der alten Religion unter Mary Tudor und die damit einhergehende Rückkehr der Exilanten, die Befreiung der Gefangenen und die Ermutigung der bis dahin schweigenden Mehrheit wäre der Katholizismus aus England ebenso vollständig verschwunden wie aus Zürich und Genf.

Die Aufzeichnungen aus den letzten Jahren der Herrschaft Edwards und vor allem sein politisches Tagebuch – das er bis zum Ausbruch seiner tödlichen Krankheit führte – zeigen, dass er langsam als eigenmächtiger politischer Akteur in Erscheinung trat. Seine Essays über politische Theorie und Praxis, die er auf Geheiß seiner Hauslehrer schrieb, zeigten durchaus Begabung, wenngleich man sie nicht nach Anzeichen von Originalität oder tieferem Verständnis und noch weniger nach Hinweisen darauf untersuchen sollte, wie sich das Königtum unter einem erwachsenen Edward entwickelt hätte. Vielmehr handelte es sich bei ihnen um humanistische und mehr pädagogische als politische Übungen. Aber sie zeigen doch, dass seine politische Erziehung von jenen, die sie überwachten, ernst genommen wurde. Sein politisches Tagebuch aus jener Zeit zeigt, dass er auch eigene Sorgen hatte, vor allem wegen der religiösen Sturheit seiner älteren Schwester Mary. Sein Tagebuch enthält viele Berichte über Diskussionen, die er mit ihr über ihre Weigerung, die Messe aufzugeben, und über die religiösen Kränkungen und die Sturheit ihrer Priester und Diener führte. Durch all diese Notizen schimmert jene Mischung aus dogmatischer Selbstgerechtigkeit und Unkenntnis humaner Werte und politischer Realitäten, die das besondere Vorrecht der Jugend ist. Der intolerante Eifer, für den seine Schwester später berüchtigt werden sollte, wird nur zu deutlich in Edwards Befürchtung, dass, wenn es ihm nicht gelänge, sie in ihrem eigenen Haus am Besuch der Messe zu hindern, er vor Gott selbst einst mit dem in Verbindung gebracht würde, was in seinen Augen Götzendienst war. „Sünde zulassen ist Sünde", notiert er aus einem Gespräch mit drei angesehenen Bischöfen, doch er notiert auch deren Zugeständnis, dass man sie durchaus eine gewisse Zeitlang dulden und ein Auge dabei zudrücken könne, bis sich das Ganze gelegt habe. Dieselbe jugendliche Unflexibilität zeigt auch seine Weigerung im Herbst 1552, der (katholischen) Taufe des Sohnes des spanischen Botschafters beizuwohnen. Um 1550 betrachtete er sich selbst als „einen treuen Diener Gottes", wie er seiner Schwester schrieb. In Anbetracht seiner jugendlichen Vitalität und seiner sichtlich ausgeprägten intellektuellen Fähigkeiten hätte Edward für den Fall, dass er das Mannesalter erreicht hätte, wahrscheinlich seinen theologischen Willen noch entschlossener durchgesetzt als seine Schwester Mary.

Edwards Tagebuch ist auch als Begründung dafür herangezogen worden, er sei weniger an Theologie, Glauben und dessen Ausübung interessiert gewesen, als dies Historiker für gewöhnlich angenommen haben, und seine Beschäftigung mit religiösen Fragen, die in dem Tagebuch zum Ausdruck kommt, habe in Wirklichkeit mehr der Frage politischer Loyalität gegolten. Was Edward im Hinblick auf Marys Widerstand wirklich zu schaffen gemacht habe, sei nicht die innere Bedeutung ihres Verhaltens gewesen, sondern ihre Weigerung, dem königlichen Willen zu gehorchen. Es stimmt, dass er ihr den Affront gegen seine Autorität übel nahm: „Es ist ein Skandal, dass eine so hochgestellte Persönlichkeit unsere Souveränität in Frage stellen sollte", schrieb er ihr 1551. Doch sein Appell an die Regeln des Gehorsams war ein Versuch, sie zu überlisten, indem er sie an eine Tugend erinnerte, die zu respektieren und zu achten sie selbst für sich beanspruchte, indem sie behauptete, dem Willen ihres Vaters zu gehorchen. Dennoch zeigt Edwards Furcht, Nachsicht gegenüber Mary zu üben könne dazu führen, der Sünde freien Lauf zu lassen, dass seine Beschäftigung mit diesen Fragen ebenso eine Sache des Gewissens wie der Politik war. Sein detaillierter Bericht über die Schikanierung und schließliche Entlassung Stephen Gardiners vermittelt einen ähnlichen Eindruck. Die Schilderung seines Erstaunens über die Weigerung Gardiners, einem direkten Befehl seines jungen und unerfahrenen Souveräns zu gehorchen, ist schon von fast rührender Naivität. Die Tudorsche Erwartung unbedingten Gehorsams erscheint hier in ihrer reinsten, weder durch Schwachheit des Geschlechts (wie bei seinen Schwestern) noch durch dynastische Unsicherheit (wie bei seinem Vater und Großvater) gemilderten Form. Dennoch ist Edward ganz offensichtlich besorgt über Gardiners Ungehorsam, sowohl unter religiösen als auch politischen Gesichtspunkten.

Es wäre ein großes Missverständnis, würde man bei Edward (und überhaupt in der Zeit der Tudors) Religion und Politik voneinander trennen. Edwards Sorge galt mehr als nur dem äußerlichen Gehorsam, mit dem seine Schwester Elizabeth zufrieden war. Das immer wiederkehrende Interesse an religiösen Fragen, das sein Tagebuch durchzieht, zeugt auch von einem tiefen, weit größeren religiösen Engagement als bei Elizabeth, wenn auch nicht einem größeren als bei Mary. Seine langen Ausführungen über Marys Ungehorsam zeigen nicht nur eine tyrannische (oder vielleicht auch bloß jugendliche) Erwartung unbedingten Gehorsams, sondern auch die Sorge um sein eigenes Seelenheil: Würde es ihn nicht vom „rechten Weg" abbringen, wenn er der politischen Forderung nach Freiheit für Marys Religionsausübung nachgäbe? Hier zeigt sich ein typischer Charakterzug der Tudors: Es bedurfte eines enormen Drucks, bis Edward der kaiserlichen Forderung nachkam, Mary unbehelligt in ihrem Haushalt die Messe feiern zu lassen.

Etliche Quellen verweisen darauf, dass Edward bei Predigten sehr genau zuhörte, eine Beobachtung, die durch einen späteren Hinweis auf ein (verloren gegangenes) Notizbuch Edwards, in dem er jede Predigt zusammenfasste, bestätigt wird. Schon 1550 vermerkte der spanische Botschafter, dass niemand bei Hofe sich bereitwilliger für die neuen Lehren einsetze als Edward selbst, und dass der König eifrig Predigten mitschreibe. Edward war den ausländischen Reformatoren, die in sein Königreich geflohen waren, besonders zugetan. Sie schenkten ihm begeistert ihre Bücher, die er ebenso begeistert las. Als einer von ihnen, Martin Bucer, 1551 starb, schrieb Edward in sein Tagebuch Passagen aus einem von John Cheke zu dessen Gedenken herausgegebenen Band ab. Auch sollte man nicht vergessen, dass Edward selbst ein Buch schrieb: eine kurze Abhandlung gegen die Autorität des Papstes. Dies ist bemerkenswert nicht nur, weil es auf Französisch verfasst war, sondern weil es auch zeigte, dass er die Liebhaberei seines Vaters für Theologie geerbt hatte. Seine eigenen Entwürfe für eine Revision der Statuten des *Order of the Garter* (Hosenbandorden) – angeregt wohl durch den Besuch einer

Ordensfeier am 23. April 1551 – resultierten aus seiner Beobachtung, dass diese Ritterversammlung noch immer einen katholischen Schutzheiligen anrief, noch dazu einen von zweifelhafter historischer Echtheit. Der Wahlspruch des Ordens sollte in die etwas sperrige Formel „Verteidigung des Glaubens, wie er vollständig enthalten ist in der Schrift" geändert und der heilige Georg mitsamt seinem Drachen aus dem Ordenswappen entfernt und durch einen Ritter mit Schwert und Bibel ersetzt werden: ein passendes Symbol für Edwards militanten Protestantismus.

Erlebte das Jahr 1552 neue Ausmaße der Reformation, so markierte es auch den Anfang vom Ende. Im April wurde der junge König, der sich bis dahin einer guten, robusten Gesundheit erfreut hatte, schwer krank. Es seien die Masern und die Pocken, sagten ihm seine Ärzte (eine unwahrscheinliche Kombination, doch was auch immer es war, er war danach sehr geschwächt). Nachdem er sich ein wenig erholt hatte, wurde er im Sommer 1552 auf einen Umritt durch die südlichen Grafschaften mitgenommen, zum Teil wohl auch zu seiner weiteren Genesung. Das persönliche Erscheinen eines Königs war ein traditionelles mittelalterliches Mittel, um Gegnern Angst und Respekt und treuen Anhängern noch mehr Treue einzuflößen. Sowohl Henry VII. als auch Henry VIII. hatten es nützlich gefunden, sich auf diese Weise ihrem Volk zu zeigen. In Edwards Fall war dieser Umritt auch Teil der politischen Erziehung durch seine Minister – eine Aufgabe, die Northumberland ernster nahm als Somerset vor ihm, vielleicht weil er bemerkt hatte, wie wichtig es war, einen jungen Mann zu präsentieren statt nur ein Kind. Es sagt viel über Northumberlands Vertrauen in seine Position und sein Verhältnis zu dem jungen König, dass er keine Notwendigkeit sah, Edward auf dem Umritt zu begleiten. Edward, nunmehr befreit von der Bevormundung durch Northumberland, konnte einige seiner wichtigeren Adligen in deren Hause treffen und einige der größeren Städte seines Königreichs wie Southampton und Portsmouth besuchen. Der königliche Umritt vermittelte Edward und seinen Untertanen, dass er ihr König war, und bekräftigte die allgemein verkündete Botschaft, dass die königliche Autorität auch in Zeiten der Minderjährigkeit Realität war. Dies war von vitalem Interesse, da es darum ging, die Legitimität der umstrittensten Politik seiner Herrschaft darzustellen, der protestantischen Reformation, die sich nun ihrem Höhepunkt näherte. Allerdings kam der Umritt nach Edwards Erkrankung wohl zu früh – er war nach diesen Wochen voller Aktivitäten sichtlich erschöpft – und musste im September vorzeitig abgebrochen werden. Bald nach seiner Rückkehr nach London hören die Eintragungen in seinem politischen Tagebuch auf, und im Februar 1553 wurde er erneut schwer krank, ohne sich je wieder zu erholen.

Edwards zunehmende politische Reife gegen Ende seiner Herrschaft kann nicht wirklich bestritten werden. Doch sollte man keine voreiligen Schlüsse daraus ziehen. Die Regierungsinitiative lag immer noch fest in den Händen Northumberlands. In Zeiten einer immer noch persönlich ausgeübten Monarchie konnte von voller politischer Reife des Königs nicht die Rede sein, bevor dieser nicht gezeigt hatte, aus welchem Holz er geschnitzt war, indem er sich der Dienste seines Novizenmeisters entledigte. Northumberland war für Edward, was Mazarin für Louis XIV. sein sollte, und dass Edward der politischen Abhängigkeit und Aufsicht entwachsen war, hätte seinem Volk nur deutlich werden können durch seine Emanzipation. Davon aber war nichts zu sehen, als er starb.

DIE THRONFOLGEKRISE

Im Gegenteil: Während der letzten Krise seiner Herrschaft war er immer noch völlig von Northumberland abhängig, obwohl er sich nun mehr denn je in den politischen Prozess einbrachte. Diese letzte Krise betraf die Thronfolge, als deutlich wurde, dass Edward im Sterben lag und seine Schwester Mary wahrscheinlich den ihr zustehenden Platz als Königin einnehmen würde.

Wenn Mary Tudors Mut unter dem Druck der vorangegangenen vier Jahre eines gezeigt hatte, dann dies, dass die englische Reformation unter ihr nicht sicher sein würde. Und wo es keinen Platz für den Protestantismus gab, würde es auch keinen Platz für Northumberland geben. Da er durch die Thronbesteigung Marys am meisten zu verlieren hatte, überrascht es nicht, dass er auch am meisten tat, um sie zu verhindern. Indem er die religiösen Ängste und Verpflichtungen des sterbenden Edward ins Spiel brachte und dafür sorgte, dass weder Mary noch Elizabeth Zugang zu ihm hatten, brachte er ihn dazu, Änderungen an Henrys VIII. Testament und Gesetzen zu erwägen. Die religiöse Frage, auch wenn sie politisch zentral war, bot keine Grundlage, um die traditionelle Erbfolge und König Henrys Testament in Frage zu stellen. Aber Marys formaljuristische Unehelichkeit war eine deutlich mächtigere Waffe. Nach dem *Common Law* konnten uneheliche Kinder nicht erben, und von daher war es leicht, sich für Marys Ausschluss auszusprechen.

Northumberland störte es wenig, dass dies bei genauerer Betrachtung auch für Prinzessin Elizabeth galt, denn mochte unter ihr der Protestantismus auch sicher sein, seine eigene Karriere wäre dennoch beendet gewesen. Niemals hätte er Elizabeth so beeinflussen können wie den jungen König Edward. Die Stuarts, die von Henrys VIII. älterer Schwester abstammten, waren von der Thronfolge im *Act of Succession* von 1544 ausgeschlossen worden, also blieb nur noch Jane Grey. Jane war die älteste Enkelin von Henrys jüngerer Schwester Mary, Königin von Frankreich und Duchess of Suffolk. Sie war zuvor bereits Northumberlands ältestem in Frage kommenden Sohn Guildford versprochen worden, einem Jungen, der ungefähr so alt war wie Edward (der übrigens auch schon mit Jane in Verbindung gebracht worden war), und am 21. Mai 1553 fand die Hochzeit statt.

Man sollte nicht davon ausgehen, dass der Versuch, die Thronfolgeregelung auszuhebeln, ausschließlich ein Anliegen Northumberlands gewesen wäre, der seinen Willen dem König aufgedrückt hätte. Northumberland erfreute sich bei allem, was er unternahm, der vollen Unterstützung Edwards. Dies war wohl einer jener Fälle, wie ein französischer Botschafter einmal bemerkte, bei denen Edward die Wünsche Northumberlands vorwegnahm, um ihn noch mehr zu erfreuen. Die Überzeugung, dass der bloße Wille des Königs, ausgedrückt in *Letters patent*, schwerer wiege als ein eindeutiges Gesetz des Parlaments, gemahnt stark an jene Königsherrschaftsdoktrin, die man dem Knaben eingeflößt hatte. Diese letzte und im Ergebnis gescheiterte Aktion seiner Herrschaft war so sehr sein Werk wie kein anderes vor ihm. Es ist unwahrscheinlich, dass es Northumberland nur aufgrund eigener Machenschaften gelang, seinen Kollegen und potentiellen Rivalen die Zustimmung zu einer Regelung abzuverlangen, die ihm so viele Vorteile verschaffen würde, selbst wenn der protestantische Glaube in Gefahr war. Vielmehr war es der manifeste und ausdrückliche Wunsch des sterbenden Königs, der die Mitglieder seines Kronrats und seine Kronbeamten veranlasste, diesem Vorgehen zuzustimmen.

Vor allem die Anwälte der Krone waren es, die sich sträubten, als es um die Umsetzung der Befehle des Königs und um die Urkunden ging, die seinem Willen Ausdruck verleihen sollten. Der oberste Richter, *Lord Chief Justice*, Sir Edward Montague, wies darauf hin, dass das vorgeschlagene Verfahren rechtlich nicht nur nicht durchsetzbar sei (*Letters patent* konnten Gesetze nicht aufheben), sondern dass sich alle daran Beteiligten im Sinne von Henrys *Act of Succession* des Verrats schuldig machen würden. Doch wie auch immer, ein persönliches Gespräch mit Edward am 15. Juni im Beisein Northumberlands und seiner Anhänger bewog ihn schließlich dazu, wider besseres Wissen dem Wunsch des Königs zu folgen. Angesichts des ausdrücklichen Befehls seines Souveräns hatte er keine andere Wahl. Eine gewisse Rechtfertigung konnte er zumindest darin finden, dass der König versprach, das Vorgehen im Nachhinein im Parlament absegnen zu lassen, wie es das *Common Law* vorsah, wenn der König von seinem Recht Gebrauch gemacht hatte, per Proklamation Gesetze zu erlassen für den Fall, dass das Parlament nicht tagte. Montagues Unterwerfung befreite auch andere von ihren Skrupeln. Cranmer zum Beispiel hatte gezögert, sich an dem Vorgehen zu beteiligen, da er zuvor geschworen hatte, Marys Thronfolge nach Edward aufrecht zu erhalten, und sich keines Meineides schuldig machen wollte. Doch die Kapitulation der Richter verlieh ihm die Möglichkeit, sein Gewissen zu freizusprechen, und so wusch er, wie so oft in seinem Leben, einen Eid mit einem anderen weg.

Die *Letters patent*, die Urkunden, die Edwards Willen bekunden sollten, wurden also von Montague und seinen Kollegen erstellt und auf den 21. Juni 1553 datiert. Sie versuchten Henrys VIII. letzten *Act of Succession* von 1544 zu unterlaufen, indem sie „verschiedene Gesetze, die uneingeschränkt in Kraft sind", geltend machten, die die Unehelichkeit der Schwestern Edwards bestätigten. Die gesetzlichen Rechte Marys und Elizabeths wurden daher beiseite gewischt mit der Begründung, da sie „illegitim und ungesetzlich gezeugt" seien, seien sie „in allen Hinsichten und Absichten … gänzlich daran gehindert, besagte kaiserliche Krone [des Königreichs England] zu erbitten, zu beanspruchen oder zu fordern". Gewarnt wurde auch vor einer Heirat der beiden mit einem „Fremden, der außerhalb dieses Königreiches geboren" sei, da dieser die Gebräuche und Gesetze seines Heimatlandes in das Königreich mitbringen könnte, die zu einer völligen Unterwanderung des Gemeinwohls führten.

In der Zwischenzeit tat Northumberland sein Bestes, um mehr Unterstützung für diesen Coup zu gewinnen. Die Vergabe von Ländereien und Ämtern überzeugte so manche Schlüsselfigur, und die *Letters patent* wurden bei Hofe und in der Londoner Oberschicht zur Unterzeichnung herumgereicht. Für den Fall, dass militärische Hilfe benötigt wurde, wandte man sich vorsorglich an den französischen Botschafter. Da eine Thronbesteigung durch Mary England zurück in das Lager der Habsburger führen würde, ließ die französische Unterstützung nicht lange auf sich warten.

Wie es nun schon Tradition zu werden begann, wurde der Tod des Tudorkönigs am 6. Juli 1553 von den herrschenden Kreisen erst einmal geheim gehalten, um in der Zeit des Übergangs ihren Griff nach der Macht zu verstärken. Diesmal aber ging der Schuss nach hinten los. Das Verzögern der Proklamation von Jane als Edwards Erbin gab Mary die Gelegenheit, von ihren fürstlichen Besitzungen in East Anglia aus ihren eigenen Anspruch geltend zu machen. Innerhalb von vierzehn Tagen war Edwards Projekt gescheitert und Mary auf dem Thron. Von nun an sollte die Geschichte für ein paar Jahre anders verlaufen, auch wenn sich Marys Rekatholisierung als ebenso kurzlebig erweisen sollte wie Edwards Experiment. Die sogenannten neun Tage der Königin Jane waren nicht nur keine Königsherrschaft, sondern das bloße Scheitern eines Coups, der im Übrigen hätte Erfolg haben können, wenn Mary in die Hände ihrer Feinde gefallen wäre. Jane selbst spielte bei den Ereignissen um sie herum keine eigene Rolle.

Hätte Edward überlebt, wäre die Geschichte Englands und Europas entschieden anders verlaufen. Obwohl Mary Tudor, wie manch andere, die ebenso betont katholisch waren wie sie, sich einredete, die protestantische Reformation sei wenig mehr als die eigennützige Verschwörung einer Hofclique, und Edward hätte sie, sobald er mündig geworden wäre, verworfen, irrte sie sich sehr. Sicher ist etwas Wahres daran, dass die protestantische Reformation in England die eigennützige Verschwörung einer Hofclique war – selbst engagierte Protestanten wie Hugh Latimer und Thomas Lever äußerten sich in diesem Sinne in ihren Predigten bei Hofe! –, aber sie war noch viel, viel mehr. Sie war von Beginn an eine evangelische religiöse Bewegung, die einen neuen Himmel und eine neue Erde eröffnete und ihre Anhänger für ein tugendhaftes Leben und einen heldenhaften Tod zu begeistern vermochte. Es war nicht so, wie Mary erfahren sollte, dass die Beseitigung der Hofclique und der Entzug der königlichen Unterstützung genügten, um den Protestantismus dahinschmelzen zu lassen wie Schnee an der Sonne. Noch wichtiger war, dass der Protestantismus wirklich Edwards Religion war, die er als Erwachsener niemals aufgegeben hätte. Hätte der junge Eiferer dereinst die Kontrolle seiner Regierung übernommen, hätte er aller Wahrscheinlichkeit nach die protestantische Politik Somersets und Northumberlands zur Basis seiner eigenen gemacht. Cranmer, Somerset und Northumberland hatten ihn zum Verfechter des europäischen Protestantismus aufgebaut, zu einer Art evangelischem Kreuzfahrer. Selbst wenn er nur ein mittleres Alter erreicht hätte wie sein Vater und sein

Großvater – rund 50 Jahre hätte er England bis in die 1580er Jahre regieren können.

Ein gefestigtes protestantisches England unter einem kraftvollen Tudorkönig hätte das religiöse und politische Chaos in Frankreich und in den Niederlanden im späten 16. Jahrhundert voll für seine Zwecke ausnutzen können. Natürlich hätte es selbst unter einem kraftvollen und erwachsenen König die Vormachtstellung Spaniens unter Philipp II. nicht wirklich bedrohen können. Aber es hätte das Gleichgewicht der Kräfte verschieben und vielleicht Spaniens Einfluss bis an die Pyrenäen zurückdrängen können, und es hätte den Protestantismus in Nordeuropa als dominierende Konfession etabliert. Unter Englands politischer Führung und mit der vollen königlichen Unterstützung für die internationale Vision Thomas Cranmers, der unter diesen Umständen der wahre Patriarch des europäischen Protestantismus hätte werden können, wäre möglicherweise auch die Geschichte des Protestantismus ganz anders verlaufen: im Norden hätte ein stabiler kirchlicher Block dem Katholizismus im Süden und der orthodoxen Kirche im Osten gegenüber gestanden. Was England selbst angeht, hätten dreißig Jahre unter einem so fanatisch veranlagten König wie Edward zu einem ebenso öden und grauen Protestantismus geführt wie in Schottland oder der Schweiz. „Merry England" wäre noch vollständiger und rascher an sein Ende gelangt. Es hätte keinen Kuchen und kein Bier, keinen Shakespeare, keine anglikanische Choraltradition gegeben … Die Zukunft Englands wäre, um erst später geprägte Begriffe vorwegzunehmen, nicht „anglikanisch", sondern „puritanisch" geworden. Aber dazu kam es nicht, denn Mary Tudor bestieg den Thron und rettete damit nicht nur den englischen Katholizismus, sondern auch vieles von dem, was später Teil des Anglikanismus werden sollte, ohne das wir uns die englische Geschichte nur schwer vorstellen können.

MARY TUDOR

MARY TUDOR

EINE ÜBERRASCHENDE THRONBESTEIGUNG

Das Merkwürdigste an Marys Herrschaft ist, dass es sie ähnlich der ihres Großvaters überhaupt gegeben hat. Hundert Jahre zuvor war es nahezu unvorstellbar, dass eine Frau den englischen Thron besteigt. Sir John Fortescue, der einflussreichste Verfassungstheoretiker im England des 15. Jahrhunderts, hatte rundheraus bestritten, dass eine Frau die Krone tragen könne. Und ihr Geschlecht war noch nicht einmal Marys einziges Hindernis. Sie war unvorbereitet und unverheiratet, für unehelich erklärt und von der Thronfolge 1534 ausgeschlossen, dann 1544 wieder in sie aufgenommen worden, doch ohne Rücknahme der Erklärung ihrer Illegitimität. Zudem war sie eine überzeugte Katholikin, die um 1553 fast allein gegen die protestantische Politik des Regimes stand. Es sah also ganz so aus, als sei Mary um ihre Rechte gebracht worden, als der Duke of Northumberland seinen Sohn, Guildford Dudley, mit Lady Jane Grey verheiratete und Edward VI. Jane wegen ihrer Abstammung von Henry VII. die Krone zubilligte. Dass Northumberland eine Frau ins Spiel brachte, um die Thronfolge einer anderen Frau zu verhindern, zeigt nicht nur, dass es an männlichen Kandidaten fehlte, sondern auch, wie sehr sich die Zeiten geändert hatten. Wie Mary diese Hindernisse überwand – eine echte Renaissancegeschichte vom Sieg der Tugend über das Schicksal –, ist die romantischste und anrührendste Episode dieser Herrschaft, die sonst eher als trist und freudlos gilt.

Als Edward im Sterben lag, rief der Kronrat Mary nach London, die sich aber klugerweise in die andere Richtung aufmachte, nach Kenninghall in Norfolk. Dies rettete ihr sicherlich den Thron und vermutlich auch das Leben. Wäre sie in Northumberlands Gewalt gewesen, hätte ihn nichts mehr aufhalten können. Als Edward dann starb, am 6. Juli, blieb sein Tod ein nicht ganz so wohl gehütetes Geheimnis wie der seines Vaters und Großvaters. In dem Moment, in dem – im Interesse von

Northumberlands Coup – Geheimhaltung das Wichtigste war, sickerte die Nachricht vom Tod des Königs fast sofort durch – ein Zeichen dafür, dass der Regierungsapparat um den Herzog sich keineswegs einig war über seine unmittelbare Machtergreifung.

So erhielt Mary am 8. Juli in Kenninghall die Todesnachricht. Übersandt hatte sie Sir Nicholas Throckmorton, ein *Gentleman* und Mitglied des Kronrates, der ganz auf Seiten der Protestanten stand, sodass Mary befürchtete, die Nachricht könne eine Falle sein. Doch am 9. Juli, als der Tod des Königs bestätigt wurde, rief sie sich selbst zur Königin aus und war damit schneller als Northumberland, der Lady Jane Grey erst einen Tag später zur Königin ausrufen ließ. Mary sandte sofort einen herrischen Brief an den Kronrat in London, in dem sie ihn aufforderte, ihren Anspruch zu unterstützen. Auch rief sie den Landadel East Anglias zu sich, der so schnell reagierte, dass man annehmen kann, es habe in den Wochen zuvor schon Vorbereitungen gegeben oder zumindest einen gewissen Weitblick. Sie gewann nicht nur die Unterstützung der *Gentlemen* ihres eigenen Hofs wie Robert Rochester, Henry Jerningham und Edward Waldegrave, sondern auch die einiger der wohlhabendsten und einflussreichsten Ritter Norfolks, nicht nur von Hinterwäldlern wie Sir Henry Bedingfield, sondern auch von Sir Richard Southwell, einem alten Grafschaftsverwalter und vertrauten Diener Henrys VIII. – einer jener soliden Gestalten, die nicht nur Erfahrung und Glaubwürdigkeit, sondern auch handfestere Mittel ins Lager der Königin brachten.

Marys Brief erreichte den Kronrat in London am 11. Juli und sorgte in Northumberlands Lager für einige Verwirrung. Mary zog am nächsten Tag nach Suffolk in die eindrucksvolle Burg von Framlingham, wo sich ihr erst Hunderte und dann Tausende von Männern anschlossen. Jane war inzwischen in Ipswich zur Königin ausgerufen worden, aber Marys Ankunft und die wachsende Unterstützung ihrer Sache in der Bevölkerung ließen Sir Thomas Cornwallis, Sheriff von Norfolk und Suffolk, eine weitere Schlüsselfigur, seine Meinung ändern. Auch wenn die ersten Schritte im Namen Marys von Katholiken unternommen worden waren, kam der Zug, den sie in Bewegung gesetzt hatten, so sehr in Fahrt, dass die protestantischen Führer in der Region kaum anders konnten, als aufzuspringen.

Thomas, Lord Wentworth, der die protestantische Reformation in Ost-Suffolk seit den 1530er Jahren angeführt hatte, unterstützte sie nun ebenfalls, vielleicht aus Treue zum Andenken Henrys VIII., der ihn zu dem gemacht hatte, was er war. Der Hochadel und der Landadel folgten

Marys Ruf, und Northumberland und der Kronrat in London gerieten langsam in Panik. Northumberland hob Truppen gegen sie aus in der Hoffnung, Lady Janes Vater, der Duke of Suffolk, werde sie anführen. Aber obwohl seine Anhänger noch voll hinter ihm standen, taten sie dennoch alles, um genau dort zu bleiben – in sicherer Entfernung. Northumberland musste das Kommando selbst übernehmen und führte die Truppen am 14. Juli nach Norden. In der Zwischenzeit wirkten die in Marys Namen versandten Aufrufe und Briefe magischer als die in Janes Namen verschickten, und die ganze Nation stellte sich auf Marys Seite. Das Themse-Tal, die Midlands, der Westen und der Norden erhoben sich für ihre Sache. Es waren immer noch katholische Familien, die die Führung übernahmen und für sie Truppen aushoben: Edward, Lord Windsor, in Buckinghamshire, Henry, Lord Abergavenny, in Kent und Sir Thomas Tresham in Northamptonshire.

Andere hielten sich zurück. Prinzessin Elizabeth, die durch Northumberlands Coup ebenso viel zu verlieren hatte wie Mary, sammelte in Hatfield eine solide Truppe aus eigenen Klienten um sich. Sie wartete ab und eilte weder Jane noch ihrer Schwester zu Hilfe. Einige örtliche Hochadlige wie Lord Rich und der Earl of Oxford in Essex gingen ebenfalls auf Nummer sicher. Aber diese Zögerlichkeit gereichte Mary zum Vorteil. Je länger die Angelegenheit unentschieden blieb, desto mehr sah Janes Sache wie der überbordende Ehrgeiz eines eigennützigen Emporkömmlings aus. Während die überzeugten Protestanten, Northumberlands hauptsächliche Anhängerschaft, im Blick auf die konkurrierenden Ansprüche religiöser und dynastischer Legitimität unsicher und gespalten waren, standen die überzeugten Katholiken vorbehaltlos hinter Mary mit der festen Überzeugung derer, die in den Ereignissen die göttliche Rechtfertigung ihrer Sache sehen. Bürgerkriege werden meistens zwischen Minderheiten ausgefochten, und Marys Minderheit war nicht nur geschlossener, sondern auch entschlossener.

Die letzte Runde war schnell vorbei. Norfolk plünderte Sawston Hall, wo Mary sich während ihrer Flucht nach Norfolk aufgehalten hatte, und zog dann nach Cambridge, wo ihm der Vizekanzler Dr. Edwin Sandys törichterweise die Unterstützung der Universität zusicherte. Am Montag, dem 17. Juli, rückte er kühn nach Suffolk vor, Marys Kernland, und erreichte Bury St. Edmunds. Am Dienstag aber verlor er überall Truppen und kehrte nach Cambridge zurück, vertrieben vom bloßen Gerücht über Marys riesige Heerscharen, wobei es keinen besonderen Grund gibt, die behauptete Zahl von 30 000 zu bezweifeln. In der Zwischenzeit hatten im fernen London Nachrichten aus anderen Regionen Englands die Runde gemacht, woraufhin die verbliebenen Mitglieder des Kronrats die Pferde wechselten. Der Duke of Suffolk informierte seine Tochter Jane am 19. Juli und rief Mary auf dem Tower Hill zur Königin aus. Die Londoner waren außer sich vor Freude – nicht nur aus Treue zu Mary, sondern auch wohl deshalb, weil man einem militärischen Angriff entgangen war. Freudenfeuer wurden entzündet, die Glocken geläutet, und die Leute feierten auf den Straßen mit den traditionellen Symbolen jenes „merry England", welche die protestantische Reformation jetzt offensichtlich nicht mehr unterdrücken konnte.

Northumberland rief Mary derweil auf dem Marktplatz in Cambridge zur Königin aus, bevor er sich im Haus seines Freundes John Cheke verkroch, des ehemaligen Hauslehrers Edwards, der immer noch Vorsteher des King's College war. In einem der seltenen Momente der Zusammenarbeit zwischen Stadt und Universität umzingelte eine große Streitmacht unter Führung des Bürgermeisters Northumberlands Zufluchtsort und nahm ihn gefangen. Bald darauf befand er sich zusammen mit einem Großteil seiner Familie und dem glücklosen Dr. Sandys auf dem Weg in den Tower.

Mary begab sich in einem langsamen und prachtvollen Zug nach London, entließ ihre Truppen und nahm die pflichtschuldige Unterwerfung all derer entgegen, die nicht schnell genug gewesen waren, sie ihrer Loyalität schon vor Northumberlands schändlicher Kapitulation zu versichern. Elizabeth holte aus dieser schwierigen Situation heraus, was sie nur konnte, und stahl Mary mit ihrem eigenen Einmarsch am 29. Juli in London die Schau. Ihre 3000 Mann umfassten zwar nur ein Zehntel von Marys vorherigem Heer, aber deutlich mehr als das, was Northumberland hatte aufbieten können. Am 3. August schloss sie sich der Königin in einem großen Staatsauftritt an, worin die Menschen in ihrer Erleichterung, dem Schrecken eines Bürgerkriegs entgangen zu sein, gerne bereit waren, die Botschaft schwesterlicher Solidarität zu erkennen.

Natürlich gab es ein paar Hinrichtungen. Northumberland landete auf dem Schafott, zusammen mit einigen seiner engsten Verbündeten, obwohl er rechtzeitig zum Glauben seiner Vorväter zurückgekehrt war. Dennoch war, entgegen aller bisherigen Übung, Gnade die Regel. Selbst Jane Grey und ihr unglücklicher Gatte blieben verschont, zumindest bis jetzt.

Rasch wurden die Maßnahmen für Marys Krönung ergriffen, die ihren unblutigen Sieg besiegeln sollte. In Scharen strömte der Adel herbei, um seinen neuen Souverän zu begrüßen. Ein Dutzend adliger Familien wurde auf traditionelle Art geehrt, indem ihre jugendlichen Oberhäupter oder Erben zu *Knights of the Order of the Bath* geschlagen wurden. Stephen Gardiner, der im August bei Marys Eintreffen aus dem Tower entlassen worden war, zelebrierte den Ritus am Sonntag, dem 1. Oktober 1553, während der Duke of Norfolk und die Earls of Arundel, Derby, Devon, Shrewsbury, Surrey, Westmorland und Worcester die traditionellen zeremoniellen Aufgaben bei der Krönungsfeier übernahmen. In der Tat war es nach den Spannungen des Sommers eine Feier nationaler Versöhnung.

NUR EIN THEMA

Mary Tudor hatte nur ein politisches Ziel: die Rückführung der Kirche von England in ihren glanzvollen Zustand vor der Reformation. Ihre erste öffentliche Handlung nach ihrer Ankunft in London war die Ausgabe einer Proklamation, in der sie ihre Unfähigkeit aussprach, „jene Religion zu verbergen, zu der sie sich, wie Gott und die Welt wissen, seit ihrer Kindheit bekannt" habe, und ihre Untertanen ermutigte (der Zwang kam später), ihrem Beispiel zu folgen. Diese Politik war von einer einzigen politischen Haltung getragen: einem Konservatismus, der die alten Wege bevorzugte. Die Restauration des Katholizismus bedeutete in Wirklichkeit ein Zurückdrehen der Uhr. Dass jemand wie sie, deren Leben in ihrer frühen Jugend auseinander gerissen worden war, sich nach der Wiederherstellung des alten Zustands sehnte, ist nicht schwer zu begreifen. Selbst ihre Hochzeit ein Jahr später gab ihr Gelegenheit, diese alten Werte herauszustellen. Ihr Ehering, so ließ sie wissen, war „ein schlichter Goldreif, ohne Stein …, weil Jungfrauen in alten Zeiten so heirateten".

Mary war eine tief religiöse Frau, und niemand hat die Ernsthaftigkeit und Tiefe ihrer Überzeugungen, die ihre Zeitgenossen sehr gut kannten, bestritten. Dies lässt sich auch an den vielen religiösen Büchern ablesen, die Autoren und Übersetzer ihr widmeten. Sie machen den weitaus größeren Teil aller Bücher überhaupt aus, die ihr als Prinzessin oder als Königin zugeeignet wurden. Als Henry Parker, Lord Morley, diese übliche Praxis durchbrach und ihr die Übersetzung eines weltlichen Werkes überreichte, Ciceros *Somnium Scipionis*, merkte er, dass sie dies sehr überraschte, und rechtfertigte es mit der Begründung, Cicero sei zwar ein Heide gewesen, aber ein Mann von beispielhafter Tugend. Nun kann man eine Widmung nicht immer als Beleg für den Glauben oder die Interessen des Empfängers nehmen (Johannes Calvin zum Beispiel widmete seine *Institutio religionis Christianae* François I. von Frankreich, doch niemand würde daraus schließen, François sei Protestant gewesen!), doch wenn jemand überwiegend Geschenke einer bestimmten Art erhält, darf man annehmen, dass die, welche damit Freude machen oder die Aufmerksamkeit auf sich ziehen wollten, genau wussten, was gewünscht war und was nicht. Protestantische Autoren widmeten Mary erst gar keine Bücher.

In Marys Gedankenwelt gab es keinen Platz für Kompromisse. In ihrem Leben hatte es nur einen Kompromiss gegeben: als sie sich nach dem Tod ihrer Mutter gedemütigt hatte, um von ihrem Vater wieder akzeptiert zu werden – in ihren Augen sicher eher ein Verrat an sich selbst, ihrer Mutter und ihrem Glauben als ein Akt lobenswerter oder wenigstens verständlicher Überlebensstrategie. Doch auch als Königin blieb ihre Haltung ihrem Vater gegenüber, wie schon als Prinzessin, äußerst ambivalent. Sie beklagte oft, dass sie eine Frau war, und wünschte sich, so ehrfurchtgebietend wie ihr Vater zu sein, um ihre Minister ordentlich zurechtweisen und zu effizienterem und eifrigerem Tun bewegen zu können. Das Beste, was sie tun konnte, war, das Andenken an ihren Vater heraufzubeschwören. Trotz all der Hinrichtungen auf dem Scheiterhaufen während ihrer Herrschaft flößte sie ihren Untertanen nie so viel Angst ein, wie Henry es getan hatte.

Auch wenn sie das Supremat ihres Vaters auf Knien akzeptiert hatte, war sie gegenüber denen, die im Namen ihres Bruders Edward regierten, weit weniger unterwürfig. Sie hatte während dessen Herrschaft ständig gegen das Gesetz verstoßen, indem sie in ihrer Privatkapelle die Messe besuchte. Dabei verließ sie sich auf ihren Status als wahrscheinliche Erbin, mehr aber noch auf das außenpolitische Gewicht ihres Cousins, Kaiser Karls V., der gerade im Begriff schien, die überall aufbrandende politische Flut der Reformation in seinem Kernland, dem Heiligen Römischen Reich (dem heutigen Deutschland und Österreich), abzuwehren. Nicht dass ihre Position ihren Widerstand erleichtert hätte: Um sie von der Feier der Messe abzuhalten, wurde enormer Druck auf sie ausgeübt. Immer wieder wurde sie zu Gesprächen vor den Kronrat gerufen und auch zu Edward selbst, die sie ausführlich ermahnten. Abgesandte des Kronrats kamen in ihr Schloss in Havering, um ihre Hofgeistlichen zu verhaften (wobei ihnen, zu Marys Glück, einer entging, der dann für den Rest der Herrschaft weiter heimlich ihr Priester war). In manchen dieser Gespräche mit dem König und seinen Ratgebern erklärte Mary offen, dass sie eher für ihren Glauben sterben als die Messe aufgeben würde. In jener Zeit des Märtyrertums, als das Eintreten für religiöse Überzeugungen und die damit verbundenen Risiken bei vielen Menschen eine hohe Wertschätzung genoss, gab es keinen Grund, an der Ernsthaftigkeit ihrer Worte zu zweifeln. Niemand stellte ihren Mut in Frage, auch wenn manche ihn lieber etwas weniger günstig interpretierten. Cranmer zum Beispiel beschrieb sie 1536 als „die sturste Frau, die es je gegeben hat".

DIE WIEDEREINFÜHRUNG DER MESSE

Schon als Mary sich nach London begab, wurde ihre Religionspolitik, die kaum einer expliziten Formulierung bedurfte, mit Eifer, wenn auch illegal, von örtlichen Notabeln und Priestern im Lande umgesetzt. Robert Parkyn notierte in Yorkshire:

> „Inzwischen werden an vielen Orten des Königreiches Priester von katholischen Lords und Rittern angewiesen, die Messe in Lateinisch zu lesen, mit Konsekration und Elevation des Leibes und Blutes Christi in der Gestalt von Brot und Wein nach der richtigen Ordnung, wie es früher gehandhabt wurde."

Parkyns unbefangene Annahme, niedere Priester folgten der Leitung sozial Höhergestellter, sagt eine Menge über die Gründe des Erfolgs der englischen Reformation aus. Doch nicht alle waren so folgsam. In Adisham in Kent widersetzte sich John Bland, ein Zögling Cranmers und Cambridge-Absolvent, den Forderungen seiner Gemeindemitglieder nach der Messe und wurde im Gegenzug für seine Gesetzestreue körperlich bedroht. Mary zeigte nichts von jenem strengen Legalismus, der dann die Umkehrung ihrer Politik unter ihrer Nachfolgerin Elizabeth begleiten sollte. In der königlichen Kapelle wurde sofort wieder die Messe eingeführt; nur bei der spartanischen Trauerfeier für Edward wurde der englischsprachige Gottesdienst abgehalten. Innerhalb weniger Wochen gab sie einen Erlass heraus, der die gesetzlichen Strafen für die Feier und den Besuch der Messe aufhob, und als ihr erstes Parlament am 5. Oktober zusammentrat, stand die Aufhebung der Religionsgesetze Edwards VI. ganz oben auf der Tagesordnung. Sie stieß auf ungewöhnlich großen Widerstand im *House of Commons*. Ungefähr 80 Gegenstimmen wurden abgegeben, auch wenn die 270 Pro-Stimmen natürlich völlig ausreichten. Das *Book of Common Prayer,* das manche bei seinem ersten Erscheinen 1549 als „Weihnachtsspiel“ abgetan hatten, wurde rechtzeitig vor Weihnachten für ungesetzlich erklärt.

DIE SPANISCHE EHE

Wenn es etwas gibt, das die Kritik, mit der Marys Herrschaft normalerweise überhäuft wird, wirklich verdient, dann ist es ihre Heirat mit Philipp von Spanien. Sie war sowohl persönlich als auch politisch eine Katastrophe, wobei allerdings nicht ganz klar ist, ob Mary dies vielleicht erst am bitteren Ende (und es war ein bitteres!) realisierte, was für sich schon auf ihre persönliche und politische Schwäche schließen ließe. Das 16. Jahrhundert – wir sind in jüngster Zeit oft daran erinnert worden – war eine patriarchalische Zeit. Man erwartete, dass wohlhabende, hochwohlgeborene Frauen heirateten, und es gab keinen Grund für Mary, dieser Erwartung nicht zu entsprechen, zumal sie zu einer ganz besonderen Rolle im Leben erzogen worden war: zu einer Ehe mit einem ausländischen Fürsten.

Marys Ausbildung war, das versteht sich, umfassender gewesen als die der meisten Frauen ihrer Zeit. Ihre Mutter hatte einen führenden spanischen Gelehrten der Zeit, Juan Luis Vives, beauftragt, speziell für sie ein Ausbildungsprogramm zu entwerfen. Das Ergebnis war *The Education of a Christian Woman* (1524), das nicht nur die üblichen weiblichen Tätigkeiten wie Spinnen und Handarbeit umfasste, sondern auch die humanistisch-akademischen Fächer Grammatik und Rhetorik. Mary sollte bei ihren Studien auch nicht, wie noch ihre Urgroßmutter Lady Margaret Beaufort, über fehlende Lateinkenntnisse stolpern. Sie war in gewisser Hinsicht die erste der Tudor-Blaustrümpfe, zu denen auch ihre Schwester Elizabeth und ihre Cousine Jane Grey zählten, auch wenn sie an diese beiden nicht heranreichen konnte (Elizabeth las fließend Latein und Griechisch und übersetzte antike Literatur zu ihrem Vergnügen). Mary sprach Französisch, Spanisch und Latein und konnte dem Italienischen folgen. Sie konnte reiten und singen, und sie spielte Laute und Spinett. Natürlich war sie auf eine konventionelle Weise ungeheuer fromm. Auch wenn sie manches von Erasmus las und sogar übersetzte, gibt es keine Anzeichen dafür, dass sie für die Art der Kritik an der Kirche, für die er stand, Sympathien hegte.

Ihre Geduld in schwierigen Zeiten, die sie oft genug üben musste, ließe vermuten, sie sei gegen die permanente Untreue abgehärtet gewesen, die man von einem königlichen Gatten geradezu erwartete, und wäre ihr Leben glücklicher verlaufen, wäre sie vermutlich schon lange vorher die Mutter der Kinder eines Fürsten der Habsburger oder des Hauses Valois geworden; es wäre ein Leben gewesen, wie es Erasmus für sie in dem ebenfalls von ihrer Mutter in Auftrag gegebenen Traktat *Introduction to Christian Marriage* skizziert hatte. Doch die politischen Machenschaften während der Herrschaft ihres Vaters hatten ihr diese Gelegenheiten genommen. Nun aber, als sie sich den Thron gesichert hatte, schien es, als könnte der Verwirklichung dessen, was sie für ihre Bestimmung hielt, nämlich Mutter zu werden, nichts mehr entgegenstehen, es seien denn Alter und schlechte Gesundheit.

Man muss gewiss keine Ausflüge in die Unterwelt der Psychohistorie machen, um Vermutungen darüber anzustellen, ob die brutale Zurückweisung ihrer Person und ihrer Mutter durch Henry VIII. und die ungewohnte Härte eines Lebens, das sie in den frühen 1530er Jahren zusammen mit ihrer Mutter gleichsam unter Hausarrest führte, ihrer sexuellen Entwicklung und physischen Gesundheit geschadet hat. Als Mary sich einen Gatten suchen konnte, war sie bereits 37 Jahre alt. Dieses Alter gilt selbst heute als riskant für eine erste Schwangerschaft. Nach den Maßstäben des 16. Jahrhunderts war dies ein äußerst spätes Alter, und auch wenn den Frauen nicht unbekannt war, dass sie noch mit über 40 gebären konnten, sind in Marys Fall die medizinischen Hinweise darauf, dass sie überhaupt noch schwanger werden konnte, alles andere als eindeutig. Die unmittelbar vorhergehenden Fälle in der Familie boten eine schlechte Voraussetzung. Ihre Mutter hatte mehr Fehlgeburten als normale Geburten gehabt, die letzte 1518, als sie erst 32 Jahre alt war.

Bei der Wahl ihres Mannes war Mary in einem keineswegs beneidenswerten und noch nie da gewesenen Dilemma, denn ihr Gatte würde zwangsläufig König werden. Würde sie einen Engländer heiraten, egal wie adlig, wäre dieser ein Untertan, den man auf den Thron erheben würde und damit auf einen Rang, der höher als der ihre war. Heiratete sie aber einen Ausländer, würde sie einen Ausländer zum König machen. Beide Optionen waren nicht gerade ideal. Es war eine Sache, wenn ein König eine Untertanin zur Frau nahm. Dies störte die gesellschaftliche Ordnung nicht, auch wenn die politischen Implikationen für die Familie der Braut, wie wir unter Henry VIII. gesehen haben, immens sein konnten. Die Frau des Königs besaß keine Macht, allenfalls Einfluss. Ganz anders stand die Sache, wenn eine Königin einen Untertanen zum Gatten nahm, da dies mehr oder weniger ihre Macht in seine Hände legen würde. Auch dürfen wir nicht vergessen, dass es ein Affront gegen den Stolz der Tudors und das nationale Ansehen gewesen wäre, würde sie unter ihrer und des Königreichs Würde heiraten. Noch einmal: es war eine Sache, wenn ein König eine ausländische Fürstin zur Frau nahm, eine ganz andere dagegen, wenn eine Königin einen ausländischen Fürsten ehelichte. Ein Fürst, der im Ausland Thronfolger war (oder schon auf dem Thron saß), konnte die Interessen Englands denen seiner Dynastie einfach unterordnen, wohingegen für einen jüngeren Sohn die Ehe wohl die Gelegenheit war, die politischen Ziele zu erreichen, von denen ihn nur der winzige Zufall seiner Geburt abgehalten hatte.

Es überrascht daher kaum, dass Marys Kronrat über dieses neuartige Problem tief gespalten war. Der *Lord Chancellor*, Gardiner, bevorzugte die englische Lösung, William Paget eine Ehe mit einem ausländischen Fürsten. Der Disput erreichte im November 1553 auch das Parlament. Das *House of Commons* konnte den Gedanken an die ausländische Option nicht ertragen. Aber der Vorschlag der vom *Speaker* angeführten Delegation, sie möge einen Untertanen heiraten, erzürnte Mary so sehr, dass sie entgegen aller Konvention selbst darauf antwortete, anstatt den *Lord Chancellor* für sich sprechen zu lassen: Hochmütig wies sie darauf hin, dass königliche Heiraten eine Angelegenheit der königlichen Prärogative und nicht einer Parlamentsdebatte seien, und bezeichnete die Einmischung der *Commons* als Unverschämtheit. Da sie anschließend Gardiner zurechtwies, den sie nicht ganz ohne Grund verdächtigte, die Delegation zuvor informiert zu haben, war dieser Ausbruch vielleicht weniger spontan, als er gewirkt haben mag.

Unter den gegebenen Umständen war ein ausländischer Fürst einem englischen Adligen vermutlich vorzuziehen. Der einzige plausible einheimische Kandidat war nämlich der unerfahrene und unbeständige junge Edward Courtenay, Earl of Devon, der die meiste Zeit seines Lebens im Tower verbracht hatte. Schließlich brachte ein Ausländer quasi als Außenseiter zumindest ein neues Element in das System, anstatt lediglich einen Teil dieses Systems zu stärken, und ein Fürst königlichen Blutes stand notwendigerweise über den üblichen aristokratischen Rivalitäten, was einem einheimischen Adligen nicht gegeben war. Es ist schwer nachvollziehbar, warum Gardiner ausgerechnet jetzt, auf dem Höhepunkt seiner Macht unter Mary, die Sache Courtenays betrieb, obwohl die Königin eindeutig einen Ausländer vorzog.

Als es galt, diese allgemeinen Überlegungen in politisch Machbares umzusetzen, schien Philipp von Spanien, mit Ende Zwanzig bereits Witwer, eine ausgezeichnete Wahl. Die Ehe würde das traditionelle antifranzösische Bündnis zwischen England und den burgundischen und kastilischen Dynastien, die sich in seiner Person vereinten, besiegeln. Für sich genommen, fasste diese Heirat Marys ganze „Politik der guten alten Zeit“ zusammen, denn sie bedeutete die Rückkehr zu einem Bündnis, das England, einige Krisenmomente ausgenommen, seit der Zeit Henrys V. sehr genützt hatte. Marys eigene Sympathien lagen auch bei den Habsburgern, die sich während der 1530er und 1540er Jahre als ihre – manchmal einzigen – Freunde erwiesen hatten. Und schließlich würde Philipp bald so sehr mit seinen eigenen Herrschaftsgebieten beschäftigt sein, dass sein Einfluss auf die englische Politik weniger destabilisierend sein würde als der eines ausländischen Fürsten, der hier ernsthaft Fuß fassen wollte.

Als die Königin ihre Entscheidung gefällt und der Kronrat sie nur noch umzusetzen hatte, gab es trotzdem noch viel zu tun. Vor allem musste ein Ehevertrag aufgesetzt werden, der die englischen Interessen so weit wie möglich gegen eine Unterordnung unter die Interessen einer fremden Macht absicherte. Insoweit ein Vertrag das überhaupt leisten konnte, gelang dies hervorragend. Philipps Befugnisse als Prinzgemahl wurden stark begrenzt und sollten, falls keine Kinder da wären, mit dem Tod Marys enden. Aber man konnte Mary natürlich nicht daran hindern, dem politischen Ratschlag ihres Mannes zu folgen, wenn sie dies wollte. Alle gingen davon aus, dass er einen wertvollen Beitrag leisten werde, eben weil er ein Mann und daher nach den Vorstellungen der Zeit den Frauen von Natur aus überlegen war und weil Ehemänner rechtlich und moralisch gesehen die Autorität über ihre Frauen hatten.

WYATTS REBELLION

Die Petition der *Commons* gegen die spanische Heirat spiegelte die öffentliche Meinung zu dieser Frage ziemlich gut wider, und einige Feinde der Königin wollten dies ausnutzen. Ein kleiner Zirkel unzufriedener Aristokraten plante gleichzeitige Aufstände im Süden, aber ihre Pläne wurden bekannt, und so mussten sie früher handeln als geplant. Am 25. Januar 1554 wurde Sir Thomas Wyatt in Kent aktiv. Wie andere seiner Mitverschwörer war er Protestant, und zu seinen Zielen gehörte vermutlich nicht nur die Beendigung oder die Umkehrung von Marys Religionspolitik, sondern auch Marys Sturz. Die Beteiligung von Lady

Jane Greys Vater, des Duke of Suffolk, lässt dies zumindest vermuten. Aber Wyatts Ruf zu den Waffen galt dem Widerstand gegen die Heirat Marys mit Philipp von Spanien. Ein paar Tage später lagerte er mit einigen tausend Männern am Südufer der Themse, um in die City of London überzusetzen. Auch wenn seine Komplizen, der Duke of Suffolk in den Midlands und Sir Peter Carew in Devon, wenig Erfolg hatten – dass Wyatt vor Londons Toren stand, machte ihn zu einer echten Bedrohung. Als einige der Truppen Marys, die von dem altersschwachen Duke of Norfolk sehr ungeschickt geführt wurden, zu Wyatt überliefen, schien die Lage verzweifelt, und einige Berater Marys (auch Gardiner, dessen Palast in Southwark von den Rebellen verwüstet wurde) verloren die Nerven. Doch Mary war kein Feigling. Mit für die Tudors typischer Entschlossenheit rief sie am 1. Februar in der Guildhall die Bürger zum Widerstand auf:

> „Fasst euch als gute und treue Untertanen ein Herz und steht wie wahre Männer fest mit eurem rechtmäßigen Fürsten gegen diese Rebellen, die eure und unsere Feinde sind, und fürchtet sie nicht, denn ich versichere euch, dass ich sie ganz und gar nicht fürchte."

Ihr Auftritt bei dieser Gelegenheit gleicht ganz dem Elizabeths bei Tilbury 1588, angesichts einer noch unmittelbareren (wenn auch weniger überwältigenden) Gefahr. London Bridge wurde gehalten, und so musste es Wyatt erneut versuchen, an der nächsten Brücke in Kingston in Surrey. Als seine Männer von Westen her gegen London heranrückten, kam es bei Hofe noch einmal zu einer Panik, aber wieder ermunterte Marys Mut die Verzagten. Da die City Wyatts Appellen widerstand und die Truppen der Königin unter dem Earl of Pembroke und Lord Clinton sehr gut organisiert und motiviert waren, gelang es ihnen schließlich, Wyatt gefangen zu nehmen.

Das Scheitern von Wyatts Rebellion führte direkt zur Hinrichtung Jane Greys, die bisher verschont geblieben war. Die Entscheidung des Dukes of Suffolk, sich an die Seite Wyatts zu stellen, kostete nicht nur ihn selbst das Leben, sondern auch seine Tochter und seinen Schwiegersohn. Suffolk und sein Bruder wurden am 10. Februar in den Tower gebracht und Jane Grey und Guildford Dudley am Montag, dem 12. Februar, aufs Schafott geschickt, wenige Tage nach Wyatts Festnahme. Der französische Botschafter Noailles behauptete, im Gefolge der Rebellion Wyatts seien viele einfache oder unschuldige Menschen hingerichtet worden, doch darauf ist nicht unbedingt Verlass. Der Botschafter hatte alles getan, um Marys Thronbesteigung verhindern zu helfen, er neigte zu Übertreibungen, um sie zu diskreditieren, und suchte nach den stärksten Argumenten, um ihre Position zu schwächen. Möglicherweise haben Historiker den Berichten der Botschafter an Marys Hof zu viel Glauben geschenkt, seien es nun die feindseligen Noailles' oder die selbstgerecht und wichtigtuerisch optimistischen Renards, des spanischen Botschafters.

Für einige Wochen sah es außerdem so aus, als werde die Rebellion zur Hinrichtung Elizabeths führen. Einige Verschwörer hatten auf eine Heirat Elizabeths und Courtenays und deren Thronbesteigung gehofft. Kaum waren Wyatts Truppen zerstreut worden, wurde Elizabeth aufgefordert, nach London zu kommen. Nicht lange danach wurde sie von Whitehall in den Tower überführt, wo sie einer Reihe von Verhören unterzogen wurde. Renard und Gardiner forderten Mary auf, ihre Schwester hinrichten zu lassen. Elizabeth aber war sehr vorsichtig gewesen, als die Verschwörer versucht hatten, mit ihr in Kontakt zu treten, und man konnte ihr nicht das Geringste anhängen. Es blieb Wyatt selbst überlassen, den Schaden wieder gutzumachen. Verurteilt zum Schafott am 11. April, nachdem die Regierung alles aus ihm herausgepresst hatte, was sie nur konnte, nutzte er seine letzten Augenblicke, um Elizabeth zu entlasten. Die Schwierigkeit, ungeachtet dieser öffentlichen und offiziellen Bekundung von Elizabeths Unschuld königliches Blut zu vergießen, war ausgesprochen groß. Selbst wenn Wyatt gelogen hatte – und das mochte er getan haben: Aussagen auf dem Schafott, kurz bevor das Opfer seinem Schöpfer gegenübertreten würde, galten im Volk als fast so wahr wie das Evangelium. Man machte Elizabeth also nicht den Prozess, sondern ließ sie nach Woodstock bringen; dort sollte sie das nächste Jahr im Gewahrsam eines der „guten katholischen Männer" Marys verbringen, des drögen und pflichtbewussten Sir Henry Bedingfield, der einer der ersten war, die Mary in den finsteren Tagen des Juli 1553 unterstützt hatten.

Wyatts Rebellion konnte Mary nicht daran hindern, Philipp zu heiraten. Wie bei allen Tudors, machte auch sie diese Art von Opposition nur noch entschlossener. Philipp ging am 20. Juli 1554 in Southampton an Land, und seine Hochzeit mit Mary wurde am Tag des heiligen Jakob, dem 25. Juli, in Winchester gefeiert. Das passte gut, denn der heilige Jakob war der Schutzheilige Spaniens. Philipps niedrigerer Rang gegenüber Mary war vielleicht peinlich, aber sein Vater machte dies wieder wett, indem er ihm aus seinem reichen Schatz an Titeln das Königreich von

Neapel und das von Jerusalem übertrug. Philipp und Mary erfreuten sich daher eines der seltsamsten englischen königlichen Titel, die man je in englischen Staatsdokumenten gefunden hatte:

> „König und Königin von England, Frankreich, Neapel, Jerusalem und Irland, Verteidiger des Glaubens, Prinzen von Spanien und Sizilien, Erzherzöge von Österreich, Herzöge von Mailand, Burgund und Brabant, Grafen von Habsburg, Flandern und Tirol ..."

In heutigen Ohren klingt eine solche Häufung von Titeln absurd und leicht ironisch, doch damals war sie von großer politischer Bedeutung. Dieser Titel wurde bei der Hochzeit verkündet, anschließend gedruckt und an vielen Stellen ausgehängt. Fast jede zeitgenössische Chronik war sorgfältig bemüht, ihn exakt wiederzugeben, und er taucht während der Herrschaft Marys auffallend häufig in den öffentlichen Rechtsurkunden in seiner vollen Länge auf. Inmitten des von großen Hoffnungen erfüllten Jubels während der Hochzeit muss er wie die Einsetzung eines neuen Reiches oder gar der Anbruch eines neuen Zeitalters geklungen haben.

Philipps erste Begegnung mit Mary war so enttäuschend für ihn wie für sie erfreulich gewesen. Zweifellos hatte sie auf der persönlichen Ebene das bessere Geschäft gemacht. So wie es Henry VIII. mit Anna von Kleve erging, waren die Portraits, die Philipp von Mary gezeigt worden waren, wohl reichlich schmeichelhaft gewesen. Anders als sein Schwiegervater aber fügte er sich in seine ehelichen Pflichten, auch wenn ihm das kein Vergnügen bereitete. Er war Mary gegenüber aber ausgesprochen höflich, und es wurde schnell offenbar, dass zumindest Mary sehr verliebt war. In Philipps Gefolge wurde bald gemunkelt, Mary könne auch seine Mutter sein. Dies war nicht ganz fair (sie war elf Jahre, als Philipp 1527 geboren wurde), doch im Jahre 1521 war sie immerhin seinem Vater versprochen worden (das Verlöbnis wurde 1525 gelöst). Könige des 16. Jahrhunderts aber versprachen sich sowieso keine sexuelle Erfüllung von einer Ehe und suchten diese eher anderswo. Philipp war vermutlich kein gewohnheitsmäßiger Schürzenjäger. Allerdings war es kein Geheimnis, dass er von Marys hübscher junger Schwester Elizabeth recht angetan war, als er ihr das erste Mal begegnete. Der Heiratsantrag, den er ihr nach Marys Tod machte, mag daher auch persönliche, nicht nur politische Motive gehabt haben. Er stellte bei Hofe wohl der einen oder anderen jungen Lady nach, aber nicht immer mit dem gewünschten Ergebnis. Eine von ihnen, Magdalen Dacre, eine auffallend große und hübsche

Blondine, erzählte, dass Philipp eines Tages, als sie sich gerade wusch, draußen vorbeiging, sie durch ein Fenster erblickte, ziemlich forsch hereintrat und nach ihr grapschte. Sie schnappte sich einen Stock, schlug ihm auf den Arm und zwang ihn, sie reuevoll (zweifellos nach ein oder zwei anderen Ausrufen) für ihre jungfräuliche Zurückhaltung zu loben.

Marys Entscheidung, einen ausländischen Fürsten zu heiraten, der sich mit den Jahren immer häufiger im Ausland aufhalten würde, war biologisch eine Katastrophe, und dazu noch eine vorhersehbare. In ihrem Alter, bei ihren häufigen Krankheiten und unter dem Druck, die Thronfolge zu sichern, brauchte Mary einen Ehemann, der ständig anwesend war, um die Chance einer Schwangerschaft zu vergrößern. Philipp verbrachte während zweier Aufenthalte nur anderthalb Jahre seiner vierjährigen Ehe in England, und daher war es wenig wahrscheinlich, dass er einen Tudor-Erben zeugen würde. Doch abgesehen davon – die meiste Zeit verbrachte Philipp bei seinem ersten Aufenthalt in England, der vom Juli 1554 bis September 1555 dauerte. Und einige Monate nach ihrer Hochzeit zeigte Mary alle Anzeichen einer frühen Schwangerschaft.

AUSSÖHNUNG MIT ROM

Vom Beginn ihrer Herrschaft an war Mary entschlossen, die alte Religion voll wiederherzustellen. Schon vor ihrer Ankunft in London hatte sie Papst Julius III. Briefe geschrieben mit der Absicht, sich mit Rom auszusöhnen – kein leichter Prozess, wie sich zeigen sollte. Da Mary unter Edward an der Messe festgehalten hatte, war es keine Überraschung, dass sie sofort damit begann, Edwards Reformation wieder aufzuheben. Aber sie hatte sich nach anfänglichem Zögern 1536 dem königlichen Supremat ihres Vaters unterstellt, und nichts, was sie danach gesagt oder getan hatte, wies darauf hin, dass sie auch dieses aufheben wollte. Man fragt sich, ob sie im Juli 1553 vielleicht gelobt hatte, das päpstliche Supremat wiederherzustellen, wenn Gott sie siegen ließe, aber falls dem so war, so unternahm sie in ihrem ersten Parlament zumindest keinen Versuch dazu, und auch ihr königlicher Titel vom 1. Oktober 1553 wies sie, wie auch schon ihren Vater und Bruder, als Oberhaupt der Kirche aus. Zum Ende des Jahres jedoch wurden ihre Absichten deutlicher, denn der Titel „Oberhaupt“ wurde in offiziellen Dokumenten einfach weggelassen.

Der Mann, der ausgewählt wurde, um die Aussöhnung zu vollziehen, war Kardinal Reginald Pole, ein Cousin Henrys VIII., der sich seit den

1530er Jahren im selbst gewählten Exil befand. Nach dem Studium in Oxford und Padua hatte Pole Henry zunächst bei der Scheidung unterstützt, dann aber seine theologischen Studien in Italien fortgesetzt. Henrys Berater hofften noch 1535, er werde den Bruch mit Rom unterstützen, doch nach der Hinrichtung Fishers und Mores verfasste er die Schrift *Defence of the Unity of the Church,* die sich gegen die Scheidung und das Supremat wandte, die Rechte des Papsttums behauptete und den König ohne Umschweife zur Buße aufforderte. Poles Ernennung zum Kardinal im Jahr 1536 und die Veröffentlichung jenes Traktats im Jahr 1537 machten den Bruch mit Henry endgültig. Papst Paul III. hatte Kardinal Pole zweimal mit der Umsetzung der Exkommunikation Henrys beauftragt, zunächst zu Beginn des Jahres 1537 als Reaktion auf die Gnadenwallfahrt und dann zu Beginn des Jahres 1539 als Reaktion auf die Verbrennung der Gebeine Beckets. Er hatte auch bei den Reformbemühungen innerhalb der katholischen Kirche sowohl in Rom selbst als auch beim Konzil von Trient eine wichtige Rolle gespielt und stand ironischerweise der Theologie Luthers offener gegenüber als Henry VIII. Er war daher die erste Wahl, als ein päpstlicher Legat nach England geschickt werden sollte als Reaktion auf Marys Wunsch, ihr Land in den Schoß der katholischen Kirche zurückzuführen. Es sollte aber noch mehr als ein Jahr dauern, bis seine Mission überhaupt beginnen konnte.

Das große Hindernis auf dem Weg der Aussöhnung war nicht so sehr eine Prinzipienfrage als eine Frage der Besitzverhältnisse. Die Plünderung der Kirche, an der sich fast die gesamte herrschende Schicht Englands beteiligt hatte, war nach kanonischem Recht ein Sakrileg, das sofortige Exkommunikation nach sich zog. Politische Realisten wie König Philipp und Bischof Gardiner wussten, dass eine Aussöhnung von einem päpstlichen Dispens abhängen würde, der die bestehenden Besitzverhältnisse festschrieb. Idealisten und Dogmatiker jedoch wie Königin Mary und Kardinal Pole waren in dieser Frage weniger entgegenkommend. Doch die Realisten obsiegten, und als Kardinal Pole schließlich nach England kam, brachte er einen solchen Dispens, wenn auch nur widerwillig, mit. Sobald das Parlament eiligst Henrys VIII. *Act of Attainder* gegen ihn aufgehoben hatte, kam Pole über den Kanal nach London, wo er von König Philipp am 24. November 1554 in Whitehall begrüßt wurde. Am 28. November trat das Parlament zusammen – ausnahmsweise in der *Great Chamber of Whitehall,* da die Königin krank war und das Haus nicht verlassen wollte – und lauschte nach einer kurzen Rede des *Lord Chancellor* Gardiner einer langen Predigt Kardinal Poles, in der er die christliche Geschichte Englands aufrollte, die Vorzüge des Bundes mit Rom pries und Schismata verurteilte. Am nächsten Tag entschied das Parlament mit nur einer Gegenstimme, zum Katholizismus zurückzukehren. Dieser Maßnahme waren keine expliziten Auflagen hinzugefügt, aber jeder wusste, dass der Preis der Dispens des Papstes war. Englands Land- und Hochadel hatten hart um ihre Seele gefeilscht.

Am Freitag, dem 30. November, trat das Parlament noch einmal in der *Great Chamber of Whitehall* zusammen, zu einer in der parlamentarischen und kirchlichen Geschichte einzigartigen Zeremonie: der Erteilung der Absolution für eine nationale Kirchenspaltung durch den päpstlichen Legaten. Gardiner überreichte als *Lord Chancellor* Philipp und Mary die Petition zur Absolution und bat sie, diese dem Kardinal zu übergeben. Das kurze, aber prägnant formulierte Dokument drückt Reue aus über die Verabschiedung der Gesetze gegen den Heiligen Stuhl, verspricht, sie wieder aufzuheben, und schließt mit der frommen Hoffnung, dass

> „... wir als reuige Kinder wieder in den Schoß und die Einheit der Kirche Christi aufgenommen werden mögen und dieses Königreich und alle seine Glieder daselbst in dieser Einheit und in vollständigem Gehorsam gegen den Apostolischen Stuhl und die Päpste allezeit Gott und Euren Majestäten dienen mögen zur Mehrung seiner Ehre und Herrlichkeit. Amen."

Kardinal Pole las seine päpstliche Vollmacht vollständig vor und erteilte der Versammlung feierlich die Absolution.

Die Stunde der nationalen Absolution wurde doppelt bedeutsam durch die Verkündung eines bedeutenden Ereignisses in Marys Schwangerschaft: das Kind habe sich bewegt. Mary behauptete, sie habe ihr Kind im Leibe springen gefühlt, als sie den Kardinal traf, so wie Johannes der Täufer es getan hatte, als die Jungfrau Maria seiner Mutter Elisabeth begegnete. Der Kardinal spielte seine Rolle dabei mit, indem er sie mit den Worten Elisabeths zu Maria gegrüßt hatte: „Gesegnet bist du unter den Frauen, und gesegnet ist die Frucht deines Leibes." Diese Nachricht wurde formell an dem Tag in St. Paul's verkündet, als Pole seine Ansprache an das Parlament hielt, und der Bischof von London ordnete öffentliche Dankgebete und -prozessionen sowie Fürbitten für eine gesunde Schwangerschaft und eine sichere Entbindung an. Rückblickend gesehen ist das Wunschdenken in diesem überaus glücklichen „Timing" nur allzu offensichtlich. Doch zu jener Zeit musste die Verkündigung genau so wirken, wie sie wirken sollte, als göttliche Legitimierung der Politik Marys, ja ihres ganzen Lebens: Das Schisma hatte mit der Geburt eines Kindes begonnen, das Mary aus der Thronfolge gestoßen hatte. Nun hatte Mary ihr Geburtsrecht zurückerobert und würde das Ende des Schismas dadurch besiegeln, dass sie selber ein Kind zur Welt brachte.

Doch wie auch immer, ihre Hoffnungen waren zum Scheitern verurteilt. An dieser Stelle sollte man bedenken, dass in der Rückschau zwar korrekterweise von einer „Scheinschwangerschaft“ die Rede ist; damals aber hielten alle, außer ihren erbittertsten Feinden wie dem französischen Botschafter, ihre Schwangerschaft für echt. Im April 1555 zog sich Mary zur Vorbereitung der Geburt nach Hampton Court zurück, und gegen Ende des Monats ging das Gerücht durch London, Mary habe einen Sohn geboren. Das Gerücht war falsch, aber noch immer wurde nicht an ihrem Zustand gezweifelt. Im Mai wurden Briefe aufgesetzt, um die Geburt den Höfen Europas anzuzeigen, und Gesandte wurden benannt, um sie zu überbringen. Aber als sich das Einsetzen der Wehen Anfang Juni als Illusion erwies, verbreiteten sich schnell Zweifel daran, ob es überhaupt eine Schwangerschaft gegeben hatte. Bald glaubte nur noch Mary daran, und im August musste selbst sie diese Hoffnungen aufgeben. Philipps Abreise in die Niederlande in jenem Monat kam fast einem Eingeständnis, dass es sich um eine Scheinschwangerschaft gehandelt hatte, gleich. Hätte seine Frau unmittelbar vor der Niederkunft gestanden, wäre er sicherlich nicht abgereist. Er sollte für fast zwei Jahre nicht mehr nach England zurückkehren. Nach dieser Enttäuschung im Jahr 1555 gab es um Neujahr 1558, als wieder eine königliche Schwangerschaft verkündet wurde, nur wenige, die daran glaubten.

DIE WIEDERHERSTELLUNG DER ALTEN RELIGION

Das ständige Kleinreden der Errungenschaften Mary Tudors durch übelwollende Historiker reicht bis hin zu Klagen, dass sie keine „Gegenreformation“ in England begonnen habe. Die Kritik läuft darauf hinaus, Mary habe weder Jesuiten etabliert noch eine Periode frommer Kreativität inauguriert, wie sie wenig später in Spanien durch die heilige Teresa von Avila und den heiligen Johannes vom Kreuz verkörpert wurde. Wie so oft in den Berichten über ihre Herrschaft haben sich Voreingenommenheit und späte Einsicht vereint, um die Historiker blind zu machen für vieles, was geschehen ist, und zu Fehlinterpretationen dessen zu verleiten, was gar nicht geschah. Eamon Duffys Arbeit über die Restauration unter Mary hat viele Hinweise auf religiöse Erneuerung zu Tage gefördert, die Historiker bis dato einfach ignoriert hatten. Kardinal Poles Gesetzgebung für die Kirche von England, die 1556 auf einer von ihm als päpstlichem Legaten geleiteten Synode geschaffen wurde, bildete eine stabile Grundlage für Reformen. Das Homiliar, das sich Cranmers Buch von 1547 zum Vorbild nahm, aber nun katholische Lehren förderte, sowie die dem *King's Book* von Henry VIII. aus dem Jahre 1543 nachempfundene, aber es zugleich korrigierende detaillierte Erläuterung der katholischen Lehre und das Gebetbuch für Laien, das ebenfalls seine Vorbilder in Henrys Herrschaft hatte, wurden in hoher Auflage gedruckt und verbreitet. Die juristische Trennung Hunderter von Priestern von ihren frisch geehelichten Frauen, die nun rechtlich als Konkubinen eingestuft und gemeinhin als Huren geschmäht wurden, war nicht nur eine menschliche Tragödie (wenn auch vielleicht nicht in allen Fällen), sondern auch eine für die Tudorzeit typische kirchenverwaltungstechnische Glanzleistung.

Selbst Marys Rekord bei Konventgründungen wird gegen sie verwendet, da zum Zeitpunkt ihres Todes ja nur sechs Klöster existierten (verglichen mit den über 800, die es gab, als sie geboren wurde). Dieses feindselige Urteil ist besonders gedankenlos. Henry VIII. hatte in gerade einmal fünf Jahren ein halbes Jahrtausend klösterlichen Erbes aufgelöst, und die Gründung von Konventen war ein langwieriger und kostspieliger Prozess. Hat irgendjemand sonst einmal sechs Klöster in nur fünf Jahren gegründet? Henry V., einer der größten Könige Englands, wollte drei Ordenshäuser schaffen – eines für die Zölestiner, eines für den Brigittenorden und eines für die Kartäuser –, aber nur zwei wurden gegründet, und keines von beiden war fertig, als er nach achtjähriger Regierung starb. Zudem fielen die Neugründungen Marys in eine Zeit großer Geldknappheit (weshalb die Konvente auch nicht ganz so großzügig ausgestattet wurden wie zuvor). Sie wurde auch dafür kritisiert, dass sie Geld an Mönche und Nonnen verschwendete, als der Geldwert verfiel, hohe Inflation herrschte und Kriegskosten ihr Volk mit hohen Steuern belasteten.

Neugegründet wurden die folgenden Ordenshäuser: das der Dominikaner in Smithfield und der Observanten Franziskaner in Greenwich (April 1555); Westminster Abbey (November 1556); das Charterhouse in Sheen (Januar 1557); das des Brigittenordens von Syon (April 1557) und das Dominikanerinnenkloster in King's Langlay (Juni 1557), das kurz vor Marys Tod sein ursprüngliches Haus in Dartford zurückbekam (September 1558). Hinzu kamen die Wiederherstellung der Jesus-Bruderschaft in St. Paul's Cathedral (Juli 1556) und des Savoy Hospital (November 1556). Mit den meisten dieser Häuser verbanden sich für die Königin Assoziationen, die ihr aus persönlichen und dynastischen Gründen wichtig waren: Greenwich und das Savoy Hospital waren von Henry VII. gegründet worden und hatten Mary und ihre Mutter in den frühen 1530er Jahren sehr unterstützt. Syon und Sheen waren Gründungen Henrys V. (was Mary in ihrem Testament besonders hervorhob) und hatten in denselben Jahren ebenfalls treu zu Katharina und Mary gehalten. Westminster Abbey schließlich war noch immer der Tempel des englischen Königskults, und im März 1557 restaurierte der kongeniale neue Abt John Feckenham den Schrein des heiligen Edward des Bekenners, der bis 1538 geistliches Zentrum der Abtei gewesen war. Marys Testament vermachte diesen Konventen riesige Summen, aber ihre Verfügungen wurden, wie vieles andere in ihrem Testament, von ihrer Nachfolgerin nicht vollstreckt. Insbesondere wollte Mary die Überreste ihrer Mutter im Mausoleum der Tudors, Henrys VIII. Kapelle an der Rückseite von Westminster Abbey, zur letzten Ruhe betten, aber noch immer liegt Katharina von Aragon in der Kathedrale von Peterborough begraben.

Es war kaum zu erwarten, dass Marys Beispiel nach zwanzig Jahren Unsicherheit in religiösen Fragen das englische Klosterleben sofort und ganz neu wieder aufleben lassen würde. Selbst diejenigen, die Votivkapellen stifteten und Messen für ihr Seelenheil lesen ließen, äußerten Zweifel, ob diese Investitionen langfristig sicher seien, und versuchten sie für den Fall abzusichern, dass staatliche Übergriffe das religiöse Klima erneut verschlechtern könnten. Doch in der Tat, Mary setzte ein Beispiel, und als sie starb, gab es Anzeichen dafür, dass man ihr darin folgen würde. Hätte die Gegenreformation in England weiter Erfolg gehabt, dann wäre diese, wie auf dem Kontinent, von der Wiederbelebung des Klosterlebens und dem Aufstieg neuer Orden (wie dem der Kapuziner, der Jesuiten und der Unbeschuhten Karmeliter) abhängig gewesen. Aber die europäische Gegenreformation zog sich über Generationen hin, nicht über wenige Jahre. Mary hätte kaum mehr, aber sicher deutlich weniger tun können.

DIE SCHEITERHAUFEN

Dass Marys Restauration des Katholizismus vor allem für seine Scheiterhaufen bekannt ist, bedarf keiner besonderen Erklärung. Die Hinrichtung von beinah 300 Protestanten zwischen 1555 und 1558 hat ihre Herrschaft für immer gezeichnet. Das Gesetz *De heretico comburendo* (Vom Verbrennen von Ketzern) aus dem Jahre 1401 zur Bestrafung der Lollarden, das schon von Henry VIII. gegen Protestanten eingesetzt worden war, war 1547 vom Duke of Somerset aufgehoben worden. 1554 wurde es nach einer anfänglichen Niederlage im *House of Lords* mit Wirkung vom 20. Januar 1555 wieder in Kraft gesetzt. Während des Jahres 1554 waren unverbesserliche Protestanten vermutlich mit dem Einverständnis der Regierung oder gar durch sie ermutigt zu Hunderten ins Ausland geflohen, um dort ihre Religion frei auszuüben. Nun mussten die verbliebenen um ihr Leben fürchten. Das erste Opfer war John Rogers, ein führender protestantischer Prediger, der 1537 eine Bibelausgabe veröffentlicht hatte. Rogers hatte den Großteil der Herrschaft Marys im Gefängnis verbracht und wurde nun in großer Eile vor Gericht gestellt, verurteilt und am 4. Februar 1555 in Smithfield verbrannt. Eine Reihe profilierter Opfer sollte ihm in jenem Jahr noch folgen, darunter die früheren Bischöfe John Hooper, der am 9. Februar in Gloucester starb, Hugh Latimer und Nicholas Ridley, die am 16. Oktober in Oxford zusammen verbrannt wurden.

Auch wenn man argumentieren kann, dass die Verbrennungen zu ihrer Zeit weniger Eindruck machten als in der Folgezeit, so muss man doch feststellen, dass sie für eine systematische Unterdrückung stehen, deren Ausmaß in der englischen Geschichte ohne Beispiel ist. Über diese tragische Episode wird viel diskutiert, vor allem über die Frage, ob sie der Herrschaft Marys mehr geschadet als genützt hat und ob die Zerstörung des englischen Protestantismus wirklich hätte gelingen können. Die vielleicht interessanteste und am schwersten zu beantwortende Frage ist, wer eigentlich für die Scheiterhaufen verantwortlich war. John Foxe, der das historische Bild dieser Herrschaft wie kein zweiter geprägt hat, war sich sicher. Foxe, ein Verehrer sowohl der Monarchie, was typisch ist für die Tudorzeit, als auch des frühen englischen Protestantismus, spricht Mary völlig frei und ihre Bischöfe schuldig: Reginald Pole in Canterbury, John Christopherson in Chichester und vor allem Edmund Bonner in London. Aber während Foxe selbst alle Beteiligten für gleich schuldig hält, deuten seine eigenen Hinweise eher auf eine ungleiche

Verteilung der Verantwortung hin. Die drei genannten Diözesen waren zwar Schauplatz der meisten Verbrennungen, aber ob dies die Blutrünstigkeit ihrer Bischöfe widerspiegelt, ist damit noch keineswegs erwiesen. Soweit man weiß, war Reginald Pole kein rachsüchtiger Mensch. Selbst Foxe bringt nur wenig gegen ihn vor. John Christopherson war ein achtsamer Gelehrter, und auch wenn dies psychopathologische Grausamkeit nicht ausschließt, gibt es keinen Grund zu glauben, er sei an der Hinrichtung von Ketzern interessierter oder weniger interessiert gewesen als seine bischöflichen Kollegen.

Bei Bonner könnte persönliche Feindseligkeit im Spiel gewesen sein. Er hatte während der vorherigen Herrschaft lange Zeit im Gefängnis verbracht, und unter Henry hatte ihn das Aufkommen des Protestantismus in seiner Diözese sehr beunruhigt. Er hätte sehr wohl Grund gehabt, sich über die unerwartete Gelegenheit, es nun seinen Feinden heimzuzahlen, zu freuen, und Foxe überliefert einige Anekdoten, die bei Bonner auf eher persönliche statt auf rechtliche Motive schließen lassen. Doch wie Eamon Duffy jüngst auf Grundlage der Hinweise von Foxe aufgezeigt hat, wurde auch Bonner von Befehlen von oben angetrieben. Als sich einmal anlässlich einer Verbrennung kritische Bedenken seitens der versammelten Menschenmenge erhoben, zog Bonner einen Brief der Königin hervor, der ihm befahl, nicht zu zögern, sondern zu tun, was zu tun sei. Der hohe Anteil an Ketzern, der in London verbrannt wurde, bedeutet nicht, dass der Londoner Klerus besonders eifrig gewesen ist, sondern hat seinen Grund darin, dass viele Ketzer für ihren Prozess und ihre Hinrichtung nach London gebracht wurden. London war die Kapitale des englischen Protestantismus, daher war dort die abschreckende Wirkung am größten.

Letztlich waren die Verbrennungen auf dem Scheiterhaufen nur die Anwendung des geltenden Rechts. Dieses Recht, von Mary wieder eingesetzt, spiegelte den verbreiteten Glauben wider, Ketzerei sei ein abscheuliches Verbrechen und nationale Einheit setze religiöse Einheitlichkeit voraus. Dennoch besteht kein Zweifel daran, dass die Hauptverantwortung für den Eifer und die Intensität der Unterdrückung bei Mary zu suchen ist. Selbst ihr Ehemann soll zur Mäßigung geraten haben und ignoriert worden sein. Mary war in ihrem sehr selbstgerechten, legalistischen und unerbittlichen Rigorismus eine typische Tudor. Erbarmen war unter den Tudors eine eher seltene Tugend. Ihnen ging es um Gerechtigkeit oder das, was sie dafür hielten, und wenn sie ein reines Gewissen hatten, waren sie besonders gefährlich. Marys Gerechtigkeitsempfinden war durch ihr Pflichtgefühl geprägt. Die katholische Kirche des 16. Jahrhunderts ließ Monarchen nicht darüber im Zweifel, was ihre Pflicht in Bezug auf Ketzerei sei. Wir sollten Marys Politik als Resultat ihres Pflichtgefühls, nicht ihrer Rachsucht betrachten. Ihre Wiedereinführung des Gesetzes gegen die Ketzerei war unabdingbarer Bestandteil ihrer konservativen und restaurativen Politik. So wie die Dinge einst waren, sollten sie wieder werden.

Nur im Fall von Thomas Cranmer erkennen wir bei Mary ein persönliches Motiv. Cranmer hatte das Urteil verkündet, das die Ehe ihrer Mutter mit Henry VIII. annullierte, er hatte die Liturgie entworfen, die unter Edward VI. die Messe ersetzte und hatte damit mehr als jeder andere getan, um Marys Welt zu zerstören. Seine Unterstützung für Jane Grey machte den Weg frei für eine Anklage wegen Verrats, aufgrund deren man ihm den Prozess machte und ihn im November 1553 verurteilte. Vielleicht hätte ein raffinierterer Monarch als Mary sich seiner sofort entledigt. Mary aber verschonte ihn bis zu dem zu erwartenden Prozess wegen Ketzerei – eine Entscheidung, die wohl beides bezeugt: ihre Ernsthaftigkeit und ihren verständlichen Rachewunsch. Während der langen Wartezeit bis zur Wiederbelebung des notwendigen Gesetzes mussten Cranmer, Latimer und Ridley sich der Schmach unterziehen, im April 1554 ihre Lehren vor einem feindseligen Publikum gegen geschickte Debattenredner in Oxford verteidigen zu müssen. 1555, als das Anti-Ketzereigesetz wieder in Kraft war, konnte man sich Cranmers jedoch nicht so schnell entledigen wie seiner Kollegen, da ihm als Erzbischof der Prozess nur mit der besonderen Vollmacht des Papstes gemacht werden konnte. Das Verfahren begann im September, und Cranmers unabwendbare Verurteilung musste ebenfalls von Rom bestätigt werden. Diese Bestätigung traf im Dezember ein, so dass die Aussicht auf den Scheiterhaufen erst im Februar unausweichlich wurde. Unter diesem Druck war es leicht, Cranmer zu bewegen, seinen protestantischen Glauben zu widerrufen. Er wusste, dass Ersttäter in England, wenn sie widerriefen, normalerweise mit einer Bußhandlung (wenn auch oft einer erniedrigenden und öffentlichen) davonkamen. Das Verbrennen war den Hartnäckigen und Rückfälligen zugedacht. Die Entscheidung, Cranmer nicht in den Genuss dieses Brauches kommen zu lassen, muss von ganz oben gekommen sein.

MARYS REGIERUNG

Es ist üblich geworden, Marys Herrschaft als die einer schwachen und schlechten Regierung darzustellen. So kommt Geoffrey Elton in einer umfassenden und vernichtenden Kritik ihrer Herrschaft zu dem Ergebnis, ihre Religionspolitik sei nicht nur unpopulär und spaltend und ihre Zentralregierung durch einen zersplitterten und sperrigen Kronrat gelähmt gewesen, sondern sie habe um 1558 den Landadel und den Adel so weit vergrätzt, dass ihr Kronrat allergrößte Schwierigkeiten hatte, die einfachsten Entscheidungen umzusetzen und die wichtigsten Regierungsfunktionen auszuüben. Dabei ging ganz im Gegenteil der bewusst altmodische Ansatz des Regimes einher mit dem Willen zu einer starken Regierung, die natürlich dem übergreifenden Ziel der Wiederherstellung der alten Religion untergeordnet war. Die Regierung war sich bewusst, wie wichtig es war, die Religion der Oberschicht zu kontrollieren, wollte man die Schlacht um die Religion des Volkes gewinnen. Daher die unablässige Rede von „guten katholischen Männern" und „ehrlichen katholischen Männern" in Regierungsdokumenten und der alles durchdringende Wunsch, sicherzustellen, dass die Regierung in den Händen dieser guten, ehrlichen Katholiken lag. Die Wahlausschreibungen für Marys Parlamente riefen für gewöhnlich die Grafschaften und Wahlbezirke dazu auf, „gute katholische Männer" in das *House of Commons* zu entsenden. So schickte der Kronrat im Januar 1556 der Bürgerschaft von Coventry eine Liste mit geeigneten Kandidaten für das Bürgermeisteramt und empfahl, eine dieser „katholischen und ehrlichen Personen" zu wählen. Sicher gab es hier Spaltungstendenzen. Es war eines der ersten Male in der englischen Geschichte, dass die Frage „Ist er einer von uns?" zur politischen Testfrage wurde. Aber nur eine Minderheit war vom Ausschluss betroffen, so dass der Test die Regierungsfunktion nicht beeinträchtigte. Genauer noch: Die Beschäftigung des Kronrats mit dem Personaltableau auf örtlicher Verwaltungsebene zeigt, wie fest er die Dinge politisch in der Hand behalten wollte.

DER KRONRAT

Die besonderen Umstände der Thronbesteigung Marys waren die Hauptursache für die lange Zeit geübte Hauptkritik an ihrer Herrschaft: die unkontrollierbare Größe ihres Kronrats, die zuerst vom spanischen

Botschafter kritisiert wurde. Ihr Konterschlag gegen Northumberland wurde mittels einer Intrige seitens ausgesprochen katholikenfreundlicher Landadliger aus East Anglia ausgeführt. Zwar konnte Northumberland noch einige Tage lang auf die Unterstützung des Adels und der Verwaltungsbeamten in Edwards VI. Kronrat zählen, doch als diese sahen, wohin sich die Ereignisse bewegten, machten sie sich in aller Stille davon und wurden in Marys Lager in kluger Voraussicht mit offenen Armen willkommen geheißen. Als Mary in London eintraf, hatte sie kaum eine andere Wahl, als die meisten dieser erfahrenen Staatsdiener in ihren Ämtern zu belassen, die, wenn auch nur zögerlich, ihren Einfluss zu Marys Gunsten einsetzten. Hätte sie diese entlassen, hätte dies unmittelbar ein politisches und administratives Chaos erzeugt. Eine Oppositionspartei aus einigen der fähigsten und mächtigsten Politiker des Königreichs hätte sie nun wahrlich nicht brauchen können. Und ihre Verbündeten aus East Anglia, die zwar voll des guten Willens, aber unerfahren waren, konnten kaum in so großer Zahl in das Verwaltungszentrum des Staates übernommen werden, schon gar nicht in einer Zeit der Finanzkrise, in der er sich befand. Andererseits verlangten sie noch stärker nach Marys Gunsterweisen als die früheren, wenn auch treulosen Verbündeten Northumberlands und rückten ziemlich rasch auf Posten in der Hofhaltung vor, die mit den persönlichen Angelegenheiten der Königin befasst waren. Diejenigen, die sie in den Kronrat übernahm, erwiesen sich im Übrigen als durchaus fähig. Diese beiden Gruppen in ihrem Kronrat wurden ergänzt durch eine Handvoll wichtiger Männer wie Gardiner und Tunstall, die wieder als Bischöfe von Winchester bzw. Durham eingesetzt worden waren. In der Praxis also war Marys Kronrat von alten Tudormännern wie Gardiner, Paget, Winchester und Bedford beherrscht – das nachhaltige Vermächtnis von Henrys VIII. Gespür für Talente.

Einige haben in der Größe des Kronrats einen sicheren Herd für Zwistigkeiten, Gruppenbildung und Spaltung gesehen, aber eigentlich führt die ganze Frage nach der Größe ins Leere. Wie schon während der Herrschaft ihres Großvaters war der Titel eines *Councillors* oft ein bloßer Ehrentitel, ein Beruhigungsmittel für den Adel und Leute von Einfluss. In den meisten Sitzungen des Kronrats waren zwischen acht und zwölf Mann anwesend, also eine perfekt zu handhabende Zahl. Natürlich gab es manchmal Zwistigkeiten, aber nicht aufgrund der Anzahl, sondern aufgrund persönlicher Rivalitäten (zwischen Gardiner und Paget) und unterschiedlicher Auffassungen bezüglich der Politik. Marys Entscheidung, Philipp zu heiraten, machte ihre Probleme noch komplizierter.

Nicht nur war der Kronrat in dieser Frage gespalten, Philipp wurde, wenn er in England war, auch zu einem alternativen Brennpunkt politischer Aktivitäten. Als William Paget beispielsweise zu Beginn des Jahres 1555 Marys Gunst verloren hatte, richtete er seine Aufmerksamkeit auf Philipp und instruierte ihn in politischen Dingen. Aber eine gewisse Fraktionierung war in den 1550er Jahren in Anbetracht der damaligen Umstände, insbesondere was die Unsicherheit über die Thronfolge und die Vertiefung der religiösen Spaltung betraf, auch zu erwarten. Selbst unter dem stärksten König ist es der Thronerbe, der die Unterstützung oder zumindest das Interesse jener auf sich zieht, die in die Zukunft schauen. Solange Mary, die schon im mittleren Alter war, ohne Kind blieb und Elizabeth Thronerbin war, war es unvermeidlich, dass ein Teil der politischen Nation, besonders der, welcher religiösen Reformen zuneigte, sich an der Tochter Anne Boleyns statt an der Tochter Katharina von Aragons orientieren würde. Bei ein oder zwei publik gemachten Gelegenheiten griffen Meinungsverschiedenheiten im Kronrat auf das Parlament über, was Mary in arge Verlegenheit brachte. Dies Marys Regierung als Versagen schlechthin vorzuwerfen wäre ebenso unfair, wie der nachfolgenden Regierung die recht unverhohlenen Rangeleien über Elizabeths Beziehung zu Robert Dudley oder die langen Heiratsverhandlungen mit dem Herzog von Anjou zum Vorwurf zu machen. Hätte Elizabeths Herrschaft 1569 geendet, würden Historiker ihren Kronrat ebenso, wenn auch ungerecht, als gespalten bezeichnen. Mary bekam meist das, was sie wollte. Es gibt keine Hinweise darauf, dass ihre Regierung in Folge von Meinungsunterschieden handlungsunfähig gewesen wäre.

Das eigentliche Problem während Marys Herrschaft bestand nicht in der Größe des Kronrats oder in der Rivalität zwischen seinen Mitgliedern, sondern darin, dass sie keinen Ersten Minister wie seinerzeit Wolsey, Cromwell oder Burghley bestimmte – vielleicht, weil sie dafür keine Notwendigkeit sah. Wenn es eine einzelne politische Entwicklung von nachhaltiger Bedeutung während dieser ganzen Ära gibt, dann die, dass sich die Rolle eines Ersten Ministers herausbildete, eines „Vollzeitprofis", der den zunehmend belastenden Papierkram des Regierens koordinierte. Monarchen wie Philipp II. oder Louis XIV. sahen sich selbst in dieser Rolle, aber die meisten hatten kein Talent oder keinen Hang dazu. Es gibt Anzeichen dafür, dass Mary die Lust ihres Gatten an Papierkram teilte, aber keine Anzeichen dafür, dass sie Ereignisse und politische Notwendigkeiten so erfasste, dass sie deren Sinn verstand. Die erfolgreichsten Tudors, Henry VIII. und Elizabeth I., verdankten ihren Erfolg vor allem ihrer Fähigkeit, Männer zu finden, die das konnten. Mary fehlte diese Gabe.

Doch Marys Biographie und ihre Lage machten es ihr unmöglich, ebenso wie ihr Vater einen Ersten Minister zu bestimmen. Das Feld war ohnehin auf Männer mit Talent und Erfahrung beschränkt, und die befanden sich schon fast alle in ihrer Regierung. Zu keinem dieser Männer konnte sie jemals ein solches Vertrauensverhältnis aufbauen, wie es für eine Beziehung zwischen dem Monarchen und seinem Ersten Minister notwendig ist. Sie alle waren durch ihre Dienste für ihren Bruder oder ihren Vater kompromittiert. Hatten sie keine maßgebliche Rolle dabei gespielt, die Welt ihrer Kindheit in den 1530er Jahren zu zerstören, indem sie ihre Mutter der Blutschande und sie der Unehelichkeit bezichtigt hatten, so hatten sie sie um 1550 in religiösen Dingen tyrannisiert. Manche von ihnen hatten beides getan. Sie erfasste die politischen Realitäten wohl klar genug, um zu begreifen, dass sie ohne Männer wie die Gardiners, Pagets und Paulets nicht regieren könnte, aber gemocht hat sie sie nie. In ihren Disputen über Fragen der Religion zu Edwards Zeit hatte sie sie wiederholt und voller Verachtung daran erinnert, dass sie Kreaturen ihres Vaters waren, der sie aus dem politischen Nichts geholt hatte, und sie teilte die Vorurteile des alten Adels gegenüber Emporkömmlingen. Die beiden einzigen, denen sie vertraute, König Philipp und Kardinal Pole, beide talentiert, kamen nicht in Frage. Weder der Ausländer noch der Exilant hatte jene engen Verbindungen zu der englischen politischen Oberschicht, die nötig waren, um in einer solchen Rolle Erfolg zu haben. Außerdem war Philipp meistens außer Landes, und Pole war zu idealistisch und zu weltfremd, um als Erster Minister wirksam handeln zu können, und Interesse daran hatte er sowieso nicht.

MARY UND DER ADEL

Auch wenn sich die Rolle des Adels in der Tudorzeit wandelte, blieben gute Beziehungen zum Adel für das Königtum wesentlich. Mary verstand sich sehr gut mit ihren Adligen, nicht so sehr, weil sie besonders gut mit Menschen umgehen konnte, als vielmehr, weil sie unzweideutig aristokratischen Werten und Vorurteilen anhing. Der grundlegende Konservatismus ihrer Herrschaft war nicht nur religiöser, sondern auch gesellschaftlicher Natur. Und da die gesellschaftliche Ordnung nicht in dem Maße herausgefordert worden war wie die religiöse, bedurfte deren Erhalt kaum irgendwelcher Neuerungen. Die Größe des Kronrats ließe sich zum Teil damit erklären, dass Mary den aristokratischen Anspruch auf Macht und Ratgeberschaft als selbstverständlich akzeptierte. Wie wir gesehen haben, teilte sie die Verachtung der Aristokratie für die Karrieristen niederen Standes, die ihr Vater in seinen Dienst genommen und sogar in den Hochadel erhoben hatte. Sie ging wohl großzügig mit dem Titel *Councillor* um und befriedigte auf diese Weise Ansprüche des Adels, überlastete den Regierungsapparat jedoch nicht mit „toten Seelen". Der Duke of Norfolk und der Erbe der Earls of Devon, Courtenay, wurden prompt aus dem Tower entlassen, und zu den ersten Gesetzen ihrer Herrschaft gehörte die Aufhebung der für beide Familien geltenden *Acts of Attainder*. Während Wyatts Rebellion hatte sich der alte Norfolk als schwankendes Rohr erwiesen und der junge Courtenay durch gänzlichen Mangel an Weisheit und Erfahrung hervorgetan, aber den Empfindlichkeiten der Aristokratie wurde Genüge getan. Das alte Geschlecht der Percys im Norden, von Henry VIII. nach der *Pilgrimage of Grace* gedemütigt und ausgebeutet, wurde wieder in seine frühere Macht und Ehre im Norden eingesetzt und erhielt von den Emporkömmlingen der Dudleys den Titel „of Northumberland" zurück, wenn auch nur noch als *Earldom*, d. h. mit der Grafenwürde versehen. In Irland wurden die von Henry VIII. in den 1530er Jahren ruinierten Fitzgeralds wieder in den erlauchten Kreis aufgenommen und in die vornehmste Grafschaft der Insel, das Earldom of Kildare, eingesetzt. Auch wenn die ethnischen Spannungen zwischen den Iren und den Engländern dort die schwärende Wunde der Politik blieben, so kam es während Marys Herrschaft doch zu einem Ausgleich zwischen den „alten" Engländern, die sich schon seit der anglo-normannischen Eroberung in Irland befanden, und den „neuen", die als Staatsdiener und Siedler aus England herübergeschickt worden waren.

Der Landadel und der Hochadel waren loyale, oft sogar begeisterte Anhänger der Krone, und nur wenige beteiligten sich an Verschwörungen gegen Mary. Die Earls aus dem Süden (Arundel, Bedford, Huntingdon und Pembroke) waren ihr während der Krise Anfang 1554 ebenso treu wie die Barone Clinton und Abergavenny. Der Earl of Westmorland handelte schnell, um die Invasion Thomas Staffords in Scarborough 1557 niederzuschlagen, und es gab keine Schwierigkeiten, für die französischen Kriege 1557/58 *Gentlemen* zu finden. Die anhaltende Fortentwicklung des Systems der *Lord Lieutenants* sicherte vielen Mitgliedern des Hochadels eine zentrale Stellung in dem sich herausbildenden System der Grafschaftsverwaltungen. Die Adligen strömten zu den zeremoniellen Anlässen wie Marys Krönung und Hochzeit, um ihre politische Bedeutung vor einem einheimischen und internationalen Publikum zur Schau zu stellen. Sechs der englischen Earls gehörten zu ihren Testamentsvollstreckern.

Historiker messen den Erfolg oder Misserfolg von Monarchen unter anderem daran, wie oft sie mit einer Revolte oder Rebellion konfrontiert waren. Die Herrschaft Marys wird oft für ihre Schwierigkeiten, Gehorsam einzufordern und Ordnung zu schaffen, herausgehoben. Ihre Herrschaft kann in der Tat als eine Abfolge von Verschwörungen und Aufständen dargestellt werden, und sollte diese ein Beweis für Schwäche sein, wäre damit ihre Schwäche bewiesen. Eine derartige Schlussfolgerung wäre jedoch nicht fair und nur ein weiterer Beleg dafür, dass bei historischen Urteilen immer noch mit zweierlei Maß gemessen wird. Die nahezu unablässige Abfolge von Verschwörungen während Elizabeths Herrschaft in den 1580er und 1590er Jahren wird hingegen völlig zu Recht als Beweis für die Verzweiflung ihrer Gegner gedeutet, nicht aber für die Schwäche ihres Regimes. Bedenkt man, dass Marys protestantische Gegner weniger zahlreich waren, weniger einflussreich und weniger stark vom Ausland unterstützt als Elizabeths katholische Gegner, kann man die Ereignisse während Marys Herrschaft in die richtige Perspektive rücken. Die einzige wirklich gefährliche Rebellion während Marys Herrschaft war die von Sir Thomas Wyatt, die zwar als nationale Erhebung gedacht war, sich aber dann doch als eine auf Kent beschränkte Revolte erwies. Jeder der anderen vier Tudormonarchen hatte größere Rebellionen zu überstehen als Mary.

PROPAGANDA

Immer wieder wurde behauptet, Mary habe die Macht der Presse nicht verstanden und sei von den protestantischen Exilanten propagandistisch überboten worden. Diese Behauptungen sind wenig fundiert, denn Marys Herrschaft hat ihre Botschaft durchaus erfolgreich vermittelt, die, wie bei allen anderen Tudors auch, im Wesentlichen Religion und Gehorsam propagierte. Zwar stimmt es, dass die Protestanten im Exil weit mehr kontroverstheologische Schriften drucken ließen als die Katholiken, aber wie verbreitet oder wirksam sie waren, ist unklar. Es reichte nicht, Bücher zu drucken, man musste sie auch an die Leser bringen. Es gibt keine Hinweise darauf, dass die literarischen Bemühungen der Flüchtlinge auf dem einheimischen Markt große Wirkung gezeigt haben. Genau wie bei den gewaltigen Propagandaanstrengungen der katholischen Flüchtlinge in Europa unter Elizabeth hatte solche Literatur eher mit der Ermutigung der Diaspora als mit dem Anwerben massenhafter Unterstützung zu tun. Unter Mary konzentrierte man sich auf die Massenproduktion erbaulicher liturgischer und belehrender Texte, die mehr für den Wiederaufbau des Katholizismus bewirken konnten als Polemiken.

Besser begründet ist dagegen die Kritik, dass Mary nicht eine solche „Schau abziehen“ konnte wie ihre Schwester Elizabeth. Ihr Einzug in London war teils Sieges-, teils Militärparade, eine Demonstration der Stärke und der dynastischen Legitimität. Mit ihrem 10 000 Mann starken Gefolge errang sie die meisten Punkte. Aber obwohl wenige Ereignisse dieser Art ihre Wirkung verfehlen, hinterließ dieser Einzug keine Leuchtspur im kollektiven Gedächtnis, und auch ihre Krönungsfeierlichkeiten waren bieder und ziemlich altmodisch. Aus den Springbrunnen floss Wein und die Menschen freuten sich, aber alles verlief streng nach Protokoll, es gab keine spontane Begegnung mit den Leuten auf der Straße, wie Elizabeth sie herzustellen wusste. Die Zeremonien selbst waren mehr eine Sache mittelalterlicher Freigebigkeit als die renaissancehafter Erfindungsgabe. Man legte bei Kleidung und Schmuck mehr Nachdruck auf Kosten und Aufwand als auf den Symbolgehalt solchen Prunkes, der manchmal unter Henry und häufiger unter Elizabeth zu sehen war. Nicht, dass Mary keinen Sinn für sich selbst und ihr Erscheinungsbild gehabt hätte. Sie nahm sich, typisch katholisch, ihre Namenspatronin, die Jungfrau Maria, zum Vorbild. Ihre etwas phantasievollere Propaganda machte sich dies dann zunutze, und auch Mary selbst tat dies manchmal – besonders in ihrem Bericht über ihren Empfang von Kardinal Pole. Wenn ihr Gefolge sie zu Edwards Zeit zu einem Treffen mit dem König nach London geleitete, trugen alle Rosenkränze als Symbol der Verbundenheit mit beiden Marien. Elizabeth hingegen legte zu Marys Zeit Wert darauf, den Rosenkranz, den ihre Schwester ihr geschenkt hatte, nicht zu benutzen.

Wie angemessen Marys Regierungsapparat funktionierte, lässt sich am besten daran ablesen, dass unter ihrer Nachfolgerin die „guten katholischen Männer“, auf die sich Marys Kronrat auf örtlicher Ebene gestützt hatte, von Elizabeths Beratern als größtes politisches Hindernis auf dem Weg zu einer protestantischen Regelung der Religionsfrage betrachtet wurden. Sie rechneten mit der Unzufriedenheit derer,

> „die in der letzten Zeit von Königin Mary regierten und nur aus dem Grund gewählt oder besonders geschätzt worden waren, weil sie glühende überzeugte Anhänger der anderen Religion waren".

Sie erwähnten außerdem das Übergewicht der „papistischen Sekte" in der Rechtsprechung und unter den Friedensrichtern. Marys Regierung hatte Protestanten viel schneller aus öffentlichen Ämtern gejagt, als Elizabeths Regierung sich der Katholiken entledigte, die teilweise noch bis in die 1570er Jahre in ihren Ämtern verblieben. Daher zeigte Marys Religionspolitik auf örtlicher Ebene auch viel schnellere Wirkung. Die elisabethanischen Behörden hatten in den 1560er Jahren wesentlich größere Schwierigkeiten, die Liturgie der katholischen Kirche wieder abzuschaffen, als Marys Behörden in den 1550er Jahren bei ihrer Wiedereinführung gehabt hatten. Elizabeth verdient zwar Anerkennung dafür, dass sie sich in den 1560er Jahren nicht für eine brutale Unterdrückung der Katholiken einsetzte, aber es ist auch nicht ganz klar, ob sie eine solche Politik überhaupt hätte durchführen können.

Dies alles soll aber nicht heißen, dass Marys Herrschaft eine Oase guten Regierens gewesen sei. Die Protokolle des Kronrats erwähnen in verstörender und aufschlussreicher Häufigkeit die Drohung mit und den Einsatz von Folter. Und der Kronrat ermutigte nicht nur zur Hinrichtung von Ketzern, er drängte auch die örtlichen Behörden immer wieder, Verräter, Mörder, Straßenräuber, Piraten und andere Verbrecher zu hängen. Das deutet auf ein Gefühl von Unsicherheit hin. Doch unterscheidet sich eine solche Politik nicht sehr von der des Duke of Northumberland und seiner Kollegen, von denen viele noch in Amt und Würden waren. Und wir sollten dies auch nicht auf Bösartigkeit oder Inkompetenz zurückführen, sondern besser schlicht auf harte Zeiten. Elizabeths Herrschaft in den 1590er Jahren war der Herrschaft Marys in diesem Sinne ziemlich ähnlich, und zwar größtenteils aus den gleichen Gründen. In den 1550er Jahren erholte sich England gerade einmal ein wenig von den Steuerbelastungen und dem Verfall der Währung, die die Kriege der 1540er Jahre finanziert hatten. Schlechte Ernten und wiederkehrende Epidemien verlangsamten zudem die wirtschaftliche Erholung, und noch gab es kaum einen Ersatz für die Klöster bei der Versorgung der Armen. Als dann 1557/58 wieder Krieg ausbrach, verschlimmerte sich die Lage noch einmal. Doch die Regierung bewältigte die Situation gerade so eben. Die Anhebung der Zolltarife 1558 mag ein verzweifeltes fiskalisches Mittel gewesen sein, aber es wurde erfolgreich umgesetzt.

Der „Lackmustest“ von Marys Regierung aber war die Verbrennung von Ketzern. Sie war unpopulär und musste unwilligen Verantwortlichen in den Grafschaften und Diözesen häufig aufgezwungen werden. Dennoch fanden sie bis zum Ende der Herrschaft statt. Dies war grausam, aber keineswegs unzulässig und schon gar nicht ein Zeichen für eine Regierung im Abwind.

DER KRIEG MIT FRANKREICH

Der Krieg in Frankreich, der das letzte Jahr der Herrschaft Marys prägte, war die einzige Episode, in der ihre Ehe mit Philipp direkte und schädliche politische Auswirkungen auf ihr Königreich hatte. Auch dafür ist Mary wieder über Gebühr kritisiert worden, vor allem wegen des zufälligen Verlusts von Calais im Januar 1558. Die Entscheidung, Krieg zu führen, war auf ihren Mann zurückzuführen, der dadurch seine eigenen Pläne in den Niederlanden verfolgen wollte. Im Kronrat gab es heftige Auseinandersetzungen. Viele Mitglieder konnten keinerlei englische Interessen entdecken, die auf dem Spiel gestanden hätten. Kardinal Pole drängte aus Prinzip auf Frieden. Philipp musste für kurze Zeit nach England zurückkehren, um für den Krieg werben. Er setzte sich erst durch, als die Franzosen dumm genug waren, eine aussichtslose Verschwörung gegen Mary zu unterstützen und einen adligen Abenteurer, Thomas Stafford, zu bewaffnen, der im April 1557 in Scarborough landete, die Burg einnahm und innerhalb weniger Tage gefangen genommen wurde. Nun war der Krieg eine Frage der Ehre und keineswegs eine von vornherein zum Scheitern verurteilte Politik. Zudem bedeutete ein Krieg gegen Frankreich die Rückkehr zu den besten Traditionen der englischen Monarchie der letzten 200 Jahre. Junge Adlige und Landadlige anzuwerben, um zusammen mit den Spaniern gegen den Erzfeind zu Felde zu ziehen, war kein Problem. So nahmen etwa alle drei überlebenden Dudley-Brüder am Krieg teil, und Roberts Dienst als Befehlshaber der Artillerie sicherte die Rehabilitierung seiner Familie. Marys Kritiker scheinen zu übersehen, dass das englisch-spanische Bündnis den Krieg in der entscheidenden Schlacht von Saint-Quentin im August 1557 tatsächlich gewonnen hatte.

Der Verlust von Calais, das seit der Herrschaft Edwards III. in englischem Besitz gewesen war, trübte die Freude. Auf lange Sicht erwies er sich als Segen, aber zu jener Zeit war dies nicht zu erkennen. Der Verlust von Calais war eine nationale Demütigung ersten Ranges. Mary, als Verkörperung der Nation, betrachtete ihn als persönlichen Affront. Vermutlich aber wurde der Verlust erst durch ihren Tod besiegelt. Wäre Philipp während der Friedensverhandlungen in Cateau-Cambrésis 1559 noch neben Mary König gewesen, wäre er vermutlich nicht so schnell bereit gewesen, den englischen Brückenkopf in Frankreich aufzugeben. Und hätte Mary noch gelebt, hätte sie alles darangesetzt, ihn zurückzubekommen. Nach ihrem Tod wurde der Verlust von Calais als Gottesurteil über ihre Verfolgung des „Evangeliums" betrachtet. (Aber warum sollte Gott Calais den Franzosen übergeben haben, die fast genauso viele Protestanten verbrannten wie die Engländer?)

Ironischerweise beeinträchtigte der Krieg gegen Frankreich auch die Politik, die Mary am meisten am Herzen lag – die Wiederherstellung des Katholizismus. Papst Paul IV. war nämlich ein erbitterter Gegner der Hegemonie der Habsburger in Italien und daher ein kampflustiger Verbündeter Frankreichs gegen Philipp II. Papst Paul fügte der politischen Gegnerschaft noch seinen persönlichen Hass auf Kardinal Pole hinzu, mit dem er sich in den 1540er Jahren in der päpstlichen Kurie überworfen hatte und den er nun wegen des bizarren Vorwurfs der Ketzerei nach Rom beorderte. Mary weigerte sich, ihn auszuliefern, und musste zur Rechtfertigung ihres Ungehorsams auf die Art von Argumenten zurückgreifen, die ihr Vater eingesetzt hatte, als er anfing, mit Rom zu brechen. Der Papst wiederum weigerte sich, neue Bischöfe zu ernennen, um die alten zu ersetzen, die in alarmierender Zahl dahinstarben.

DAS ENDE

Philipps zweiter Aufenthalt in England (März bis Juli 1557) war im Wesentlichen ein politischer, hatte aber auch seine privaten Aspekte. Heute würden wir sagen, dass ihre Ehe am Ende war, aber sie scheinen noch miteinander geschlafen zu haben, denn wenig später meinte Mary erneut, schwanger zu sein. Kaum jemand glaubte das, und niemand außer Mary war sonderlich überrascht, als der Geburtstermin im April 1558 kam und ohne Anzeichen von Wehen verstrich. Die Schwangerschaftssymptome verwandelten sich unmerklich in die Symptome ihrer letzten Krankheit. Ihr Testament hatte sie in Erwartung der Gefahren bei einer Geburt bereits im März aufgesetzt. Nun traf sie Vorsorge für ihr Seelenheil, aber weder ihr Gatte noch ihre Berater konnten sie dazu bringen,

Vorsorge für die Thronfolge zu treffen. Es gab eigentlich keine andere Wahl mehr, als Elizabeth anzuerkennen, was Mary aber nicht über sich brachte. Erst ganz zum Schluss fügte sie sich dem Unvermeidlichen, sandte ihrer Schwester eine Botschaft und ihren Segen und hoffte wider alle Vernunft auf den Erhalt ihrer Religion.

Mary Tudor starb am 17. November 1558. Auch wenn sie schon längere Zeit kränkelte, starb sie vermutlich an einem Virus, der zu dieser Zeit ihr Volk dezimierte, einem Vorläufer des heutigen Grippevirus, der um 1558 ein gutes Fünftel der englischen Bevölkerung dahinraffte. Sie hätte sich keinen schlechteren Zeitpunkt für ihren Tod aussuchen können. Der Verlust von Calais, die Kosten des Krieges und die gesellschaftlichen und wirtschaftlichen Verwerfungen infolge dieser Epidemie und schlechter Ernten bedeuteten, dass die fünf Jahre ihrer Herrschaft in einer Atmosphäre von Krise und Hoffnungslosigkeit endeten, die später, keineswegs zu Recht, das Bild ihrer ganzen Herrschaft bestimmte.

In ihrem Ziel, England dem Katholizismus zu erhalten, war Mary gescheitert, nicht aber darin, den Katholizismus in England zu erhalten. Bis ihr erfolgreicher Thronanspruch die Entwicklung umkehrte, war der Katholizismus sechs Jahre lang auf dem Rückzug gewesen und hatte zwanzig Jahre unter Druck gestanden. Auch wenn viele Strukturen und mancherlei Praktiken des Katholizismus unter Henry VIII. überdauerten, schwächten das königliche Supremat und die daraus resultierende Unterordnung der religiösen Wahrheit unter den königlichen Willen seine innere Festigkeit. Daher gab es auch unter Edward VI. so wenig Widerstand. Marys Herrschaft jedoch stellte das katholische Identitätsgefühl wieder her. Man könnte sogar sagen, dass unter ihrer Herrschaft, zumindest im englischen Kontext, eine solche Identität überhaupt erst geschaffen wurde, weil erst unter ihrer Herrschaft die Begriffe „protestantisch" und „katholisch" einen sich gegenseitig definierenden und ausschließenden Sinn bekamen, den sie heute im Englischen immer noch haben.

Mary hat ihren Tod vielleicht nicht so früh erwartet, könnte aber trotzdem dafür kritisiert werden, dass sie nichts dafür getan hat, das Erreichte auf Dauer zu sichern. Ob sie jemals begriffen hat, dass sie niemals Kinder bekommen würde, darf bezweifelt werden. Wusste sie genug über die biologischen Vorgänge, um diese Frage für sich zu lösen? Selbst wenn eine ihrer Hofdamen gewagt hätte, es ihr zu sagen, wäre sie wohl außerstande gewesen, mit einer solch endgültigen Zerschlagung ihrer Hoffnungen und der völligen Zerstörung ihres Selbstgefühls und ihrer

Pläne fertig zu werden. Man sollte ihr also nicht allzu sehr vorwerfen, dass sie keine Vorkehrungen für einen Fall traf, den sie sich nicht hatte vorstellen können. Außerdem gibt ihr politischer Lebenslauf keinen Anlass zu glauben, dass sie das Problem hätte lösen können. Sie war nicht skrupellos genug, ihre Schwester zu vernichten (so der Vorschlag einiger ihrer Berater, die schon Henry VIII. gedient hatten), und hatte vielleicht aus dem Versuch ihres Bruders, ihre Thronfolge zu verhindern, den Schluss gezogen, dass, falls sie selbst keinen leiblichen Erben habe, nur der Tod Elizabeth vom Thron fernhalten könne. Elizabeth sollte ebenso wie Mary mit der Herausforderung konfrontiert werden, als Frau eine Männerwelt zu regieren. Dies tat sie bekanntlich, indem sie die Rolle der *Virgin Queen*, der jungfräulichen Königin, schuf. Mary Tudor gab ihre Jungfernschaft in der Hoffnung auf eine Mutterschaft auf. Sie hatte sich die heilige Maria, Jungfrau und Mutter, zum Vorbild gewählt. Ihre persönliche Tragödie war, dass sie zum Schluss keines von beidem war.

ELIZABETH I.

ELIZABETH I.

Elizabeths Thronbesteigung war weder in der Theorie so unwahrscheinlich wie die ihres Großvaters noch in der Praxis so schwierig wie die ihrer Schwester, wies aber doch ihre Seltsamkeiten und potentiellen Probleme auf. Als Tochter Anne Boleyns, geboren noch zu Lebzeiten von Henrys VIII. erster Frau, Katharina von Aragon, war Elizabeth nach dem katholischen kanonischen Recht, das Mary in England wieder in Kraft gesetzt hatte, ein uneheliches Kind. Nicht genug damit, war sie genau genommen auch nach den Gesetzen des Landes unehelich. Henrys Thronfolgegesetzgebung war unbeständig: Im ersten *Act of Succession* von 1534 war Elizabeth die Erste in der Thronfolge, im zweiten von 1536 wurde sie für unehelich erklärt und von der Thronfolge ausgeschlossen und im dritten von 1544 dann als Dritte in der Thronfolge wieder eingesetzt.

Aber die Aufhebung vieler Gesetze Henrys unter Mary hatte Elizabeth in einer Art rechtlichem Schwebezustand zurückgelassen, aus dem es kein Entrinnen gab. Elizabeth konnte kaum ein Gesetz verabschieden, das mit diesem Schlamassel rückwirkend aufräumte, ohne ihre Unehelichkeit anzuerkennen und damit zugleich die Unrechtmäßigkeit ihrer Thronbesteigung. Doch dieses Dilemma war zwar eine amüsante Verfassungsfrage, in der Praxis aber von geringer Bedeutung und wurde einfach taktvoll totgeschwiegen. Elizabeths Thronbesteigung verlief im Inland problemlos. Schließlich war sie eine junge und vermutlich fruchtbare Königin, die dem Königreich nach der Düsternis des letzten Jahres unter Mary neue Hoffnung versprach. Marys letzte Krankheit gab Elizabeth und der englischen Oberschicht genügend Zeit, den Übergang vorzubereiten. Der Verlust von Calais, die Grippeepidemie und die Scheinschwangerschaften, alles Ergebnisse ihrer unpopulären Ehe mit Philipp II., hatten die Unterstützung für Mary im Volk dahinschmelzen lassen, die sie fünf Jahre zuvor an die Macht gebracht hatte.

So willkommen Elizabeth zu Hause auch war – man musste auch ausländischen Interessen Rechnung tragen, vor allem denen der Cousine

Elizabeths, Mary Stuarts, Königin von Schottland, deren Ehelichkeit niemand in Zweifel ziehen konnte und die mit dem Thronfolger Frankreichs, dem zukünftigen König François II., verheiratet war. Auch wenn sie durch Henrys VIII. Gesetzgebung formal von der Thronfolge ausgeschlossen war, hatte Mary Stuart aufgrund ihrer Abstammung nach Elizabeth den berechtigtsten Anspruch auf den Thron. Die Zweifel an Elizabeths Ehelichkeit hätten Mary – oder genauer, der mächtigen und zahlreichen Adelsdynastie der Guise, ihrer Cousins, die sie und ihren jungen Gatten beherrschten – einen Vorwand liefern können, ebenfalls Anspruch auf den englischen Thron zu erheben. Die Ängste des frühen elisabethanischen Regimes wurden wohl kaum gemildert, als das junge Fürstenpaar sich anschickte, seinem Wappen auch das englische Wappenfeld zusammen mit dem Frankreichs einzufügen. Elizabeths Botschafter am französischen Hof, Nicholas Throckmorton, wurde angewiesen, dieses Vorgehen zu verurteilen, und Elizabeth selbst sah darin eine persönliche Beleidigung und eine politische Drohgebärde. Ihre moralische Entrüstung war allerdings wohl etwas übertrieben, denn schließlich wies das englische Königswappen seit Edward III. neben den englischen Löwen die französischen Lilien in einem der Wappenfelder auf, und im königlichen Titel wurde Anspruch auf die Krone Frankreichs erhoben. Aber der englische Anspruch auf den französischen Thron war in den zwei Jahrhunderte währenden Konflikten ziemlich abgeschwächt worden, während der französische Anspruch auf den englischen Thron ein beunruhigender neuer diplomatischer Schachzug war.

Der drohenden Haltung Frankreichs wurde aber von Philipp II. von Spanien entgegengewirkt. Befreit von einer Frau, für die er nie viel übrig gehabt hatte, erwog er eine Zeitlang die Möglichkeit, seine kurze Herrschaft als König von England zu verlängern, indem er die Schwester seiner verstorbenen Frau heiratete, die er schon immer attraktiver gefunden hatte. Darauf bestand aber wenig Aussicht, denn eine solche Ehe wäre das Spiegelbild der Ehe Henrys VIII. und Katharinas von Aragon gewesen, auf deren inzestuösem Charakter Elizabeths eigener Anspruch auf Ehelichkeit beruhte. Sein höfliches Angebot wurde ebenso höflich abgelehnt. Philipp war während der Friedensverhandlungen mit Frankreich und trotz der verstörenden Richtung, die Elizabeths Religionspolitik einschlug, sehr an guten Beziehungen zu England interessiert und konnte es sich nicht leisten, dass ihr Anspruch auf den Thron bestritten wurde. Schließlich hätte dies zu einer Thronbesteigung durch die schottischen Stuarts und einem Bündnis Englands mit Frankreich führen können. Seinem Beispiel folgend, erkannte das katholische Europa Elizabeth daher als Königin an.

Die Thronbesteigung durch eine Königin, die sich von ihrem Hintergrund und ihren Ansichten her sehr von ihrer Vorgängerin unterschied, zog unvermeidlich Veränderungen im Kronrat nach sich. Das bedeutete das Ende für diejenigen, die ihren Sitz im Kronrat ihrer Rolle bei Marys Thronbesteigung verdankten. Elizabeth brachte, wie zuvor Mary, ihr eigenes Gefolge in den Kronrat ein, zum Beispiel ihren langjährigen Verwalter Sir Thomas Parry und ihre Cousins Sir Francis Knollys und Sir Richard Sackville, vor allem aber William Cecil, den sie zu ihrem Minister ernannte. Dieser hatte seit 1550 ihren Landbesitz verwaltet. Cecil war zu sehr mit der Herrschaft Edwards verbunden gewesen, als dass er unter Mary hätte etwas werden können. Deshalb hatte er sich schon seit längerem auf Elizabeth hin orientiert und ihr sein eigenes Netzwerk aus Verwandten und Freunden zur Verfügung gestellt. Seinem Schwager Nicholas Bacon wurde als *Lord Keeper* die Verantwortung für das *Great Seal* übertragen, und jene Geistlichen, die als Berater in religiösen Fragen berufen wurden und schon bald die oberen Ränge in der neuen Kirche einnehmen sollten, waren oftmals Studienfreunde aus Cambridge, besonders aus seinem eigenen College, St. John's. Es ist auch bekannt, dass viele Berater Elizabeths mit der großen Familie Boleyn verbunden waren. Thomas Parry zum Beispiel war mit der Witwe Sir Adrian Fortescues verheiratet, eines der vielen Cousins Anne Boleyns, und aus dieser Familie wiederum traten später Sir John Fortescue und Sir Thomas Bromley in ihre Dienste. Der riesige Clan der Howards, aus dem noch mehrere ihrer Berater stammten (vor allem Howard of Effingham), war ebenfalls Teil dieses Familiennetzwerks. Man sollte das nicht als gedankenlosen Nepotismus verdächtigen. Die Versorgung von Verwandten, wenn man die Mittel dazu hatte, galt damals als moralische Verpflichtung. Und keiner der Verwandten, die Elizabeth für hohe Ämter auserwählte, brachte Schande über sie. Die Netzwerke der Familien Boleyn und Cecil brachten beachtliche Talente hervor; insofern glich Elizabeths Gespür für solche Talente durchaus dem ihres Vaters.

Es gab aber unter ihrer Herrschaft auch eine Gruppe von Höflingen und Staatsdienern, die ihre Karriere nicht der Familie oder anderen früheren Verbindungen zur Königin oder zu Cecil verdankten, sondern der besonderen Gunst der Königin. Der Earl of Leicester (Robert Dudley), Sir Christopher Hatton, der Earl of Essex (Robert Devereux) und Sir Walter Raleigh gewannen anfänglich eher durch ihre Persönlichkeit oder ihre Erscheinung als durch nützliche Dienste diese Gunst. Zweierlei Maß beeinträchtigt hier unvermeidbar das historische Urteil. Wenn die schweifenden Blicke eines Königs auf eine junge, wohlgeformte Frau bei Hofe fielen, konnten zu den Folgen ein weiterer königlicher Bastard und vielleicht noch einige Dividenden in Form von Landbesitz oder Posten an die Familie der jungen Dame gehören, doch selten nur wurde dadurch die politische Landkarte neu gezeichnet. Wenn sich eine königliche Mätresse in die Politik einmischte, weckte sie unweigerlich finsteren Groll (wie zum Beispiel Alice Ferrers in den letzten Jahren Edwards III.). Für eine *Gentlewoman* konnte es daher zwar persönlichen Aufstieg bedeuten, wenn sie die Aufmerksamkeit des Königs auf sich zog, nicht aber die Möglichkeit (jedenfalls nicht vor aller Augen), politische Ambitionen zu verwirklichen. Für einen fähigen jungen *Gentleman* hingegen, der der unverheirateten Königin auffiel, öffnete sich weit eher (vor aller Augen) ein Weg für seinen Ehrgeiz. Elizabeth sollte daher nicht so sehr dafür kritisiert werden, dass sie einige ihrer engsten politischen Berater auf diese Art anwarb, sondern vielmehr dafür gelobt werden, dass sie nur die aus dem Kreis ihrer Bewunderer wählte, die es auch wert waren, befördert zu werden. Der Earl of Oxford zum Beispiel, ein nutzloses Mauerblümchen, hatte keinerlei politischen Einfluss, obwohl er der Königin anfänglich sehr gefiel. Er war sicher eine der schillerndsten Persönlichkeiten seiner Zeit, aber unbeständig in seinem Wesen. Angefangen bei jener seltsamen Episode aus seiner Jugend in Cecils Haus – eine Untersuchungskommission meinte damals, ein unglücklicher Koch habe Selbstmord begangen, indem er sich in das Schwert des Earls stürzte! – über seine kurzzeitige Konversion zum römischen Katholizismus und seine missglückte Heirat mit Cecils Tochter bis hin zu seiner skandalösen Affäre mit der nymphomanischen Ann Vavasour (einer von Elizabeths Kammerzofen) – war seine Karriere ein Musterbeispiel politischen Scheiterns. Wenn die späteren Günstlinge Raleigh und Essex sich auch nicht so lange hielten wie Leicester und Hatton, so bezweifelte doch niemand ihre Fähigkeiten: Der schlichte Grund war, dass sie sich mit ihrem Ehrgeiz übernommen hatten.

DIE ÄNDERUNG DER RELIGION

Das erste Unternehmen der neuen Herrschaft war die Regelung der Religionsfrage oder besser: die „Änderung der Religion" *(Alteration of Religion)*, wie man damals zutreffender sagte. Während Edwards VI. Herrschaft hatte Stephen Gardiner vor einem allzu schnellen Wandel in Religionsfragen gewarnt, denn der Bischof von Rom „wolle nicht einen anderen Fürsten auf die Idee bringen, dass, wenn seine Autorität abgeschafft ist, es mit jedem Wechsel des Herrschers einen Wechsel in der Religion gebe". Unter Edward VI. und Mary war dies geschehen, unter Elizabeth wurde es fast zum politischen Prinzip, und als James I. den Thron bestieg, galt es als Binsenweisheit. Bei Elizabeth gab es keine Zweifel an der einzuschlagenden Richtung. Die Frage war lediglich, wie weit die Änderung gehen und wie schnell sie vollzogen würde.

Elizabeths eigene religiöse Überzeugung unter dem Mantel eines eher lauwarmen und politisch opportunen Protestantismus ist immer ein Rätsel geblieben. Aber dass es auf irgendeine Form des Protestantismus hinauslaufen würde, war fast genetisch vorgegeben. Als Tochter Anne Boleyns verkörperte sie nachgerade Henrys Bruch mit Rom. Sie war das älteste Kind der englischen Reformation, auch wenn deren politisches wie theologisches Erbe ihre Zukunft nicht minder bestimmen sollte. Anne selbst hatte während ihrer kurzen Zeit als Königin mit evangelischen Lehren mehr als nur geflirtet und wurde von John Foxe in seinem Bericht über die Leiden der englischen Kirche (seinen *Acts and Monuments* oder seinem *Book of Martyrs*, als das es dann bekannt wurde und das er 1563 mit einer Widmung an Elizabeth veröffentlichte) als protestantische Märtyrerin gewürdigt. Doch konnte sich Elizabeth wohl kaum an ihre Mutter erinnert haben, die sie zum letzten Mal bei deren Verhaftung in Greenwich Anfang 1536 gesehen hatte, als sie selbst noch keine drei Jahre alt war. Es waren die Umstände ihrer Geburt, nicht eine gefühlsmäßige Bindung an das Andenken ihrer Mutter, die ihren religiösen Standpunkt prägten. Da das Papsttum Henrys Scheidung nie anerkannt hatte, Henry jedoch behauptete, seine Ehe mit Katharina von Aragon verstoße gegen die Heilige Schrift, war es nur die Autorität der Bibel, jener Bibel, die gegen die katholische Kirche stand, auf die Elizabeth ihr Recht auf den Thron und in einem gewissen Sinne ihr Lebensrecht gründen konnte.

Hätte sich Elizabeth irgendwelche Gefühle für den Katholizismus bewahrt, dem sie sich während Marys Herrschaft ohne sonderliche Begeisterung angepasst hatte, wäre sicher irgendeine Vereinbarung mit dem

Papst zustande gekommen, mit der die beunruhigende Frage nach ihrer Legitimität hätte gelöst werden können. Doch Elizabeth gehörte zu der ersten Generation, die ohne Gemeinschaft mit der römischen Kirche aufwuchs, und daher fehlte jene Sympathie mit der „alten Religion" (so wurde sie allmählich genannt), die die Mehrheit ihrer Untertanen noch hegte. Ohne streng religiöses Motiv aber den Heiligen Vater um Anerkennung zu bitten ging aus drei gewichtigen Gründen nicht. Erstens: Im englischen *Common Law* gab es Probleme beim Erbschaftsrecht unehelich Geborener, die auch ein päpstlicher Dispens nicht beseitigen konnte – sie bezogen sich zwar nicht direkt auf die Thronerbschaft, konnten sich aber übel auf sie auswirken. Aus katholischer Sicht konnte Elizabeth niemals etwas anderes sein als ein legitimierter Bastard. Aus protestantischer Sicht, die sich in der Frage, welche Heirat verboten und welche erlaubt war, auf den biblischen Text des 3. Buchs Mose stützte, konnte ihre Geburt als vor Gott legitim angesehen werden und bedurfte dann keiner Klarstellung vor den Menschen mehr. Zweitens: Ihren Thron der Gnade des Papstes zu verdanken wäre gleichbedeutend mit einer Anerkennung von dessen politischem Supremat. Die politischen Ansprüche des Papstes aber waren Elizabeth von frühester Kindheit an als tyrannische Usurpation geschildert worden. Henrys VIII. Vater mochte sich mit einer gewissen Abhängigkeit von der Gnade des Papstes zufrieden gegeben haben – für seine Tochter war dies unmöglich. Drittens, und das war das Schlimmste: Für ehelich nur *erachtet* zu werden hätte bedeutet, anzuerkennen, dass sie eigentlich unehelich war, und das gesellschaftliche Stigma der „niederen Geburt" zu akzeptieren, das auch der Papst mit all seiner Macht nicht aus den stolzen Herzen des europäischen Adels vertreiben konnte.

Welcher Art auch immer ihre religiösen Ansichten waren, sie waren nicht so dogmatisch wie die der protestantischen Exilanten während Marys Herrschaft oder gar Marys eigene. Auch wenn es zunächst nur zögerlich und nie mit wirklicher Begeisterung geschah, hatte Elizabeth sich unter Mary doch dem Ritus der katholischen Messe unterworfen. Mary hingegen hatte sich unter Edward nie nach dem *Book of Common Prayer* gerichtet. Für wahre Protestanten war die Messe blasphemischer Götzendienst. Elizabeths Protestantismus war nicht von solcher Art. Sie war zwar, wie Mary, kein Feigling, aber anders als Mary war sie auch nicht aus dem Stoff, aus dem Märtyrer gemacht sind. Das heißt, Elizabeth verlegte sich auf relativ risikofreie Gesten, die ihre wahren Sympathien erkennen ließen. Als sie sich schließlich ins Unvermeidliche schickte und zur Messe ging, klagte sie die ganze Zeit über Bauchschmerzen! Der kostbare Rosenkranz, den Mary ihr geschenkt hatte, wurde nie benutzt oder auch nur getragen. Während Edwards Herrschaft war der Rosenkranz Ausweis der politischen Ausrichtung Marys gewesen. Unter Elizabeth wurde er wieder verboten. Später bevorzugte Elizabeth deutlich die Gesellschaft pflichtbewusster Konformisten, die waren wie sie – Cecil, Parker und Leicester –, gegenüber der jener arroganten und halsstarrigen Exilanten, welche die einflussreichsten Positionen in ihrer Kirchenhierarchie einnahmen: John Jewel (Bischof von Salisbury), Edmund Grindal (Bischof von London) und William Whittingham (Dekan von Durham).

Wie fadenscheinig Elizabeths Protestantismus war, wird auch an ihrer gänzlichen Unsensibilität gegenüber dem puritanischen Mythos des „Wortes" deutlich. Als Grindal, damals Erzbischof von Canterbury, sie aufforderte, für ausreichenden Nachwuchs an ausgebildeten Predigern zu sorgen, antwortete sie, das *Homilien-Buch* – eine Sammlung ausgearbeiteter Predigten für die weniger fähigen Geistlichen – genüge völlig für jeden. Nun war die Theologie dieses Buches, obwohl es ein protestantisches war, in puritanischen Augen kaum der Weisheit letzter Schluss. Irritierender aber war, dass Elizabeth nicht nachvollziehen konnte, welche Bedeutung das gepredigte Wort, das aus dem Herzen heraus gepredigte Wort hatte, dieses Kernstück protestantischer Spiritualität. Nicht dass sie eine gute Predigt nicht mochte. Immerhin war sie humanistisch gebildet, rhetorisch geschult und konnte sich selbst gut ausdrücken. Aber bezeichnend war, an welchen Predigern sie Geschmack fand. Sie bevorzugte einen Lancelot Andrewes – gelehrt, rhetorisch glänzend und eher intellektuell geprägt –, nicht aber den meist einfachen Stil der entschiedenen Protestanten. Andrewes' Predigtstil war dem barocken der Jesuiten (deren Kanzelreden den bekanntermaßen irreligiösen König Henri IV. von Frankreich entzückten) näher als dem strengen und anrührend schlichten der Puritaner. Die Predigt hatte, selbst bei Eiferern wie den Puritanern, meist einen Hang zum Theatralischen. Was Elizabeth von einem Prediger erwartete, war wohl eher Unterhaltung und intellektuelles Vergnügen als geistliche Erleuchtung und Erbauung.

Elizabeths Religiosität blieb in mancher Hinsicht ein Rätsel. Sie wolle keine Fenster in die Seelen anderer öffnen, sagte sie und öffnete sicher auch keines in ihre eigene Seele. In religiösen Dingen war sie, wie in so vielen anderen auch, entschieden mehrdeutig. Alles, was wir daraus erschließen können, ist, dass ihr religiöses Leben nicht von verzehrender Hingabe an die Wahrheit des Evangeliums oder die göttliche Liebe bestimmt wurde. Systematische Mehrdeutigkeit mag dem postmodernen Denken attraktiv erscheinen, aber sie war kaum mit dem tiefen Glauben eines Luther, eines Calvin oder einer Teresa von Avila vereinbar. Selbstredend hinterließ Elizabeth auch nichts, was dem für Puritaner so charakteristischen geistlichen Tagebuch auch nur von ferne ähnelte. Sie hinterließ auch sonst nicht viel. Anders als ihr Vater war sie keine Amateurtheologin und gab sich mit einem rein äußerlichen Glaubensgehorsam zufrieden. Ihre Verachtung der Feinheiten, auf die so viele ihrer Zeitgenossen ihr Leben verwendeten, kommt bündig in dem zum Ausdruck, was sie einmal zu dem französischen Botschafter sagte: „Es gab nur einen Jesus Christus und einen Glauben, und der Rest, über den gestritten wird, sind bloße Bagatellen." Historiker haben versucht, sie mit diesem oder jenem Glaubensbekenntnis in Verbindung zu bringen, indem sie aus den uns überlieferten verstreuten Bemerkungen und Anekdoten religiöse Grundsätze ableiteten. Doch sie, die den Mönchen bei ihrer Krönung schroff befohlen hatte, die Kerzen zu entfernen, da sie auch ohne sie gut sehen könne – eine Geste, die an die protestantische Kritik am Katholizismus als Götzendienst und einer Religion leerer Zeremonien erinnerte –, sie beließ Kreuz und Kerzen auf dem Altar der königlichen Kapelle, sehr zum Ärger ihrer Kapläne und Bischöfe, die mit ihr lang und breit über diesen „Abschaum von Papisterei" stritten, den sie – aus ihrer Sicht zu Recht – für gefährlich hielten, weil er die Herzen der Unzufriedenen mit Hoffnung erfüllte. Und die Frau, die während der Wandlung des heiligen Sakraments eine Messe verlassen hatte, um ihre Solidarität mit denjenigen Protestanten zu zeigen, die unter Mary für solche Missachtung des Sakraments brennen mussten, ließ trotzdem die Formulierung der Einsetzungsworte des Abendmahls im *Book of Common Prayer* so verändern, dass Katholiken die Realpräsenz Christi in das Sakrament hineinlesen konnten.

Alle diese Gesten zeigen, dass sie genau dies waren: Gesten. Sie waren keine unbewussten Manifestationen ihrer innersten Gedanken und Vorlieben, sondern sorgfältig inszenierte Spielzüge und treffsicher formulierte Zitate, die bestimmte Reaktionen bei bestimmten Zielgruppen zu bestimmten Zeiten hervorrufen sollten. Auf der Bühne der Tudor-Politik gab es wohl kein besseres Beispiel für jemanden, der (wie Thomas More es in seiner *Utopia* beschrieben hat) genau weiß, wie er seine Rolle in dem ihn umgebenden Schauspiel improvisieren muss. Elizabeth spielte immer den richtigen Part. Ab und zu jedoch gibt es Handfesteres. Ihre Verteidigung der Kirchenmusik zum Beispiel ist zu durchgängig, als dass man sie als bloße Geste abtun könnte. Und dass sie Kirchenmusiker wie Thomas Tallis und William Byrd förderte, die offenkundige (wenn auch handzahme) Katholiken waren, zeigt, dass Musik ihr wichtiger sein konnte als Dogmen oder Gehorsam. Ihr Musikgeschmack war nicht ohne theologische Bedeutung, denn die extremen Vertreter des Protestantismus wie die Puritaner oder die Reformierten in der Schweiz verabscheuten den prunkvollen Musikstil der Renaissance als Götzendienst für das Ohr und als Ablenkung von der Anbetung Gottes im Geist und in der Wahrheit; für sie war er ebenso verdammenswert wie die Bilder und die Glasfenster, die einst das Innere der Kirchen geschmückt hatten. Doch ein Lehrbuch über Kirchenmusik suchen wir bei Elizabeth vergeblich. Was wir in der anglikanischen Musiktradition hören, die sie im Wesentlichen begründet hat, zeugt eher von ihrem Geschmack als von ihrer Theologie.

Die „Änderung der Religion" war also die erste Maßnahme, die sie 1559 ihrem ersten Parlament zur Verhandlung vorlegte. Eines der ersten politischen Papiere ihrer Herrschaft, das überdauert hat, der *Device for Alteration of Religion,* legt den Kontext des Problems und die Pläne zur Veränderung in so brillanter Klarheit dar, dass es sich nur um die Gedanken William Cecils handeln kann. Nach einer klugen Einschätzung der Gefahren daheim und im Ausland schlägt der *Device* schnelle, aber besonnene Veränderungen vor:

> Im nächsten Parlament: auf dass die Gefahren vorhergesehen und Abhilfe daher geschaffen werde. Denn je schneller diese Religion wiederhergestellt wird, desto mehr wird Gott gepriesen, und, so glauben wir, desto mehr wird er uns Gnade erweisen und Ihre Hoheit besser vor Gefahren schützen und verteidigen.

Diesem Plan scheint man im Großen und Ganzen gefolgt zu sein. Aber selbst der *Device* konnte das Ausmaß der Opposition gegen die Religionsgesetzgebung nicht vorhersehen. Der Prozess scheint umstrittener gewesen zu sein als jeder andere Religionswechsel unter den Tudors, und es gab, was nahezu einmalig in der Geschichte der Tudor-Parlamente war, eine konzertierte und nachhaltige Opposition gegen die Regierungsvorschläge. Etliche Gesetze wurden entweder niedergestimmt oder im *House of Lords* ruinösen Änderungen unterzogen (die Lords waren in der Regel nicht ganz so unterwürfig wie die *Commons*, wenn es um Gesetzesvorschläge der Krone ging). Über den Inhalt dieser

Gesetze kann allenfalls gemutmaßt werden. Entwürfe existieren nicht mehr, und die Beschreibungen in den skizzenhaften Parlamentsprotokollen bieten keine verlässliche Basis für eine Analyse. Auf jeden Fall stießen sie im *House of Lords* auf wenig Gegenliebe. Die weltlichen *Peers* waren in Fragen der Religion wie immer gespalten, und die geistlichen *Peers,* die Bischöfe (alle noch von Mary Tudor ausgewählt oder zumindest wiederernannt) waren entschlossen, keinen Zentimeter nachzugeben.

Die Bischöfe verfügten noch über ein weiteres Forum für die Ablehnung, das sie ebenfalls voll nutzten: die Synode. Sie tagte immer parallel zum Parlament und bestand aus den Bischöfen (sie bildeten die obere Kammer) und den Vertretern jeder Diözese (diese bildeten die untere Kammer), die zumeist aus den Reihen der Dekane, Archidiakone und Kanoniker kamen, die die Kirche an der Basis verwalteten. Kurz, die Synode war die Hierarchie der Kirche von England. Angeführt von Edmund Bonner, dem Bischof von London (Kardinal Pole war am selben Tag wie Mary gestorben und das Erzbistum von Canterbury deshalb vakant), erstellte und verbreitete die Synode Ende Februar eine kompromisslose Zusammenfassung der römisch-katholischen Lehre als Doktrin der Kirche von England. Noch nie zuvor hatte sich eine Synode offen gegen die Religionspolitik der Krone gestellt, und die Regierung war sichtlich verstört in Anbetracht der Aussicht, eine solche Gesetzgebung gegen den Widerstand der gesamten Kirchenhierarchie verabschieden zu sollen. Das Parlament wurde erst einmal vertagt, und die Königin und ihre Berater überlegten, was als Nächstes zu tun sei.

Das Nächstliegende war, jenes Mittel einzusetzen, das reformierende Regierungen im 16. Jahrhundert üblicherweise anwandten: eine öffentliche Disputation über die jeweiligen Vorzüge der alten und der neuen Religion. Sie fand am 31. März in der Westminster Abbey statt. Da die Krone sie einberufen hatte, konnten die Reformer die Themen und Regeln der Debatte festlegen. Statt ihre Gegner in so zentrale Fragen wie päpstlicher Primat, Messopfer oder Realpräsenz Christi bei der Eucharistie zu verwickeln, diskutierten sie lieber über die Verwendung der lateinischen Sprache in der Liturgie, das Abendmahl in beiderlei Gestalt und die sogenannte „private Messe“, wählten also mit Bedacht solche Themen, bei denen sie glaubten, gewinnen zu können, und bei denen die katholische Position weit mehr von der Autorität des Papstes und der mittelalterlichen Tradition abhängig war als vom theologischen Inhalt der Sache selbst. Die katholischen Vertreter waren von Beginn an im Nachteil, und genau genommen fand der Disput gar nicht richtig statt, da sich beide Seiten ergebnislos über Verfahrensfragen stritten. Und da es die Katholiken waren, die sich beklagten, sah es so aus, als ob ihnen einfach der Mut zu dieser Auseinandersetzung fehlte. Zwei katholische Bischöfe wurden für ihre Rolle bei diesem Debakel willkürlich eingesperrt, und die katholische Seite insgesamt sah sich zumindest in London ziemlich diskreditiert.

Der katholische Widerstand im Oberhaus ließ daraufhin nach. Die geistlichen *Peers* waren zahlenmäßig geschwächt und die Katholiken unter den weltlichen *Peers* ein wenig demoralisiert. Als die Religionsgesetzgebung nach Ostern wieder vor die Lords gebracht wurde, geschah dies in Gestalt von zwei verschiedenen Gesetzen. Eines sollte das königliche Supremat wiederherstellen, das andere das *Book of Common Prayer* wieder in Kraft setzen. Dem *Act of Supremacy* stimmten die weltlichen *Peers* zu; nur einer schloss sich den zehn Bischöfen an, die dagegen stimmten. Der *Act of Uniformity* aber erhielt die Gegenstimmen von neun weltlichen *Peers* und neun Bischöfen und wurde mit nur drei Stimmen Mehrheit verabschiedet, wobei zwei Bischöfe in Haft waren und Goldwell (der designierte Bischof von Oxford) und Feckenham (Abt von Westminster) an der Teilnahme gehindert worden waren. Dies soll nicht heißen, es habe eine echte Gefahr bestanden, dass Elizabeths Reformation hätte vereitelt werden können. Selbst wenn alle Bischöfe anwesend gewesen wären, hätte Elizabeth einfach nur ein paar neue weltliche *Peers* ernennen müssen. Leichter war es freilich, einige Bischöfe daran zu hindern, an der Abstimmung teilzunehmen.

Einer der wenigen unzweideutigen Hinweise auf die religiöse Haltung Elizabeths ist ihr entschiedener Einsatz für die Aufrechterhaltung der Regelung der Religionsfrage, mit der ihr erstes Parlament sich zuerst beschäftigt hatte. Die Formulierung *Elizabethan Settlement* (Elisabethanische Regelung), die man im 20. Jahrhundert auf das im Jahre 1559 Erreichte anzuwenden begann, könnte in vielerlei Hinsicht kaum unpassender sein. Es ist unwahrscheinlich, dass irgendjemand, außer der Königin selbst, das, was hier ins Werk gesetzt wurde, als *settlement* (Regelung) begriff, mithin als etwas Endgültiges (was in diesem Begriff enthalten ist). Es hatte zu viele scharfe Wendungen in der Religionspolitik in zu wenigen Jahren gegeben, als dass irgendjemand nun Stabilität erwartet hätte. Und falls wenige sie doch erwarteten – so waren es noch weniger, die sie erhofften. Katholiken hofften, das Rad der Fortuna werde sich erneut drehen (was wir an den vielen Gemeinden erkennen können, die an dem mittlerweile verbotenen liturgischen Beiwerk noch für Jahre festhielten), während Protestanten auf eine noch weitergehende Reformation hofften, damit der Bau des neuen Jerusalem vollendet werde (wie wir an Briefen führender Protestanten an ihre Religionsbrüder in der Schweiz ablesen können). Elizabeths Motto aber war *semper eadem*, und nirgendwo blieb sie so sehr dieselbe wie in ihrer religiösen Haltung nach 1559. Es gab natürlich immer wieder Forderungen nach einem Umschwung. Zuerst kamen sie von ihren eigenen Bischöfen, auch wenn deren Unfähigkeit, sogar dieses Kreuz und diese Kerzen aus ihrer Kapelle zu entfernen, ihnen einen gesunden Respekt vor Elizabeths Willen eingeflößt hatte, so dass sie ihre Untergebenen ermutigten, nach Reform zu rufen. Dann kamen sie vom niederen Klerus und sogar von begeisterten Laien, die im Parlament agitierten. Aber sie gab diesen Forderungen nicht nach.

Als gegen Mitte der 1560er Jahre viele Gemeindepfarrer ihre Messgewänder ablegten und das Recht forderten, Gottesdienste in einfacher Kleidung zu feiern, zwang Elizabeth ihren Erzbischof von Canterbury, ihnen ein einheitliches Gewand aufzuerlegen. Dabei legte sie eine typische Mischung aus Starrsinn und Raffinesse an den Tag. Alle waren sich einig, dass Messgewänder in Bezug auf Rechtgläubigkeit unerheblich sind (solche Dinge wurden oft mit dem griechischen Wort *Adiaphora* bezeichnet). Während nun die eifrigen Protestanten, die bald als Puritaner bekannt werden sollten, vorbrachten, die Behörden sollten nicht so viel Aufhebens um das Tragen von Messgewändern machen, argumentierten die Behörden dagegen, die Abweichler sollten nicht so viel Aufhebens darum machen, sie nicht zu tragen. Es war Elizabeth, die die Kleiderfrage zu einem Gehorsamstest machte und so einer eigentlich nebensächlichen Angelegenheit eine große äußerliche Bedeutung verlieh. Doch ihre unbeugsame Politik wurde klug umgesetzt. Anstatt ihre persönliche Autorität und Ausstrahlung geltend zu machen, zwang sie ihren armen Erzbischof von Canterbury, Matthew Parker, die diesbezüglichen Anordnungen in seinem eigenen Namen zu verkünden und sich damit den Zorn der Reformer zuzuziehen.

Andererseits bestand auch keinerlei Aussicht darauf, dass Elizabeth den Forderungen der Puritaner nach Abschaffung der Bischöfe und Einführung einer presbyterialen Kirchenordnung nachgeben würde. Elizabeths in ihrem Wesen gründender gesellschaftlicher Konservatismus und vermutlich auch ihre Erziehung ließen dies nicht zu. Roger Ascham berichtet, zu ihrer theologischen Lektüre während ihrer Schulzeit hätten auch die Schriften Cyprians von Karthago gehört, eines Bischofs der frühen Kirche, dessen Briefe und Abhandlungen jene Doktrin stützten, die bisweilen „monarchischer Episkopat" genannt wird. Wer von Cyprian geprägt war, konnte kaum große Sympathien für das Alternativmodell einer kollegialen Kirchenleitung aufbringen, das Calvin und seine Nachfolger entwickelt hatten, ein Modell, nach dem Ortsgemeinden durch einen Ältestenrat geleitet werden, der den Pfarrer wählt und den Zugang zum Abendmahl kontrolliert. Elizabeth zog stets die traditionelle vertikale bischöfliche Hierarchie den horizontalen Machtstrukturen der calvinistischen Kirchenordnung vor, die oft mit republikanischen Regierungen in Verbindung gebracht wurden.

Agitation für den Presbyterianismus gab es zuerst um 1570 und danach periodisch wiederkehrend in den 1570er und 1580er Jahren: in Parlamentsreden, Flugschriften und örtlichen Initiativen, die für eine Art von Presbyterianismus auf freiwilliger Basis eintraten. Elizabeths liebster Erzbischof von Canterbury, John Whitgift (der einzige Kleriker, der es je in ihren Kronrat schaffte), hatte sie durch eine lange Kontroverse mit Englands führendem presbyterianischen Theologen, Thomas Cartwright, beeindruckt. Whitgift hatte genau gesehen, dass das presbyterianische Modell viel Potenzial für Zerwürfnisse und Spaltung enthielt, und genau so sah Elizabeth das auch. Puritanismus war natürlich mehr als nur Presbyterianismus, aber die presbyterianischen Neigungen vieler Puritaner festigten Elizabeths Vorurteile gegen diese Bewegung als Ganzes. Sie wies ihre Bischöfe an, alle kirchlichen Initiativen auszumerzen, die für sie nach Ungehorsam rochen. Viele ihrer Bischöfe aber sympathisierten mit zumindest einem Teil des puritanischen Programms. Im Dezember 1576, kaum ein Jahr nach seiner Ernennung zum Erzbischof von Canterbury, weigerte sich Grindal, ihre direkten Anweisungen zur Unterdrückung der *Prophesying*s (im Wesentlichen Bibeldisputationen) umzusetzen, mit der Folge, dass er von der Ausübung seiner Amtsgeschäfte suspendiert und der Einkünfte aus seinem Bistum beraubt wurde und bis zu seinem Tod 1583 nur noch dem Titel nach Erzbischof von Canterbury blieb. In Whitgift fand Elizabeth den idealen Ersatz, und in den nächsten zwanzig Jahren ging er skrupellos gegen puritanische Aktivisten vor und stellte sich schützend vor Elizabeth. Das machte ihn zur willkommenen Zielscheibe für die *Marprelate Tracts*, eine beliebte Reihe bösartiger satirischer Schriften gegen die Bischöfe, die in den Jahren 1588 und 1589 von einer kleinen Gruppe entschiedener Puritaner herausgegeben wurde. Sie war, was ihr eigenes Wohl betraf, wohl doch zu erfolgreich, denn nicht nur wurden die Verantwortlichen zur Strecke gebracht, ihre Respektlosigkeit vor den Autoritäten ermöglichte es den Bischöfen auch, die traditionelle Verbindung von religiöser Abweichung und Aufruhr auszunutzen und den Puritanismus in wichtigen Teilen der politischen Elite zu diskreditieren.

Ein weiterer Grund, warum Elizabeth keine weitergehende Reform wollte, war ihre persönliche Feindseligkeit gegenüber dem Mann, der sich zum internationalen Paten des Protestantismus entwickelte: Johannes Calvin. In Calvins Wahlheimat Genf hatte John Knox in den dunkelsten Stunden der marianischen Unterdrückung seinen berühmten *First Blast of the Trumpet against the Monstrous Regiment of Women* geschrieben und herausgegeben, eine beißende kleine Abhandlung, in der er die schlechte Politik weiblicher Herrscher in England, Schottland und den Niederlanden (Mary Tudor, Marie de Guise und Maria von Ungarn, die alle zu jener Zeit die Ketzerei massiv unterdrückten) mit ausgewählten Bibelstellen vermischte, um eine scharfsinnige Theorie gegen jedwede Ausübung politischer Macht durch Frauen zu entwickeln.

Dieser unpassende Traktat war kurz vor Elizabeths Thronbesteigung erschienen. Knox bekam die volle Wucht ihres Missfallens zu spüren. Als er nach Schottland zurückkehren wollte, verbot ihm Elizabeth, seinen Fuß auf englischen Boden zu setzen, so dass er den langsameren und riskanteren Seeweg nehmen musste. Calvin bekam ebenfalls seine Lektion. Als er Elizabeth seinen Kommentar über das Buch Jesaja schickte und ihr zur Thronbesteigung gratulierte, sandte William Cecil eine Antwort, in der er ausführte, dass Elizabeth das Geschenk unmöglich akzeptieren könne, da sie Calvin persönlich für die Veröffentlichung des Traktates von Knox verantwortlich mache. Vergeblich brachte Calvin vor, dass es der Stadtrat sei, der in Genf die Zensur ausübe, nicht er. Diese Ausflucht nutzte ihm aber gar nichts, der Schaden war bereits angerichtet. So wie die „offensichtliche" lutherische Ausrichtung der englischen Reformation in den 1530er Jahren von Henrys VIII. unauslöschbarem Hass auf Luther im Keim erstickt worden war, so wurde die „offensichtliche" calvinistische Ausrichtung der Reformation von Elizabeths Hass auf Calvin erstickt.

SCHOTTLAND

Religiöse Angelegenheiten beherrschten die Politik von Elizabeths Herrschaft von Anfang bis Ende. Sie war genauso erpicht darauf, in Schottland die Reformation zu schüren, wie vor ihr Henry und Edward, um dadurch potentiellen Feinden diese Hintertür nach England hinein zu verschließen. Da Mary, die Königin von Schottland, mit dem Dauphin François verheiratet war, war die Aussicht einer französischen Invasion Englands über Schottland keineswegs unrealistisch und wurde im *Device for Alteration of Religion* als mögliches Hindernis auf dem Weg zurück in das protestantische Lager aufgeführt. Als wenige Monate nach dem *Device for Alteration* Henris II. Tod bei einem Turnierspiel den Dauphin als François II. auf den französischen Thron brachte, nahm das schottische Problem bedrohliche Ausmaße an. Politisch war François völlig von den mächtigen Onkeln seiner Frau, dem militant katholischen Herzog von Guise und seinen gleichgesinnten Brüdern, abhängig. Es war Guise gewesen, der Calais zurückerobert hatte, und nun, da die Engländer nicht nur Feinde, sondern auch Ketzer waren, würde er um so mehr daran interessiert sein, die Feindseligkeiten wieder aufnehmen zu können. Die Antwort auf die schottische Bedrohung war im Wesentlichen das, was der *Device* skizziert hatte: „… ihre Spaltungen zu fördern und die Hoffnung derer zu stärken, die der guten Religion zuneigen."

Inzwischen war John Knox trotz Elizabeths obstruktiver Haltung im Mai 1559 nach Schottland zurückgekehrt und hatte die weit verbreitete religiöse Unruhe geschürt. In diesem Kontext versuchten im Oktober die protestantischen *Lords of the Congregation*, eine Gruppe Adliger, die geschworen hatten, ihre Religion politisch voranzubringen, die französische Regentin von Schottland, Marie de Guise, zu stürzen. Ein englisches Eingreifen lag nahe, wie William Cecil bereits im August 1559 in einem Papier ausgeführt hatte. Er hatte darauf hingewiesen, dass schnelle finanzielle und militärische Unterstützung für die Rebellen den religiösen Wandel in Schottland sicherstellen und die Verbindung mit Frankreich unterbrechen konnte. Im Kontext der religiös gespaltenen europäischen Politik würden sich England und Schottland durch ihr gemeinsames Engagement für den Protestantismus miteinander verbinden, wodurch sich ihre altehrwürdige Feindschaft in dauerhafte Freundschaft verwandeln könnte.

Elizabeth aber war nicht so leicht zu überzeugen, und die schottische Krise von 1559/60 ist die erste Episode von vielen, die zeigt, wie schwierig es war, innerhalb der komplexen Beziehung zwischen Elizabeth und ihrem Ersten Minister (und anderen Ratgebern) Politik zu gestalten. Während Cecils Vorgehensweise eine interessante Mischung aus religiösen Prinzipien und realpolitischem Denken war, vor allem zu Beginn der Herrschaft, als er eine umfassende strategische Vision vertrat, war Elizabeths Vorgehensweise eine Mischung aus Vorsicht, Knauserigkeit und einer Ideologie, die die Werte des Königtums über die des Evangeliums stellte, sollten diese in Konkurrenz zueinander treten. Während solcher Gelegenheiten, bei denen ihr und sein politischer Instinkt nicht unmittelbar übereinstimmten, war Unentschlossenheit die Folge. In dieser ersten Episode wurde diese Unentschlossenheit noch dadurch verstärkt, dass William Cecil zwar schon ihr Erster Minister war, sich aber im Kronrat noch nicht die beherrschende Position erarbeitet hatte, die er später einnehmen sollte. Es gab auch andere, vorsichtigere Stimmen, auf die die Königin zu hören geneigt schien und die darauf verwiesen, dass die schwierige Finanzlage Englands ein Eingreifen in Schottland ausschloss. Außerdem zeigte Elizabeth hier das erste Mal ihre Abneigung dagegen, sich in die inneren Angelegenheiten anderer Königreiche einzumischen. Schließlich schuldeten Untertanen ihren Fürsten Gehorsam. Dies war die eindeutige und harte Botschaft der englischen Predigten während ihrer ganzen Kindheit und zugleich das Kernstück des gesamten Konzepts der königlichen Suprematie. Daher fand sie an jener offensichtlichen Heuchelei, die Untertanen anderer Fürsten zu etwas anzustacheln, was sie selbst für eine Todsünde hielt, durchaus keinen Gefallen.

Das Wiedererstarken der Fraktion der Regentin in Schottland, die im November Edinburgh zurückeroberte, brachte die Sache zur Entscheidung. Cecil hatte bereits widerwillig gewährte finanzielle Hilfe für die Lords bekommen, nun ging es um direkte militärische Unterstützung. Elizabeth aber blieb strikt dagegen, und Cecil bat um Entlassung aus seinen Ämtern. Daraufhin, so scheint es, überlegte sie es sich anders. Zunächst kam ihre Flotte, später, im März 1560, ein Heer von einigen tausend Mann der protestantischen Fraktion in Schottland zu Hilfe. Diese Streitmacht war eigentlich nicht ausreichend, aber die Engländer hatten Glück, denn religiöse Spannungen in Frankreich verhinderten, dass von dort Hilfe für die Gegenseite kam. William Cecil wurde in den Norden geschickt, um Friedensverhandlungen zu führen, eine Aufgabe, die durch den Tod von Marie de Guise am 11. Juni erleichtert wurde. Der Vertrag von Edinburgh, der am 6. Juli unterzeichnet wurde, verpflichtete zum Abzug fast sämtlicher französischen Truppen aus Schottland und schloss Franzosen von schottischen Kronämtern aus. Die *Lords of the Congregation* übernahmen die Regierungsgeschäfte und setzten im August 1560 im Parlament eine protestantische Reformation durch, die das Papsttum ablehnte, die Klöster auflöste und die Messe verbot. Es gab zwar noch keine klare Darlegung der Lehre – selbst England musste ja zu jener Zeit noch auf seine *Thirty-Nine Articles* warten –, aber da John Knox eine beherrschende Position in der Kirche einnahm, war eine calvinistische Regelung nur eine Frage der Zeit. Dies war natürlich aus der Sicht Englands und Elizabeths keine ideale Lösung. Es existierte kein königliches Supremat, und wenn die Bischöfe auch nicht abgeschafft wurden, so waren sie doch an den Rand gedrängt worden. Darüber hinaus machte der Tod François' II. im Dezember 1560 eine Rückkehr Mary Stuarts nach Schottland unausweichlich, was wiederum die Stabilität der jetzigen Regelung bedrohte. Nichtsdestotrotz konnte sich das protestantische Regime in Schottland nur noch an England um Unterstützung wenden.

Der Triumph in Schottland machte Cecil zur zentralen Person in Elizabeths Regierung. Auch wenn sie als Monarchin und Frau die Welt weiterhin aus einer anderen Perspektive betrachtete, verschmähte sie nie seinen Rat, und für den Rest seines langen Lebens (er starb 1598) blieb er unangefochten an der Spitze ihrer Berater.

Das komplexe Zusammenspiel von Religion und Politik wurde auch in Elizabeths zweitem außenpolitischen Unterfangen sichtbar, dem Versuch, sich die Verschärfung des Religionskonflikts in Frankreich zunutze zu machen, um Calais zurückzugewinnen. Im Jahre 1562 ersuchte die protestantische Partei in Frankreich, die Hugenotten, um englische Unterstützung in dem Bürgerkrieg, den jeder bereits kommen sah. Im Vertrag von Hampton Court vom August 1562 versprach England Geld und Soldaten für die Abtretung von Dieppe und Le Havre (damals auf Englisch Newhaven genannt), bis Calais wieder an England fallen würde. Für dieses Unternehmen konnte sich Elizabeth mehr begeistern als für das schottische. Dies lag wiederum an ihrer königlichen Perspektive. Elizabeth empfand wie ihre Schwester den Verlust von Calais als nationale Schande – sie nannte ihn „einen Gegenstand unaufhörlicher Trauer für das Königreich" – und träumte davon, dass sie es sein könnte, die „dieses unser Calais zu uns zurückbrächte", nicht nur der Ehre wegen, sondern auch, um den Gegensatz zwischen ihr und Mary herauszustellen. Cecil hingegen war weniger darauf erpicht und hatte Calais bereits als bloßen Kostenfaktor bezeichnet und seinen Verlust als einen wahren Segen. Elizabeth wurde von ihrem Günstling Robert Dudley unterstützt, dessen Bruder Ambrose, Earl of Warwick, die Truppen befehligte, die Le Havre und Dieppe im Oktober 1562 besetzten.

Diesmal erwies sich Cecils Skepsis als begründet. Während das englische Eingreifen in Schottland als Unterstützung des Kampfes für die Befreiung präsentiert werden konnte, war es in Frankreich, ungeachtet der religiösen Dimension, offenkundig räuberischer Natur. Kaum hatten Hugenotten und Katholiken Frieden geschlossen, wandten sich beide auch schon gegen den alten Feind. Le Havre ergab sich im Sommer 1563 und bewies damit, wie schwierig es gewesen wäre, Calais gegen Frankreich zu halten. Aber Le Havre bestätigte nicht nur Cecils Urteilsvermögen, sondern auch Elizabeths grundsätzlich unmilitärische Gesinnung. Es sollte nämlich zwanzig Jahre dauern, bis englische Truppen noch einmal den Kanal überquerten. In der Zwischenzeit setzte Elizabeth Truppen nur gegen ihre eigenen rebellischen Untertanen ein, einmal in England, in Irland jedoch mehrere Male.

ELIZABETHS POLITISCHER STIL

Die Vorliebe für Gesten und die Sorge um ihr „Image", die wir bei der Analyse ihres Handelns und ihrer Aussagen im religiösen Kontext gefunden haben, sind ein Schlüssel zu Elizabeths politischem Charakter. Denn dieselben Muster wurden auch schon in ihren Handlungen und Aussagen in anderen Bereichen erkennbar. Auch wenn wir manches daraus lernen können, sollten wir doch bescheiden bleiben und realisieren, dass wir wenig mehr lernen können, als Elizabeth uns hat lernen lassen wollen, und selbst diese Lektionen sind sicher mit Vorsicht zu genießen. Die Königin war nicht leicht einzuschätzen. In einer späteren Zeit ihrer Herrschaft bemerkte ein Botschafter, dass sie im Gespräch oft vom eigentlichen Thema abwich, war sich aber nicht sicher, ob sie dies absichtlich tat, um Zeit zu gewinnen, oder ob dies einfach nur ein Charakterzug war. Das Leben an ihrem Hof war sorgfältig inszeniert. Die Förmlichkeit, mit der sie manchmal ausländische Botschafter und Gäste begrüßte, sollte diese durch ihren Reichtum, ihre Macht und Sicherheit beeindrucken. Der reich geschmückte Empfangssaal in ihrem Palast, mit dem Thron unter einem Wandbehang, der auf ihren königlichen Rang hinwies, die gutgebauten jungen *Gentlemen*, die an der Türe Wache standen, die eleganten Höflinge und Hofdamen oder Ehrenjungfrauen, die anmutig umherwandelten, und ein oder zwei ehrwürdige Ratsmitglieder, die sicherstellen sollten, dass der ganze Vorgang richtig aufgezeichnet wurde – und im Zentrum von alledem natürlich die Königin selbst, eindrucksvoll und attraktiv in ihrer Jugend, in ihren späteren Jahren mit Perücke und stark geschminkt, doch immer prächtig gekleidet in Gewänder, die auffielen durch kostbare Stoffe, komplizierte Schnitte und sorgfältigste Verarbeitung und durch das Funkeln der Juwelen, mit denen sie geschmückt waren – diese ganze sorgfältig inszenierte Zurschaustellung sandte stets die richtige Botschaft an den geblendeten Besucher.

Doch es gab auch weniger formelle Übungen. Ein Botschafter bemerkte einmal über einen besonders würdevollen Auftritt Elizabeths, es habe gewirkt, „als ob ich sie sehen sollte, während sie so tat, als sähe sie mich nicht". Besondere Inszenierungen gab es wohl für die Botschafter und ihre ausländischen Herren. In der Frühzeit ihrer Herrschaft warf sich Kate Ashley, Elizabeths älteste Gefährtin, im Empfangssaal vor ihr auf die Knie, tadelte sie wegen ihrer Vertrautheit mit Dudley und forderte sie auf, durch eine Heirat eine anständige Frau zu werden. Obwohl sie Elizabeth seit Jahren so nahe stand, hätte sie diese Kühnheit wohl nicht besessen, wäre sie nicht von oben dazu angeleitet worden, denn die Szene gab Elizabeth einen Vorwand, ihren guten Namen und ihre Bevorzugung Dudleys zu verteidigen. Viele Jahre später, während der Verhandlungen über eine mögliche Heirat mit dem Herzog von Anjou, war Leicester selbst der Hauptdarsteller in einer bemerkenswert ähnlichen Szene. Er trat vor die Königin und fragte sie mit ansonsten unvorstellbarer Unverfrorenheit, ob sie noch Jungfrau sei. Es ist kaum vorstellbar, dass er – Elizabeth war auf der Höhe ihrer Macht – es gewagt hätte, sie in einer so intimen Angelegenheit zu fragen (oder gar herauszufordern), ohne ihre ausdrückliche Anweisung. Es ging natürlich darum, die Franzosen bezüglich der Beziehung zwischen der Königin und ihrem früheren Günstling zu beruhigen. Hätte Leicester selbst mit ihr geschlafen, hätte er sie nicht zu fragen brauchen!

Um die Hand des Regisseurs in diesen Szenen zu entdecken, muss man sie nur mit anderen vergleichen, für die es kein Drehbuch gab, etwa wenn ihre Untertanen sich ihr gegenüber auf unliebsame Weise gebärdeten, worauf Elizabeth mit einer Haltung reagieren musste, die überhaupt nicht ihren Absichten entsprach. Als Sir Richard Shelley, ein junger katholischer *Gentleman*, es wagte, ihr auf dem Weg in die Whitehall-Gärten eine Petition vor die Füße zu werfen, in der eine gewisse Toleranz für ihre katholischen Untertanen erbeten wurde, ergriff sie nicht die Gelegenheit, Gnade walten zu lassen, wie einst Ludwig der Fromme von Frankreich unter der Eiche hatte Gerechtigkeit walten lassen für die, welche ihm ihre Bekümmernisse und Beschwerden brachten, sondern ließ Shelley verhaften, einsperren und im Gefängnis verschmachten.

Und selbst die inszenierten Auftritte verliefen nicht immer nach Plan. Nachdem der charismatische Jesuit Edmund Campion 1581 in den Tower gesperrt worden war, ließ Leicester (sein früherer Gönner) ihn für einen Abend zu einer privaten Audienz bei der Königin auf freien Fuß. Bei der letzten Begegnung der drei 1566 in Oxford (als Campion noch der Kirche von England angehörte) hatte Campion die Königin im Namen der Universität mit einer wunderbaren Lobrede empfangen. Nun, fünfzehn Jahre später, glaubte Elizabeth vielleicht, dass ihr Charisma ihn wieder auf ihre Seite ziehen könne. Aber Campion lehnte die Gnade und Gunst ab, die er durch ein paar gut gewählte Worte hätte erhalten können.

Eine weitere Zielgruppe für die sorgfältig inszenierte Zurschaustellung ihrer Persönlichkeit war das Parlament. Sie hatte die Fähigkeit ihres Vaters geerbt, diese manchmal sture und laute Institution auf ihre Seite zu ziehen. Doch wo er mit seiner physischen Präsenz die Menschen in ihren Bann geschlagen hatte, setzte Elizabeth die Macht der Worte ein und wechselte den Ton geschickt zwischen Sanftheit und Zorn. Auch wenn ganze Geschichtsbücher darüber verfasst wurden, dass es zunehmende „Opposition" gegen Elizabeth gegeben habe, hatte sie ihre Parlamente ziemlich gut im Griff. Bei der einzig ernsthaften Opposition, der sie dort gegenüberstand, ging es im Jahre 1559 um die Religionsfrage, und diese war schnell überwunden: Ihre meist bischöflichen Opponenten verloren ihre Sitze im *House of Lords*. Es war nicht so sehr das Parlament, das sich Elizabeth widersetzte, weit häufiger war es Elizabeth, die sich dem Parlament widersetzte. Während ihrer Herrschaft wurden viele Gesetzesentwürfe nicht Gesetz, weil sie sich gegen sie stellte und ihnen die königliche Zustimmung verweigerte. Teilweise hatte dies sicherlich politische Gründe, wenn zum Beispiel in diesen Entwürfen ein härteres Vorgehen gegen Katholiken gefordert wurde. Doch manchmal schien sie einfach nur zeigen zu wollen, wer hier das Sagen hatte. Manchmal musste sie auch unerwünschte Ratschläge entgegennehmen, vor allem vom *House of Commons*, dessen Mitglieder sich ihr, der Frau, überlegen fühlten und es in einer ganzen Reihe von Themenbereichen, angefangen von der Religion bis hin zur Ökonomie, besser zu wissen glaubten als sie und es kaum über sich bringen konnten, ihr nicht ihre überlegene Weisheit zuteil werden zu lassen.

Das gelegentliche Einsperren widerspenstiger Abgeordneter in Kombination mit dem mal versöhnlichen, mal verächtlichen Umgang mit Delegationen des Unterhauses ermöglichte ihr eine einigermaßen gedeihliche Zusammenarbeit mit dem Parlament (nach 1559 machten ihr die *Lords,* nach damaliger Etikette ihre „Vettern", keine Schwierigkeiten mehr). Manchmal war Elizabeth äußerst besorgt, wenn die *Commons* ohne ihre Genehmigung Themen der hohen Politik diskutierten und damit ihre Prärogative verletzten. Dass sie – und das stand hinter dieser Besorgnis – eine so hohe Meinung vom Königtum hatte, war nicht irgendeine Marotte, sondern entsprang der Erinnerung an die Art, wie ihr Vater als König regiert hatte. Genau wie schon Mary vor ihr wusste auch Elizabeth, dass sie ihre Untertanen nie so im Griff haben würde wie er. Aber dafür tat sie deutlich mehr als Mary, um ihm nachzueifern. Sie war immer stolz auf ihre körperliche Ähnlichkeit mit ihm, die sich in ihrer Haltung und in ihrem roten Haar zeigte. Und sie beschwor in ihren öffentlichen Äußerungen sehr häufig die Erinnerung an ihn herauf, an sein Vorbild und an sein Vermächtnis. Am berühmtesten ist wohl ihre Ansprache an die Truppen in Tilbury während des Angriffs der Armada, in der sie behauptete, „das Herz und den Mut eines Königs" zu haben, wenn auch verborgen im „schwachen Körper einer Frau". Der König, den sie meinte, war zweifellos Henry.

Elizabeth wusste ihre Weiblichkeit in der politischen Arena effektvoll einzusetzen. Zwar machte diese Weiblichkeit den „Geburtsfehler des falschen Geschlechts" nicht wett – dass sie häufig über ihren Vater sprach und stolz darauf war, seine Tochter zu sein, zeigt, dass sie niemals vergaß, kein Mann zu sein. Aber sie machte das Beste daraus. Höfische Liebe war die Sprache, in der man am Hofe sprach. Sie betrachtete es als selbstverständlich, von den Lippen ihrer männlichen Günstlinge und Diener Ergüsse zu hören, würdig eines Dichters von Sonetten der Renaissance oder eines romantischen Romanschreibers des 19. Jahrhunderts. Zeit ihres Lebens haschte sie schamlos nach Komplimenten, wenn sie sich mit Männern unterhielt. Der Reigen hübscher und charmanter junger Leute, die im Tanz schöne Beine schwangen, hätte einem Hollywood-Sternchen wohl angestanden. Und wenn Männer wie Leicester sich einmal nicht ihrer Gunst erfreuten, konnten sie sich wieder in ihr Herz schleichen, indem sie amouröse Briefe schrieben oder Konversation betrieben, die umso gewagter zu sein hatte, je mehr die Reize der alternden Königin schwanden. Die Konventionen einer höfischen Liebe, in der die gesellschaftliche Vorherrschaft des Mannes über die Frau umgekehrt wurde, indem sich die Frau als herrschend, ja tyrannisch in der Beziehung zeigte und der starke Mann als schwach und abhängig aus Leidenschaft, bildeten eine gute Metapher für die politische Umkehrung der Geschlechterrollen, in die sie hineingeraten waren, und halfen, sich ein wenig leichter an diese beispiellose Situation zu gewöhnen.

HEIRAT UND THRONFOLGE

Es ist viel darüber diskutiert worden, ob Elizabeth jemals hat heiraten wollen oder nicht. Die Historiker waren sich darin, wie in vielem anderen, was Elizabeth betrifft, vor allem deshalb uneins, weil sie selbst ihre Absichten bewusst im Unklaren ließ. Schon zu Beginn ihrer Herrschaft, als ausländische Fürsten sich noch nach dem Privileg drängten, Europas begehrteste Junggesellin heiraten zu dürfen, machten zweideutige Andeutungen am Hof der Königin die Runde. Das Gerücht, Elizabeth sei für eine Ehe körperlich nicht geeignet, tauchte schon ganz zu Anfang auf, und schon aus dieser Zeit stammen auch Elizabeths eigene Bemerkungen über die Vorzüge der Jungfräulichkeit und die Nachteile der Ehe überhaupt und speziell des Gebärens von Kindern. Doktor Huick, ihr Leibarzt, der sie viele Jahre lang behandelt hatte, hielt sie in den 1560er Jahren für unfähig zu sexuellen Beziehungen. Ungefähr zur gleichen Zeit aber stellte ein Ärztekomitee fest, dass sie Kinder haben könne. Etliche Jahre später, als sie bereits 45 Jahre alt war und die Verhandlungen über eine Heirat mit dem Herzog von Anjou liefen, überzeugte ein anderes Komitee von Ärzten und Hofdamen Cecil davon, dass sie selbst in diesem recht hohen Alter noch Kinder bekommen könne. Doch auch wenn sie Elizabeths körperliche Verfassung besser kannten – der skeptische Historiker muss dazu anmerken, dass ein solches Komitee kaum einen Grund gehabt hätte, das Gegenteil zu verkünden, selbst wenn es wahr gewesen wäre. Elizabeth war ausgesprochen empfindlich gegenüber dem, was sie als Verleumdung ihrer Schönheit und ihres Charmes betrachtete – die geheime Hochzeit des Earl of Leicester mit Lettice Knollys wurde als ein solcher Affront interpretiert –, und hätte auf eine Verunglimpfung ihrer Weiblichkeit trotz ihrer eigenen ausdrücklichen Verachtung der Ehe und des Gebärens hart reagiert.

Falls aber keine körperliche Unfähigkeit zum Vollzug der Ehe vorgelegen haben sollte, hatte sie dann, wie vermutet wurde, ein seelisches Problem? Die Meinungen darüber gehen auseinander: Einige verweisen auf ihre Erfahrungen im Haus von Sir Thomas Seymour (die heutzutage als Kindesmissbrauch eingestuft würden), andere sahen darin lediglich eine Folge von Eifersucht oder Frustration oder gar einer sexuellen Orientierung. Klar ist nur, dass Elizabeth äußerst schlecht auf Heiraten oder auch nur Heiratsabsichten von Männern in ihrem näheren Umfeld reagierte. Manchmal kann man dies eher auf politische als auf persönliche Gründe zurückführen. Mitglieder der königlichen Familie durften nicht ohne die Einwilligung (praktisch hieß das: auf Anordnung) des Monarchen heiraten. Als daher in den 1560er Jahren Lady Catherine Grey Edward Seymour heiratete, unterschied sich Elizabeths Reaktion – sie ließ beide ins Gefängnis werfen – nicht von der ihres Vaters, als in den 1530er Jahren Lord Thomas Howard Lady Margaret Douglas heiratete. Die Absicht des Duke of Norfolk, Mary Stuart zu heiraten, fällt in dieselbe Kategorie. Auch wenn Mary nicht Elizabeths Untertanin war, hätte der Duke die Königin von seinen Absichten unterrichten müssen; die zu erwartende Ablehnung, die ihn davor zurückschrecken ließ, das Thema anzuschneiden, fußte nicht unbedingt auf Elizabeths persönlicher Abneigung gegen die Ehe.

Doch Elizabeth reagierte nicht nur merkwürdig auf Ehen, bei denen königliches Blut im Spiel war, sondern darüber hinaus auf fast jede Ehe, die eine Frau oder ein Mann an ihrem Hof einging. Ihre Günstlinge verheimlichten ihre Ehen fast immer, solange es nur ging, was ihren Zorn noch mehr entfachte, wenn es dann doch herauskam. Nach dem Streit aufgrund von Leicesters zweiter Heirat wurde ihm zwar vergeben und er wurde wieder in Gnaden aufgenommen, aber seine Frau durfte nie wieder bei Hof erscheinen. Ähnliche Geschichten von der königlichen Wut über Heiraten von Höflingen oder Ehrenjungfrauen ließen sich fast unendlich wiederholen. Ein Opfer ihres Zorns blieb so lange in Ungnade, bis es im Gefängnis starb. Elizabeths Bischöfe und Kleriker litten ebenfalls unter ihrer Einstellung zur Ehe. Sie verbot den Frauen der Bischöfe, ihre Männer an den Hof zu begleiten, und das Gesetz, das Priestern erlaubte zu heiraten und das unter Mary abgeschafft worden war, wurde während Elizabeths Zeit auf dem Thron nicht wieder eingeführt. Das sieht ganz so aus, als habe Elizabeth eine tief verwurzelte Abneigung gegen Mutterschaft überhaupt gehabt.

Zweifel und Spekulationen über die sexuelle Orientierung der Königin jedoch können gut und gerne begraben werden. Was auch immer ihre Haltung zu Ehe und Geschlechtsverkehr gewesen sein mag, ihre Lust an der Gemeinschaft mit Männern war offensichtlich. Ihre Beziehung zu Robert Dudley zu Beginn ihrer Herrschaft wirkte auf alle bei Hofe und im Kronrat wie Liebeswerben. Die komplizierten Rituale des Flirts und der höfischen Liebe, mit denen sie oft ihren Umgang mit Männern bei Hof oder im Kronrat verband, spiegelten ebenfalls die konventionellen Anschauungen über die Beziehungen der Geschlechter wider und gaben zudem ein bequemes Vokabular an die Hand, mit dem sich das existenzielle Unbehagen eines erwachsenen Mannes von Adel überwinden ließ, der sich in der unbequemen Lage sah, von einer Frau abhängig und ihr dienstbar zu sein. Sie konnten sich ihre Situation dadurch schmackhaft machen, dass sie sich mit Liebhabern verglichen, die um die Gunst einer Maid in einem Ritterroman warben. Das erklärt das erneuerte Interesse an der Ritter-Literatur und der Artussage, das in der elisabethanischen Zeit aufkam (und nach ihr alsbald wieder aus der Mode kam, lange im Verborgenen blieb und erst in der Romantik und Neugotik wieder erwachte). Ein höchst kunstvolles Beispiel dafür liefern die vielfältig verschlungenen Allegorien in Spensers unvollendetem protestantischen Epos *The Faerie Queene*.

Obwohl Elizabeth in ihren Beziehungen mit den hübscheren unter ihren Höflingen all diesen Ritualen der höfischen Liebe frönte, ging sie doch als *Virgin Queen* in die Geschichte ein. Auch wenn gemeine Gerüchte und die boshafteren Zungen ihrer katholischen Feinde ihre Jungfräulichkeit rasch anzweifelten, besonders in den frühen Jahren, als ihre Intimität mit Dudley ein offenes Geheimnis war, gibt es keinen Grund, ihre Behauptung, Jungfrau geblieben zu sein, in Frage zu stellen. Für Elizabeth wäre es ein unkalkulierbares politisches Risiko gewesen, ihre Unschuld vor einer Heirat zu verlieren. Könige und Prinzen mochten sich ihre Hörner abstoßen dürfen: königliche Bastarde waren nur ein Ausweis königlicher Männlichkeit. Doch im Tudor-England hatte die sexuelle Doppelmoral einen sicheren Stand, und eine Königin, die ein uneheliches Kind geboren hätte, hätte politischen Selbstmord begangen und sich die tödliche Verachtung ihres Standes zugezogen. Mary Stuart gab Elizabeth dafür ein Musterbeispiel, denn deren verwickelter ehelicher und sexueller Werdegang trug nicht gerade dazu bei, dass der Hochadel in fester Treue zu ihr stand. Elizabeths Beziehung zu Dudley sorgte auch so schon für genügend Ablehnung. Nicht auszudenken, was der Duke of Norfolk oder der makellos treue Earl of Sussex getan hätten, wenn Elizabeth Dudleys Kind der Liebe geboren hätte.

Trotz all dieser Besonderheiten und Widersprüchlichkeiten Elizabeths beim Thema Ehe wäre es riskant, aus heutiger Distanz eine psychoanalytische Erklärung dafür zu suchen. Ihre eigenen Einwände gegen eine Ehe sind völlig rational formuliert. Sie reichen von ihrer grundsätzlichen Abneigung gegen den Ehestand bis hin zu der klaren Erkenntnis der politischen Probleme, die mit einer Ehe mit einem ausländischen Fürsten verbunden sind. Die Tudorzeit war bezüglich der Ehe nicht sentimental, und Elizabeth war klug genug, vernünftige Schlüsse aus dem zu ziehen, was sie um sich herum sah. Die Ehe ihrer Mutter hatte auf dem

Schafott geendet, und der Rest des Ehekatalogs ihres Vaters hat sie wohl kaum mit sonderlicher Begeisterung für den heiligen Stand der Ehe erfüllt. Die einzige Frau Henrys VIII., zu der sie eine enge Beziehung aufgebaut hatte, Catherine Parr, war in den Wehen gestorben. Die Ehe ihrer älteren Schwester war ein offenes Desaster gewesen. Und ihre Cousine, Mary Stuart, war mit dem unreifen Jungen, dem schwächlichen jungen Mann und dem tollkühnen Abenteurer, mit denen sie sich nacheinander verbunden hatte, auch nicht gerade gut bedient. Leicesters erste Ehe, auch dies ein Scheitern, hatte in einer merkwürdigen Tragödie geendet. Elizabeth war sich der Vollmacht, die man zu jener Zeit Ehemännern gegenüber ihren Frauen zusprach, nur allzu bewusst, und es widerstrebte ihr vermutlich, ihre Position als weiblicher Souverän durch die Unterwerfung unter einen Mann auch nur ansatzweise zu unterminieren. Mary hatte die Ehe als ihre Bestimmung betrachtet, Elizabeth ganz sicher nicht. Und bedenkt man ihre Neigungen und Erfahrungen, war ihre Entscheidung, nicht zu heiraten, in vielerlei Hinsicht eine kühl überlegte.

MARY STUART

Die Nachfolgefrage wurde weiter verkompliziert durch Mary, die Königin von Schottland, die die Stabilität der Herrschaft Elizabeths von Anfang an bedrohte, seit sie das Wappen Schottlands mit denen Englands und Frankreichs verbunden hatte, worin ein indirekter Anspruch wenn nicht auf den Thron, so doch auf die Thronnachfolge lag. Bis zum Ende ihres tragischen Lebens sollte die englische Krone das höchste Ziel ihrer Wünsche sein, und diese Bestrebungen prägten die Politik und das persönliche Leben Elizabeths wie wenig anderes. Immer wieder jedoch verschworen sich die Ereignisse, Marys berechtigte Hoffnungen und weniger berechtigte Ansprüche zunichte zu machen. Der englische Sieg von 1560 sicherte die Reformation in Schottland und schwächte entscheidend die Position ihrer schottischen Verbündeten und französischen Verwandten. Doch dies war solange kein allzu großes Problem, wie sie mit dem König von Frankreich verheiratet war, denn am Ende konnte die französische Macht in die Waagschale geworfen werden, um die Beleidigung der französischen Ehre durch England zu rächen. Der Tod ihres Mannes, des schwächlichen François' II., war ein empfindlicherer Schlag. Er verringerte nicht nur ihre eigene Macht erheblich, sondern auch den Einfluss ihrer Cousins aus dem Hause Guise auf die französische Politik.

Plötzlich war Schottland das einzige, was einer Frau noch blieb, die davon geträumt hatte, nicht weniger als vier Königreiche zu hinterlassen: England, Frankreich, Schottland und Irland. Da es ihr nichts gebracht hätte, in Frankreich zu bleiben, kehrte sie, nach Geschmack und Manieren mehr Französin als Schottin, 1561 in ein für sie ziemlich fremdes Land zurück. Ihre Politik hier war einfach: sich um Anerkennung ihres Anspruchs auf die englische Thronfolge zu bemühen.

Das Wichtigste, was Mary von Elizabeth wollte, war ihre ausdrückliche Anerkennung als präsumtive Thronerbin. Doch nach dem *Act of Succession* von 1544, der noch immer in Kraft war, war sie von der Thronfolge ausgeschlossen. Das bedeutete jedoch nicht viel, denn der gleiche Ausschluss galt auch für ihren Sohn James, der trotzdem 1603 den englischen Thron besteigen sollte. Rein erblich und gewohnheitsrechtlich betrachtet war ihr Thronanspruch zweifellos der berechtigtste: Sie stammte von Henrys VIII. älterer Schwester Margaret ab. Und wäre es je dazu gekommen, hätte sie vermutlich ihren Anspruch auch gegen die Greys, die von Henrys jüngerer Schwester Mary abstammten, durchsetzen können, sofern man wieder nur die rein erbliche, nicht die gesetzliche Thronfolge betrachtet. Wenn die Geschichte der Tudors etwas gezeigt hatte, dann dies, dass der Wille der Fürsten und Parlamente nichts gegen die Macht der Waffen und den Konsens des Volkes bezüglich der Rechte der Erben ausrichten konnte. Aber Mary war nie eine raffinierte Politikerin gewesen. Anders als Elizabeth trug sie ihr Herz auf der Zunge und verfügte nicht über deren Talent zur Verstellung, Doppeldeutigkeit und Unklarheit. Außerdem fiel es ihr schwer, Phantasie und Wirklichkeit zu unterscheiden. Daher weigerte sie sich schlicht zu glauben, dass Henrys VIII. Testament und das Gesetz von 1544 sie von der Erbfolge ausschlossen, und verlangte wiederholt, eine beglaubigte Kopie einsehen zu dürfen. Hier lagen einige von Elizabeths Problemen. Nur ein Parlamentsgesetz hätte die Thronfolge Marys formell garantieren können, und die Parlamente, die unter Elizabeth zusammentraten, wären nicht bereit gewesen, die Thronfolge einer Katholikin zu sanktionieren. Zudem hatte Elizabeth ihre eigenen Gründe, die Nachfolgefrage im Ungewissen zu lassen. Sie wusste aus ihrer Erfahrung aus der Zeit Mary Tudors, dass die Person des Thronerben zum Brennpunkt von Verschwörungen und Opposition werden konnte. Zutiefst misstrauisch, wie sie als eine Tudor war, hatte sie keine Lust, des Mörders Messer mit Hoffnung zu wetzen.

Mary Stuarts wenige Jahre an der Macht waren geprägt von Unfähigkeit und Fehleinschätzungen, die sie nicht nur den englischen Thron

MARY STUART

nicht einnehmen, sondern auch noch den schottischen verlieren ließen. Ihre Politik war immer unbeständig und oft undurchschaubar. Ihre unvorhersehbar wechselnde Haltung gegenüber ihrem Adel und ihre höchst eigenwillige religiöse Position entfremdeten ihr wesentliche Bereiche der politischen Meinung in Schottland. Das vielleicht Bemerkenswerteste ist, dass sie 1568 noch genügend Unterstützung auftreiben konnte, um einen Bürgerkrieg zu führen. Dies lag allerdings weniger an ihr – sie scheint ein beachtliches persönliches Charisma gehabt zu haben, mit dem sie die unwahrscheinlichsten Feinde für sich zu gewinnen vermochte – als vielmehr an den andauernden Fehden im schottischen Adel, die dafür sorgten, dass es niemandem, der an der Macht war, jemals an Rivalen fehlte. Bezeichnenderweise war Mary Stuart außerstande, selbst dieses Grundphänomen der schottischen Politik richtig einzuschätzen, und suchte ihre Zuflucht, als sie den Bürgerkrieg verloren hatte, ausgerechnet in England. Klüger wäre es gewesen, den Forderungen ihrer Feinde nachzugeben und geduldig ihre Position wieder aufzubauen, wie sie es früher getan hatte. Stattdessen setzte sie alles aufs Spiel – und verlor –, indem sie nach England floh, in der Hoffnung, von Elizabeth politische und militärische Unterstützung zu erhalten: ausgerechnet von Elizabeth, der knauserigen und friedliebenden Protestantin, der einzigen in der Welt, die einen Nutzen aus Marys politischer Entmachtung zog. Und so begannen die fast zwei Jahrzehnte ihres Aufenthaltes in England, während dessen sie von Stufe zu Stufe abstieg: vom Status eines, wenn auch schwierigen Ehrengasts zu dem einer Gefangenen zunächst im Hausarrest, danach im lästigen, unangenehmen Gewahrsam in der Hand eines einzigartig widerlichen puritanischen Eiferers als Volksfeind Nummer eins, der nur noch geduldet wurde, bis schließlich zu ihrer Hinrichtung unter öffentlichem Jubel.

Wie Elizabeth mit Mary umging, wirft ein deutliches Licht auf die Stärken und Schwächen ihres Charakters und ihrer Politik. Elizabeth respektierte ihre Cousine von Anbeginn als gleichgestellten Souverän. Insoweit war Marys Traum, in England Unterstützung zu finden, noch halbwegs realistisch. Elizabeth fühlte sich selbst zu ungeschützt, als dass sie mit Gleichmut auf die Vertreibung eines benachbarten Souveräns durch eine Clique ehrgeiziger adliger Unzufriedener hätte blicken können. Andererseits hinderte ihr politischer Überlebenswille sie daran, Mary jenes persönliche Gespräch zu gewähren, an das diese ihre Hoffnung knüpfte. Vielleicht fürchtete sie, dem berühmten Charme der schottischen Königin zu erliegen. Vielleicht hatte sie aber auch die Sorge,

Marys befleckter Ruf in punkto sexueller Beziehungen und politischer Machenschaften könne auf sie selbst zurückfallen (schließlich war der ihre durch ihre zwar nicht vollzogene, aber doch auch nicht ganz unschuldige Liebesaffäre mit Dudley bereits angeschlagen). Mary wurde des wiederholten Ehebruchs und der Verschwörung zum Mord verdächtigt. Am wahrscheinlichsten aber war, dass Elizabeth die politischen Konsequenzen fürchtete, wenn sie den zweiten Platz bei Hofe (ein niedrigerer wäre für einen Souverän nicht in Frage gekommen) jemandem überließe, dem man Verschwörungen und Intrigen nachsagte. Also wurde Mary auf Abstand gehalten.

Andererseits widerstand Elizabeth lange und fest dem immer lauter werdenden Ruf nach Marys Hinrichtung. Dieser ertönte bereits 1569, denn Marys Ankunft hatte binnen eines Jahres eine Verschwörung zu ihrer Befreiung und zum Sturz Elizabeths ausgelöst. Die verlässlich protestantischen Parlamente Elizabeths riefen mit eintöniger Regelmäßigkeit nach Marys Hinrichtung – oftmals angestachelt durch den Kronrat. Vielleicht kann man Elizabeths Widerwillen, sich diesem Druck zu beugen, auch darauf zurückführen, dass sie gemerkt hatte, wie ähnlich Mary Stuarts Lage ihrer eigenen Lage in den 1550er Jahren unter ihrer Schwester Mary Tudor war, als diese von ihren Beratern gedrängt wurde, ihre politischen Errungenschaften mit Elizabeths Blut zu besiegeln. Vielleicht erkennen wir auch – zwischen ihrer Abneigung, Mary an den Hof kommen zu lassen, und der Ablehnung der machiavellistischen Lösung eines sehr realen politischen Problems – die Grenzen der politischen Fähigkeiten Elizabeths. Immerhin brachte Elizabeth Mary in eine unmögliche Lage, die quasi zwangsläufig zu den Intrigen führen musste, die Elizabeth am meisten fürchtete. Angesichts der zunehmend gewisser werdenden lebenslangen Haft nicht nur ohne Prozess, sondern auch ohne den mindesten Hauch von Rechtsstaatlichkeit (als Königin von Schottland unterstand Mary gar nicht Elizabeths Gerichtsbarkeit), war zu erwarten, dass Mary auf das Einzige hinarbeiten würde, was zu ihrer Freilassung führen konnte: Elizabeths Tod. Elizabeth andererseits wusste ganz genau, wie es wirken würde, wenn sie Mary auf das Schafott schickte. Jeder würde es für tyrannisch, grausam und unmenschlich halten – was es ja auch war.

Marys Ankunft erschütterte sofort die nach wie vor instabile Konstruktion der Politik unter Elizabeth. Jener altmodische Teil des englischen Adels, der die Zweifel an der Thronfolge beseitigen wollte, sich der politischen Vormachtstellung Cecils widersetzte und die religiöse Spaltung bedauerte, sah in Mary eher eine Lösung als ein Problem. Als Elizabeths Unwillen zu heiraten immer offenbarer wurde, war die Vorstellung, Mary mit einem englischen Adligen zu verheiraten, für manche die Idee schlechthin. Und Englands höchstrangige Adlige, der Duke of Norfolk, war zum Glück ein begehrter Witwer mittleren Alters, und dies just zu dieser Zeit. Die Verbindung ließ auf einen englischen Thronerben hoffen (Mary hatte bewiesen, dass sie Kinder haben konnte), auf eine Bestandsgarantie für die Elisabethanische Kirche von England durch den Duke (einen überzeugten, aber moderaten Protestanten) und auf Versöhnung mit den Katholiken durch eine katholische Königin (und vermutlich auf ein gewisses Maß an Tolerierung). Mary und Norfolk hatten der Ehe gegen Ende 1568 zugestimmt und verbrachten das Jahr 1569 damit, die englischen Aristokraten und ausländischen Botschafter zu bearbeiten, um den Plan zu testen und ihn unaufhaltsam zu machen. Norfolk und seine Verbündeten wagten es allerdings nicht, Elizabeth einzuweihen. Nachdem die Gerüchte nicht mehr ignoriert werden konnten, war schließlich sie es, die das Thema ihm gegenüber anschnitt; sie erpresste ein Geständnis von ihm und befahl ihm schroff, jeden Gedanken an eine Ehe mit Mary aufzugeben. Elizabeth hatte nicht die Absicht, Marys Thronanspruch anzuerkennen, und noch weniger, ihre politische Position zu stärken, indem sie ihr die Heirat mit dem reichsten Mann ihres Königreichs erlaubte. Außerdem wusste jeder, dass nach einer solchen Heirat Cecils Position unhaltbar würde, und Elizabeth dachte nicht daran, ihren wichtigsten Berater zu entlassen.

Norfolk hatte zu viel in seine Hoffnungen investiert, um sie nun bloß auf das Wort der Königin hin fahren zu lassen; er zog sich grollend zurück und dachte über seine Möglichkeiten nach, sogar über Rebellion. Allerdings verließ ihn dann doch der Mut, aber zwei seiner Verbündeten, die katholischen Earls of Northumberland und Westmorland, entschlossen sich, auch ohne seine Unterstützung loszuziehen, riefen ihre Leute im Namen der alten Religion auf und marschierten nach Süden, um die schottische Königin unter ihre Kontrolle zu bringen. Doch ihr Komplott war in dem Moment zum Scheitern verurteilt, als Mary in Windeseile in die sichereren Midlands verbracht wurde, und ihr Heer schmolz dahin, als der Earl of Sussex ihnen mit deutlich überlegenen Truppen entgegenmarschierte. Dieser Aufstand wurde mit größerer Grausamkeit niedergeschlagen als jede andere Rebellion unter den Tudors. Nach der Gnadenwallfahrt hatte Henry VIII. verlangt, in jedem Dorf nördlich des Trent einen Mann zu hängen, aber der damalige Duke of Norfolk hatte Milde walten lassen. Nun aber, nach dieser weit weniger gefährlichen Rebellion, scheint Elizabeth die Lösung, die ihr Vater angestrebt hatte, umgesetzt zu haben. An die 800 Männer wurden gehängt, auch wenn Elizabeth behauptete: „Wir waren immer von Natur aus zur Milde geneigt." Diese Grausamkeit gegenüber den kleinen Leuten ging allerdings mit erstaunlicher Milde gegenüber dem Hauptschuldigen, dem Duke of Norfolk, einher, dessen Großvater sich nie erdreistet hätte, Henry VIII. gegenüber so ungehorsam zu sein wie der jetzige Duke of Norfolk gegenüber dessen Tochter. Doch war Elizabeth weit weniger als ihr Vater bereit, ihren größten Untertan zu vernichten. Obwohl sie stets darauf bestand, jeder Zoll ein ebensolcher Monarch zu sein wie ihr Vater, konnte sie nichts gegen den kulturellen Nachteil tun, in dem sie ihm gegenüber durch ihr Geschlecht war. Die Beziehung zwischen dem Souverän und seinen Adligen konnte unter einer Frau niemals dieselbe sein wie unter einem Mann.

Norfolk jedoch arbeitete selbst auf seinen Untergang hin, indem er mit ungewöhnlicher Festigkeit an seinen Absichten festhielt. Nachdem er im August 1570 aus der Gefangenschaft entlassen worden war, wurde er – immer noch in der Absicht, Mary zu heiraten – schnell wieder Teil einer Intrige spanischer und päpstlicher Agenten. Nur knapp ein Jahr später saß er wieder im Tower, und im Januar 1572 wurde er wegen Hochverrats verurteilt. Trotzdem dauerte es vier Monate, bis Elizabeth überredet werden konnte, sein Todesurteil zu unterzeichnen. Wieder einmal zeigte sich, dass sie weniger geneigt war als ihr Vater, auf dem Tower Hill die Köpfe ihres Adels rollen zu lassen.

DAS KATHOLISCHE PROBLEM

Die Grafen aus dem Norden hatten ihre Truppen unter dem katholischen Banner zusammengerufen – wörtlich sogar, denn es war das Banner St. Cuthberts, das traditionellerweise im Altarschrein der Kathedrale von Durham aufbewahrt wurde und unter dem die Männer aus dem Norden für gewöhnlich gegen die Schotten marschierten. Dies erinnerte Elizabeth und Cecil an die politischen Gefahren, die religiöser Gespaltenheit innewohnte. Öffentlich aber taten sie kund, Religion sei nur ein Vorwand für die Rebellen gewesen, um ihr wahres Ziel, „dieses Königreich dem Joch ausländischer Fürsten zu unterwerfen", zu verbergen. Diese Botschaft wurde geradezu zementiert durch die unzeitige Entscheidung Papst Pius' V., Elizabeth als Ketzerin und Tyrannin zu exkommunizieren und abzusetzen. Diese päpstliche Bulle, *Regnans in Excelsis* (so benannt, wie alle päpstlichen Bullen, nach den Eingangsworten), erging im Februar 1570, als gerade die letzte Glut der Rebellion ausgetreten wurde. Von da an war es möglich zu sagen, kein guter Katholik könne ein treuer Untertan dieser Königin sein. Dieses Scheinargument wurde nun in den nächsten zwanzig Jahren eingesetzt, um schärfere Gesetze gegen Katholiken zu rechtfertigen, Gesetze, die Teile des römisch-katholischen Glaubens oder der Glaubensausübung praktisch als Hochverrat definierten. Dieser Prozess begann fast unmittelbar im Parlament von 1571, wo Rufe nach der Hinrichtung Mary Stuarts und Norfolks begleitet wurden von aufgebrachten Vorschlägen zum Umgang mit den „Papisten", die zunehmend als „Feind im Innern" gesehen wurden. Die Rückkehr zum Katholizismus wurde zum Verrat, und der Besitz katholischer Devotionalien, die den päpstlichen Segen erhalten hatten, unterlag der *Praemunire*-Gesetzgebung (Beschlagnahme der Güter und Inhaftierung). Ein Gesetzentwurf, in dem Katholiken, die sich weigerten, in der Ortsgemeinde an der Abendmahlfeier teilzunehmen, mit hohen Bußgeldern belegt werden sollten, scheiterte nur an Elizabeths Veto. Einer der wenigen Gesetzentwürfe, denen Elizabeth in diesem Parlament ihre Zustimmung gab, verlangte von allen Klerikern, die von der Kirche von England bezahlt wurden, die *Thirty-Nine Articles* zu unterzeichnen, die 1563 als Zusammenfassung der Kirchenlehre von der Synode verabschiedet worden waren. Dies erschwerte es heimlichen Katholiken, als Geistliche in der Kirche von England tätig zu werden oder zu bleiben.

Ab 1580 erhöhten sich diese religiösen und politischen Spannungen noch, als eine neue Initiative der Gemeinschaft katholischer Flüchtlinge in Europa Früchte zu tragen begann: Sie bildete im Ausland katholische Priester aus und schickte sie dann als Missionare nach England. Die Mission der beiden Jesuiten Robert Parsons und Edmund Campion in den Jahren 1580/81 stärkte die katholische Gemeinschaft wieder, verbreitete Schrecken unter ihren protestantischen Gegnern und setzte die ganze Nation in Erstaunen. Sie zogen durchs Land, entkamen monatelang ihren Verfolgern und machten Hunderte von Menschen zu Rekonvertiten, bevor Campion ergriffen wurde und Parsons aus England flüchtete. Campion wurde, nachdem er gefoltert worden war, zusammen mit einigen anderen Priestern nach dem alten Verratsgesetz verurteilt und hingerichtet. Die Anklagepunkte waren allerdings nicht sonderlich überzeugend, und nun, da die Katholiken ihre eigenen Märtyrer hatten, die sie den protestantischen, von John Foxe berühmt gemachten Märtyrern entgegenstellen konnten, erschienen auch schnell Druckwerke, die sie feierten. Der führende Kopf der katholischen Exilanten, William Allen, veröffentlichte seine *Brief History of the Glorious Martyrdom of Twelve Reverend Priests, Father Edmund Campion and his Companions* im Jahre 1582, wobei es William Cecil sogar der Mühe wert hielt, selbst eine Replik zu verfassen: *The Execution of Justice in England* aus dem Jahre 1583. Bildlich dargestellt wurden die katholischen Opfer in Richard Verstegans 1588 veröffentlichtem *Theatre of the Cruelties of the Heretics of our Times*.

In der Panik, die die Mission von Campion und Parsons ausgelöst hatte, wurden immer neue Maßnahmen gegen die Katholiken beschlossen und, was das Entscheidende war, den Absichten entsprechend auch durchgeführt. In den 1590er Jahren wurden Tausende über Tausende von Rekusanten (so nannte man Menschen, die sich weigerten, Gottesdiensten der Kirche von England beizuwohnen) um hohe Summen gebracht, während Hunderte von Katholiken, sowohl Priester als auch die, die sie versteckten, eingesperrt, verbannt oder gar hingerichtet wurden. In den nächsten zwanzig Jahren wurden rund 120 katholische Priester hingerichtet, die meisten nach neuen Gesetzen, in denen die katholische Priesterweihe im Ausland zum Verrat erklärt wurde. Doch für eine Zeit, in der die Religion das wichtigste Thema in der politischen Arena war, sind Überlegungen darüber, ob die Hinrichtungen politische oder religiöse Gründe hatten, im Grunde Wortklauberei. Diejenigen, welche sich im Parlament für härtere Maßnahmen einsetzten, machten sich über solche Unterscheidungen keine Gedanken. Auch die Katholiken waren von solchen Spitzfindigkeiten nicht sonderlich beunruhigt.

Elizabeths Behauptung, sie wolle den Menschen nicht in die Seele schauen, wirkte immer fadenscheiniger. Doch um fair zu sein: Die Repression wurde ihr fast ebenso sehr aufgezwungen wie den Katholiken. Die Katholiken gaben hauptsächlich Cecil die Schuld, und auch wenn man es im frühneuzeitlichen Europa höflich vorzog, den Ministern und nicht den Monarchen die Schuld zu geben, könnte dieser Vorwurf hier einmal berechtigt gewesen sein. Die Schriften Cecils aus den 1580er und 1590er Jahren stecken voller großer Ideen, wie man den Katholiken die Daumenschrauben anlegen könne, vom Schwur auf das Supremat für Laien bis zur Umerziehung der Kinder von Rekusanten. Der Gesetzentwurf von 1571, gegen den Elizabeth ihr Veto einlegte, wurde mit Nachdruck im Unterhaus von Thomas Norton, einem der engsten politischen Verbündeten Cecils, vertreten und im Oberhaus von Cecil selbst. Man kann sich zwar vorstellen, dass Elizabeth den Beschuss, unter dem diese Politik stand, einfach auf Cecil abgelenkt hat, wie sie den Beschuss wegen der Unterdrückung der Puritaner auf ihre Erzbischöfe abgelenkt hatte. Doch während wir gute Beweise dafür haben, dass in Wirklichkeit sie es war, die ihre Bischöfe beim Vorgehen gegen die Puritaner kommandierte, zeigen die Beweise in Bezug auf die Katholiken in die andere Richtung. Ihre Minister waren die treibende Kraft, allen voran Cecil, gefolgt von Sir Francis Walsingham (1573 zum *Secretary* ernannt), dessen ausgesprochen antikatholische Einstellung durch seine Zeit als Botschafter in Paris geprägt wurde, wo er Zeuge der Massaker der Bartholomäusnacht geworden war. Die beiden verfälschten sogar die Informationen, die sie der Königin gaben, um die katholische Bedrohung größer erscheinen zu lassen, als sie war, denn nur so konnten sie sie dazu bringen, wenigstens einige der Sanktionen zu verhängen, die sie sich ausgedacht hatten. Dies soll nicht heißen, dass Elizabeth ein Ausbund an Toleranz gewesen sei. Hätte sie gegenüber Katholiken Toleranz walten lassen wollen, hätte sie kaum jemand daran hindern können. Ihre Forderung nach äußerlichem Gehorsam gegenüber ihrer religiösen Regelung gestattete keine Kompromisse. Trotzdem war sie empfindlicher als ihr Erster Minister, wenn es darum ging, Menschen anzuklagen, die wegen ihrer Religion verfolgt wurden.

Auch wenn die meisten Katholiken unter den Gesetzen litten, die die Ausübung ihrer Religion schlicht zum Verrat stempelten, war die weit verbreitete Furcht vor „Papisterei" nicht völlig unbegründet. Im späten 16. Jahrhundert und im frühen 17. Jahrhundert gab es eine Reihe politischer Meuchelmorde, in der Regel von Katholiken an Protestanten, manchmal von Katholiken an Katholiken begangen. Opfer waren zum Beispiel 1572 Admiral Gaspard de Coligny, 1584 Prinz Wilhelm von Oranien, 1588 Herzog Henri de Guise und Kardinal Charles de Guise, 1589 Henri III. von Frankreich und 1610 Henri IV. von Frankreich. Zudem waren manche katholischen Theologen bereit, den Tyrannenmord zu rechtfertigen. Es gab also genügend Gründe, sich um die Sicherheit der Königin zu sorgen. Walsingham, der ein eindrucksvolles Netz von Informanten und Spionen gesponnen hatte, brachte immer wieder katholische Verschwörungen gegen Elizabeth ans Licht. Aber nur wenige Katholiken waren tatsächlich an solchen Verschwörungen beteiligt. Die meisten verrenkten sich in peinlicher Rückgratlosigkeit, um ihre Treue zu ihrer Königin über jeden Zweifel zu erheben. Dies ist sicher der Macht des Tudormythos geschuldet, aber auch der wachsenden symbolischen Kraft des englischen Staates (gegen Ende der Herrschaft Elizabeths begann man, den Begriff „Staat" ungefähr in seinem heutigen politischen Sinn zu gebrauchen). 1585 wandten sich katholische Loyalisten vergeblich mit folgenden Worten an die Königin:

> Wir versichern vor dem lebendigen Gott, dass alle und jeder Priester, mit denen wir zu irgendeiner Zeit gesprochen haben, in Eurer Majestät ihre rechtmäßige und unbestrittene Königin sehen … Und falls wir in irgendeinem von ihnen auch nur einen Funken von Verrat oder verräterischer List oder unziemliche Rede erkennen oder erkennen werden … binden wir uns selbst mit einem unwiderruflichen Eid, die ersten zu sein, die diese festnehmen und anklagen.

Zur Zeit der Armada trat eine Gruppe katholischer Adliger an die Regierung heran und bot an, eine Kavallerieeinheit zur Verteidigung des Königreichs auf eigene Kosten auszuheben, auszurüsten und auf dem Schlachtfeld zu unterhalten, wenn im Gegenzug die Bußgelder für Rekusanten gemindert würden. Doch unter jenen Umständen war Cecil natürlich nicht geneigt, eine katholische Privatarmee aufstellen zu lassen, und war grundsätzlich gegen jede Aufweichung der Strafgesetze, und so wurde das Angebot abgelehnt. Als er aber den offiziellen Bericht über den Sieg über die Armada verfasste, nahm er diese Geschichte mit Vergnügen auf, um den Katholiken im Ausland die absolute Treue der Untertanen der Tudorkönigin vor Augen zu führen (auch wenn er daheim auf dem Vorwurf des inneren Verrats eben dieser katholischen Untertanen bestand, um seine finanziellen und strafrechtlichen Daumenschrauben zu rechtfertigen).

DER BRUCH MIT SPANIEN

Der zunehmende Druck auf die Katholiken in den 1570er und 1580er Jahren wurde der Königin auch durch die Verschlechterung der internationalen Situation auferlegt, die im offenen Krieg zwischen England und Spanien gipfeln sollte. Diesen Konflikt hat Elizabeth sicher nicht gewollt. Wie so oft in ihrem Leben war ihr Handeln von den Umständen bestimmt, und die Vorgehensweisen wurden ihr aufgezwungen. Der sich herausbildende Konflikt war nicht primär ein Religionskrieg. Doch die religiöse Kluft zwischen dem protestantischen England und dem katholischen Spanien gab der englischen Außenpolitik eine neue Richtung, in der die klassische Feindschaft mit Frankreich durch eine neue mit Spanien abgelöst wurde. Diese religiöse Spaltung in Verbindung mit den unterschiedlichen Interessen der beiden Länder in den Niederlanden (und teilweise auch auf den Ozeanen) führte zwangsläufig zum Krieg.

Philipp II. hatte in den Niederlanden, einem seiner Erblande, ernstliche Schwierigkeiten. Lutheraner, Wiedertäufer und Calvinisten hatten sich in der dortigen Bevölkerung, einer der gebildetsten und am meisten verstädterten in Europa, schon in den 1560er Jahren ausbreiten können. Natürlich hatte der Katholizismus noch immer viele Anhänger. Aber die lokalpolitischen Gewalten waren zersplittert, und das erschwerte oftmals eine wirkungsvolle Unterdrückung religiösen Abweichlertums (jedenfalls ohne eine riesige und daher teure Militärpräsenz), mit der Folge, dass es dort zuzeiten einen ziemlich freien religiösen Markt gab. Philipp wollte die religiöse Vielfalt in dieser Provinz auslöschen. Jeder dauerhafte Versuch, dies zu tun, hätte aber negative Auswirkungen nicht nur auf den Protestantismus, sondern auch auf den Handel gehabt, und die englischen Interessen in den Niederlanden waren hauptsächlich Handelsinteressen, gefolgt von Solidarität mit ihren Mit-Protestanten. Flüchtlinge aus den Niederlanden durften sich oft in England niederlassen, und manchmal wurden ihnen dort „Fremdenkirchen“, in denen Gottesdienste nach ausländischen Riten abgehalten wurden, zur Verfügung gestellt.

Englische Versuche in den 1560er Jahren, sich in den Atlantikhandel hineinzudrängen, hatten zwar zu weit entfernten Gefechten mit spanischen Schiffen geführt, Grenzverletzungen auf See gewissermaßen, die von Freibeutern, nicht von der Flotte der Königin ausgetragen wurden, hatten aber die Beziehungen zwischen den beiden Ländern noch nicht ernstlich in Mitleidenschaft gezogen. Als aber im Dezember 1568 spanisches Gold beschlagnahmt wurde, nachdem Schatzschiffe, die auf dem Weg in die Niederlande waren, vor Stürmen und Piraten Zuflucht in Southampton gesucht hatten, wäre dies zu anderen Zeiten einer Kriegserklärung gleichgekommen. Dieser plötzliche und in der Tat falsche Schritt entsprach so gar nicht Cecils üblicher Vorsicht und Elizabeths zögerlicher Grundhaltung. Cecil, der Hauptverantwortliche, wurde von tiefem Misstrauen gegenüber Spanien getrieben, das seinen Ursprung in seiner streng antipäpstlichen (theologisch schlichten, ja naiven) Version des Protestantismus hatte. Elizabeths Zustimmung – vorausgesetzt, sie war überhaupt ordnungsgemäß eingeholt worden, bevor der Schatz an Land gebracht wurde – war wohl eher von der Aussicht auf leichten finanziellen Gewinn bestimmt. Da das Edelmetall noch nicht in die Niederlande geliefert worden war, konnte es in gewisser Hinsicht noch immer als Eigentum der genuesischen Bankiers gelten, die es Philipp II. geliehen hatten; also war ihre Regierung in der Lage, einen Kredit zu günstigen Konditionen auszuhandeln. Die Spanier (über-)reagierten schnell und beschlagnahmten englische Schiffe, so dass der Handel zwischen England und den Niederlanden zusammenbrach. Doch es kam nicht ganz so schlimm für England, wie es hätte kommen können. Nach ungefähr einem Jahr verlief der Handel wieder ganz normal. Und während die offensichtliche Feindseligkeit der englischen Regierung zur spanischen Beteiligung an der Rebellion von 1569 und den Komplotten zugunsten Marys führte, bekamen die Spanier in den Niederlanden die finanziellen Kosten langfristig am meisten zu spüren. Der englische Coup erschwerte in einem kritischen Moment die Aufgabe des Herzogs von Alba, die Niederlande zu „befrieden", erheblich.

Die Kontakte des spanischen Botschafters zu den Rebellen des Jahres 1569 und seine Beteiligung am *Ridolfi-Plot* im darauf folgenden Jahr führten zu seiner Entlassung vom englischen Hof und seiner Rückkehr nach Spanien. Für einige Jahre gab es keine diplomatischen Beziehungen zwischen den beiden Ländern. Auch dies schadete Spanien mehr als England. Unter den Flüchtlingen aus den Niederlanden befanden sich nun auch Piraten, die im Ärmelkanal spanische Schiffe aufbrachten. Ironischerweise war es die englische Entscheidung aus dem Jahre 1572, die Gastfreundschaft gegenüber diesen „See-Bettlern" einzuschränken, die diese veranlasste, Brill zu überfallen, um wieder eine Basis auf heimischem Boden zu haben, was Rebellionen in ganz Holland und Seeland auslöste. Philipps Probleme mit den Niederlanden hatten eine neue, besorgniserregendere Stufe erreicht. Trotz Elizabeths Sympathiebekundungen für das spanische Dilemma – sie lehnte wie immer instinktiv jede Art Rebellion ab – durften viele holländische Flüchtlinge England verlassen, um sich dem Aufstand anzuschließen. Für den Rest des Jahrzehnts konnten sich Elizabeth und ihre Minister an dem Schauspiel erfreuen, wie ein spanischer Statthalter nach dem anderen in den trüben Gewässern der holländischen Politik ins Schwimmen geriet, während die protestantische Reformation in Form des holländischen Calvinismus (der der Kirche von England theologisch sehr nahe stand, wenn auch nicht durch seine Kirchenordnung) voranschritt. In der Zwischenzeit brachten englische Freibeuter spanische Schiffe auf dem Atlantik auf und plünderten sie.

Die spanischen Probleme in den Niederlanden waren eine Einladung an Frankreich, das sich seit Jahrhunderten in dieses Mosaik bürgerlicher Privilegien und feudaler Fürstentümer an seinen nördlichen Grenzen ausbreiten wollte. Für kurze Zeit dachten einige Berater Elizabeths sogar über eine Allianz mit Frankreich gegen die spanischen Interessen dort nach, so wie der junge König von Frankreich, Charles IX., und seine Mutter, Catherine de Medici, mit den Fürsten und Adligen unter den Hugenotten liebäugelten in der Absicht, die Macht der Guise zu brechen. Dieser kurze Moment war allerdings vorbei, als die Liebäugelei unversehens in ein Blutbad umschlug. Auf Betreiben Catherine de Medicis wurden die Führer der Hugenotten am französischen Hof in der „Bartholomäusnacht" (24. August 1572) ermordet, und die Katholiken Frankreichs folgten dem königlichen Beispiel und schlachteten überall im Land in den großen und kleinen Städten die Hugenotten ab.

Dieses Massaker war einer der entscheidenden Momente in der englischen und französischen Geschichte. Es schockierte die englischen Protestanten vermutlich mehr als die Rebellion von 1569 und rechtfertigte die schlimmsten Verdächtigungen und Ängste vor dem Blutdurst und der Unzuverlässigkeit der „Papisten." Es gab natürlich erneute Rufe nach der Hinrichtung Mary Stuarts. Die spanische Unterdrückung von Protestanten in den Niederlanden und die katholischen Massaker an den Hugenotten in Frankreich erschienen nun wie Teile einer Verschwörung, und man erinnerte sich an das Treffen zwischen Catherine de Medici und dem Herzog von Alba in Bayonne im Jahre 1565. Protestantische Vorstellungen neigten oft zum Apokalyptischen, und dies war etwas, von dem sie dachten, es kündige das Ende der Welt an. Wenn auch nicht dies, so kündigte es doch eine neue Phase in den französischen Bürgerkriegen an. Spanien konnte nun in den Niederlanden mit weniger Furcht vor einem französischen Eingreifen handeln. Die Sache der Reformation war bedroht, und viele in England betrachteten es als ihre Aufgabe, ihren Mit-Protestanten im Ausland beizustehen. Wenn man den englischen Protestantismus zur Zeit von Elizabeths Herrschaft (wenngleich nicht den von Elizabeth selbst) verstehen will, ist es wichtig, sich zu vergegenwärtigen, dass die damaligen Bischöfe und Theologen der Kirche von England den Calvinismus auf dem Kontinent auch als ihre Sache begriffen, auch wenn Elizabeth darin keineswegs mit ihnen übereinstimmte.

Das Paradoxe an der elisabethanischen Diplomatie in den 1570er Jahren war die Notwendigkeit, sowohl zu jener katholischen Macht, die das Massaker begangen hatte, als auch zu den Hugenotten gute Beziehungen zu unterhalten. England konnte dabei allenfalls auf die Heirat seiner Königin setzen (wenngleich diese Karte schon etwas abgegriffen aussah). Es wurde vorgeschlagen, sie möge François, den jüngsten Bruder des französischen Königs, heiraten. Niemand war je so nahe daran gewesen, Elizabeths Hand zu erhalten, wie François, Herzog von Alençon und später (als sein älterer Bruder 1576 Henri III. von Frankreich wurde) Herzog von Anjou. Es fällt immer noch schwer zu glauben, dass Elizabeth wirklich die Absicht hatte, ihn zu heiraten, aber als Spanien in den späten 1570er Jahren in den Niederlanden unter Alessandro Farnese, Herzog von Parma und Piacenza, wieder mehr Erfolg hatte, hielt der politische Wert der Freundschaft mit Frankreich die Verhandlungen in Gang.

Die politische Opposition gegen diese Heirat ließ die Ehe Mary Tudors mit Philipp von Spanien nachgerade populär erscheinen. Pamphlete dagegen wurden veröffentlicht, die eine aggressive und apokalyptische Sprache führten. Zu der Angst vor einem ausländischen Fürsten kam jetzt noch ein fanatischer Hass auf dessen Religion hinzu. Der wohl bekannteste Gegner der Heirat war John Stubbs, dessen *Discovery of a Gaping Gulf* die Argumente drastisch und klar darlegte. Hatte Elizabeth früher wütend reagiert, wenn das Parlament sich erdreistete, über ihre Heirat und die Thronfolge zu debattieren, eine Einmischung, die sie als Verletzung ihrer Prärogative ansah, so reagierte sie jetzt auf die ungeheure Impertinenz eines puritanischen Bürgerlichen, ihr öffentlich vorzuschreiben, was sie zu tun hatte, wie eine Wilde. Stubbs und sein Drucker wurden nach einem Gesetz aus der vorherigen Herrschaft angeklagt und zum Verlust ihrer rechten Hände verurteilt. Die Stille der Menge, als die Strafe vollstreckt wurde – Stubbs winkte tapfer mit seinem Stumpf und rief: „Lang lebe die Königin!“, bevor er das Bewusstsein verlor –, wurde weithin als Sympathie mit dem Opfer gedeutet. Der spanische Botschafter dachte, es gäbe einen Volksaufstand, wenn die Heirat zustande käme. Er kannte vermutlich nur die Menschen in London, aber auf London kam es an. Da manche Anwälte davon ausgingen, dass das Gesetz, nach dem Stubbs verurteilt wurde, nicht mehr in Kraft war, und die Argumente Stubbs denen mancher Mitglieder des Kronrats sehr ähnlich waren, kann der Anstoß zur Strafverfolgung und zur Vollstreckung der grausamen Strafe nur von der Königin selber gekommen sein – eines der sehr wenigen falschen Manöver dieser in der „Öffentlichkeitsarbeit“ so versierten Frau.

War Mary Tudors Kronrat in Bezug auf ihre Heirat zu gleichen Teilen gespalten gewesen, so war Elizabeths Kronrat mit einer Ausnahme komplett gegen diese Ehe. Die Ausnahme war der Earl of Sussex, ein Mitglied der alten Garde, der den Hass und die Angst der meisten seiner Kollegen vor dem Papismus nicht teilte. Er hätte Elizabeth immer gerne verheiratet und die Thronfolge gesichert gesehen, und wenn man so viele katholische Verwandte hatte wie er, jagte einem die Aussicht auf einen katholischen König keinen Schrecken ein. Aber auch wenn Elizabeth sich auf seine unerschütterbare Loyalität verließ (er war es, dem sie die Niederschlagung der Rebellion von 1569 anvertraut hatte), gab sie doch nur wenig auf seine Meinung. Die Anbahnung der Ehe mit dem Herzog von Anjou erreichte ihren Höhepunkt, als diesem 1579 das ausländischen Freiern selten erteilte Privileg gewährt wurde, England und den Hof zu besuchen. Der Herzog kam und ging im August jenes Jahres ohne eine handfeste Entscheidung, doch mit dem deutlichen Eindruck, die Königin sei ihm gewogen. Dennoch fällt es schwer, in Elizabeths zur Schau gestellter Begeisterung für die Ehe etwas anderes zu sehen als ein Täuschungsmanöver. Anjou war ein hässlicher, unbeholfener kleiner Mann. Auch wenn sie ihn während seines Besuchs mit Zeichen von Zuneigung behandelte, so war er doch einfach nicht ihr Typ. Elizabeth bevorzugte gut aussehende, schneidige, sportliche Männer wie Leicester, Hatton, Raleigh und Essex.

Die verschlungene Politik von Elizabeths Sinneswandel wird wohl bis in alle Ewigkeit diskutiert werden, aber es sieht ganz danach aus, als wollte sie – typisch für ihre Art zu regieren – die Schuld für ihren eigenen Widerwillen zu heiraten auf ihre Berater schieben. Diese sollten sie bitten, Anjou nicht zu ehelichen, und sie würde diese Bitte huldvoll gewähren in einer Weise, die ihnen, nicht ihr, die Schuld daran geben würde, dass sie niemals geheiratet hatte. Doch sie zwangen sie, Farbe zu bekennen. Bald nach Anjous Abreise taten sie nämlich trotz ihrer Bedenken alles, um ihren Willen zu erfüllen. Um Neujahr begann sie sich von der Heirat abzuwenden, und ihre Berater und Botschafter waren damit beschäftigt, sie aus allen möglichen Verpflichtungen zu befreien, von denen man denken konnte, sie sei sie eingegangen. Königin und Kronrat hatten einander fixiert, und sie hatte zuerst geblinzelt. Es wurde zwar noch ein, zwei Jahre weiter verhandelt, und Anjou besuchte England ein zweites Mal in der Hoffnung, seine zunichte gemachten Aussichten zu retten. Doch welche

Gunst auch immer sie ihm erweisen mochte, in ihren Verhandlungen mit ihren Beratern spielte das keine Rolle; sie wussten jetzt, dass sie nicht die Absicht hatte, die Heirat durchzusetzen, und halfen ihr, das Spiel zu Ende zu bringen: mit einer angemessenen finanziellen Entschädigung bei der Abreise Anjous im Februar 1582.

KRIEG MIT SPANIEN

Erst zum Ende der 1570er Jahre wurde der kalte Krieg zwischen Spanien und England langsam heiß. Die spanischen Erfolge in den Niederlanden ab 1578 waren schon schlimm genug gewesen, aber es sollte noch schlimmer kommen. Im Jahr 1580 erlosch die direkte Linie des portugiesischen Königshauses, und von den vielen möglichen Erben hatte Philipp II. den vermutlich sichersten Thronanspruch. Es gab zwar einen portugiesischen Kandidaten, doch der war unehelich geboren, und es war damals schwierig für einen Illegitimen, seine Legitimität einzuklagen. Eine überwältigende Streitmacht sicherte Philipp II. den Thron und brachte somit die riesigen finanziellen Ressourcen des portugiesischen Handels und Weltreichs unter seine Kontrolle. Mit neuen Ressourcen ging neuer Ehrgeiz einher, und Philipps Agenten verschworen sich in Rom, Frankreich und England mit Elizabeths unzufriedenen katholischen Untertanen und der militant katholischen Partei der Guise in Frankreich. Umfangreiche strategische Pläne für eine Invasion zuerst Schottlands und dann Englands wurden erarbeitet mit dem Ziel, Elizabeth durch Mary Stuart zu ersetzen. Zu Hause in England wurden mit einer Regelmäßigkeit Pläne zur Ermordung Elizabeths aufgedeckt, dass es schon verdächtig war. Aber Francis Walsinghams Spionagenetz aus Informanten und Doppelagenten arbeitete hervorragend, auch wenn diese oftmals die Grenze zwischen Ermittlungen und dem Provozieren einer strafbaren Handlung überschritten.

Elizabeth wiederum unterstützte den Seekrieg von Freibeutern wie Francis Drake immer offener, den sie im April 1581 an Bord der *Golden Hind,* die an der Themse angelegt hatte, zum Ritter schlug, nachdem er von seiner Weltumseglung zurückgekehrt war, vollbeladen mit spanischer Beute. Da englische Hilfe an den portugiesischen Prätendenten, Don Antonio, ging und die Spanier Rebellen in Irland unterstützten, trieben die beiden Länder immer mehr auf einen Krieg zu, den jetzt beinahe jeder als unausweichlich betrachtete. Es gab keine offizielle Kriegserklärung, aber als Drake im Herbst 1585 mit mehr als zwanzig Schiffen zu den westindischen Inseln segelte, tat er dies mit einem Kaperbrief der Königin, was seine Expedition zu einer Kriegshandlung machte.

Die Holländer hatten schon längere Zeit auf mehr als bloß moralische Unterstützung durch England gehofft, und die Einnahme Antwerpens durch Farnese im Jahre 1585 brachte die Angelegenheit für Elizabeths Regierung an einen kritischen Punkt. Trotz ihrer Bedenken gegen Kriege brachte ihr Kronrat sie dazu, sich für ein direktes Eingreifen zu entscheiden. Gemäß einem im August in *Nonsuch Palace* geschlossenen Vertrag führte der Earl of Leicester eine Streitmacht von einigen tausend Mann an, die Philipps Feinden in den Niederlanden zu Hilfe kommen sollte. Dies war ein bedeutender Politikwechsel für die Königin. Elizabeth war seit dem Debakel von Le Havre 1562/63 gegen die Entsendung von Truppen ins Ausland gewesen. Als Königin konnte sie durch Kriege nichts gewinnen. Könige und Adlige, die in militärischen Dingen ausgebildet und durch ritterliche Traditionen und kriegerische Tapferkeit motiviert waren, konnten ihren Ruhm vielleicht durch Eroberungen, Schlachten, manchmal sogar Niederlagen mehren. Trotz des Zynismus in Mores *Utopia* und des Pazifismus in Erasmus' viel gelesenem Aufsatz über das Sprichwort *Dulce bellum inexpertis* („Krieg ist süß – wenn du nicht dabei bist") können wir an dem Raum, den auch noch Chroniken des 16. Jahrhunderts militärischen Vorbereitungen und Aktionen gaben, feststellen, dass Krieg für viele Männer noch immer die höchste Form der Politik war. Sobald Könige in den Krieg zogen, waren die Kosten kein Thema mehr (auch wenn sie wie für Henry VIII. 1525 zu einem unüberwindbaren Hindernis werden konnten). Elizabeth hingegen kannte die Kosten genau und hatte ein gutes Gespür dafür, dass der Nutzen eines Krieges an anderer Stelle zum Nachteil gereichen kann. Sie zögerte daher lange, in den Krieg einzutreten (auf diese Intervention war schon seit den späten 1570er Jahren gedrängt worden), und sie zögerte auch lange, bis sie Leicester zum Befehlshaber der Expedition ernannte.

Vermutlich war der Earl of Leicester tatsächlich am Schutz der holländischen Calvinisten und Freiheiten interessiert, doch sah er in seiner Expedition in die Niederlande auch eine Garantie für seinen Platz in den Geschichtsbüchern. Elizabeth war sich dessen bewusst. Genauso bewusst war sie sich auch der Gefahren, die darin lauerten, einem einzigen Untertan zu viele Truppen anzuvertrauen. Also beobachtete sie sein Verhalten in den Niederlanden sehr genau. Militärisch war wenig Ruhm bei dem schmuddeligen Geschäft von Belagerung und Verteidigung der vielen Festungen und Städte zu ernten, mit denen das Land übersät war. Leicester konnte Farneses Vormarsch nur verlangsamen, nicht stoppen. Sicher mangelte es ihm an Ressourcen, wahrscheinlich aber auch an Fähigkeiten. Politisch gab es viele Versuchungen, und Leicester erlag ihnen und akzeptierte im Januar 1586 das Angebot der Holländer, ihr Generalgouverneur zu werden. Elizabeth war darüber äußerst wütend, sie sah darin eine anmaßende Selbsterhöhung in den Status eines Souveräns, der mit dem ihren wetteiferte. Nach einigen für sie typischen Sinneswandeln zwang sie ihn, auf den Titel zu verzichten.

DIE VERNICHTUNG MARY STUARTS

Das Hauptinteresse der Innenpolitik in den 1580er Jahren galt – neben den militärischen und finanziellen Kriegsvorbereitungen – dem „Feind im Innern", den Katholiken, und vor allem Mary Stuart, die so leicht zum Brennpunkt von deren Unmut werden konnte. Die manchmal hysterische Angst vor katholischen Verschwörungen erreichte ihren Höhepunkt in einer der außergewöhnlichsten Episoden dieser Herrschaft, der Entstehung des *Bond of Association* 1584. Paradoxerweise offenbart dieser Pakt zum einen die tiefe Hingabe des englischen Volks an seine Königin und zugleich die zunehmende Bereitschaft, gemeinsam ohne ihre Führung zu handeln. Anlass seiner Entstehung war die Ermordung Wilhelms von Oranien am 10. Juli 1584, doch seine Ursache waren die zahlreichen Verschwörungen gegen das Leben Elizabeths, die nacheinander ans Licht kamen. Der Bund war, wie sein Name sagt, ein Vertrag oder Übereinkommen einer Gruppe von Menschen zum Zweck der Durchsetzung gemeinsamer Ziele. Diese Ziele waren der Schutz des Lebens der Königin und, im Fall ihres verdächtigen oder plötzlichen Todes, Rache für diesen Tod an den Ausführenden und Nutznießern der Tat. Der Bund hat eine Art Vorbild in den in der schottischen Politik üblichen Bündnissen und Übereinkünften dieser Art und ist ein in der englischen Geschichte einmaliges öffentliches Dokument der Selbstverpflichtung der Unterzeichner, unter bestimmten Umständen zu morden:

> Wir geloben nicht nur und binden uns selbst …, niemals irgendwelche derartige Nachfolgeprätendenten zu dulden, zu akzeptieren oder zu begünstigen, durch die oder für die irgendeine solche verabscheuenswerte Handlung versucht werden sollte …, sondern

> wir geloben ferner und beteuern, dass wir aufs höchste gebunden sind, und das vor dem ewigen und ewig lebendigen Gott, solche Person oder Personen mit unseren vereinten oder einzelnen Kräften bis auf den Tod zu verfolgen und an ihnen die vollkommenste Rache zu üben, die wir oder einer von uns durch jedes mögliche Mittel bewerkstelligen können …

Hinter dem Wortlaut verbarg sich die Absicht, zur Verteidigung des protestantischen Glaubens um jeden Preis zu verhindern, dass Mary Stuart auf den Thon gelangte. Am wichtigsten an diesem Pakt aber ist seine große Popularität. Er wurde im Oktober vom Kronrat verfasst, dann zur Unterzeichnung durch die politische Oberschicht von Grafschaft zu Grafschaft gereicht und fand schnell so großen Anklang, dass er nicht nur von den Grafschafts- und Stadtpatriarchen, sondern auch von sehr vielen begeisterten Bürgern der Unter- und Mittelschicht unterschrieben wurde. Der Pakt wurde zur landesweiten Treuebekundung. Besser als alles andere zeigt er den Wandel in der religiösen Stimmung im Land seit 1559 an. Wohl wurde er unter dem Druck der *Peers* hier und da auch von einigen katholischen *Gentlemen* unterzeichnet, und wohl hielten sich einige puritanische *Gentlemen* mit empfindlichem Gewissen von dem Versprechen zurück, gemeinsame Sache mit Mördern zu machen, doch weder in den 1560er Jahren, als sehr viele aus der englischen Oberschicht im Herzen noch katholisch waren, noch in den 1570er Jahren, als der Hass auf den Papismus noch nicht zum Allgemeingut englischer Kultur gehörte, wäre dieser ausdrücklich auf die Vernichtung Mary Stuarts zielende Pakt auch nur denkbar gewesen. Der *Bond of Association* wurde zum Maßstab nicht nur eines protestantischen Landes, sondern eines Landes, das fast alles unternahm, um zu verhindern, dass ein Katholik den Thron besteigt. Der Ton des Dokuments wurde im Parlament von 1584/85 etwas gemildert, und Elizabeth selbst war nicht sonderlich glücklich über die Lynchjustiz, die der Originalpakt vorschlug. Die nachfolgende Gesetzesversion sorgte zumindest für den Anschein eines legalen Prozesses in Form einer Untersuchungskommission, die jedwedem Racheakt vorangestellt werden sollte.

Letzten Endes brauchte es keine Lynchjustiz. Der Druck, Mary Stuart hinzurichten, war seit den 1570er Jahren immer stärker geworden, und jetzt, da man mit allen verfügbaren Mitteln Krieg gegen das katholische Spanien führte und Philipp II. auch noch Verbindungen zu Mary Stuarts ultrakatholischen französischen Verwandten, dem Hause Guise, pflegte, jetzt konnte man diesem Druck nicht mehr widerstehen. Mary selbst besiegelte ihr Schicksal, als sie sich auf das Babington-Komplott einließ, mit dessen Hilfe sie befreit und Elizabeth getötet werden sollte. Francis Walsingham, der Marys Kommunikation mit der Außenwelt kontrollierte, machte sie glauben, sie habe einen sicheren Kontakt zu einer Gruppe junger katholischer Abenteurer, die von Anthony Babington, einem *Gentleman* aus Derbyshire, angeführt wurde. Die ganze Verschwörung war so völlig von Walsinghams Leuten durchsetzt und seine Kontrolle ihrer Kommunikationswege so umfassend, dass rechtfertigende Behauptungen, Mary habe von der Verschwörung, Elizabeth zu töten, nichts gewusst, keineswegs unhaltbar sind. Dass sie zumindest grausam verleitet wurde, lässt sich nicht leugnen. Darüber hinaus müsste man ihr, selbst wenn sie dem Komplott im Ganzen und im Detail zugestimmt hätte, einen Anspruch auf Selbstverteidigung zugestehen, da der *Bond of Association* dem englischen Establishment ohne jeden Zweifel die Verpflichtung auferlegt hatte, sie zu töten. Als das Komplott aufgedeckt war, wurde Mary vor einem Sondergericht englischer Adliger der Prozess gemacht. Elizabeth wusste ganz genau, wie die Nachwelt eine Entscheidung, Mary hinzurichten, beurteilen würde, und berief im Oktober 1586 das Parlament ein, um entweder über Alternativen nachzudenken oder – realistischer – die Schuld auf mehrere Schultern zu verteilen. Das Parlament verstärkte den Druck noch, den der Kronrat hinter der Bühne ausübte, und Elizabeth wurde widerstrebend, zögerlich, doch unerbittlich genötigt, das Todesurteil zu unterzeichnen. Aber selbst dann zögerte sie noch seine Vollstreckung hinaus, und es war ihr Kronrat, der auf eigene Initiative den Hinrichtungsbefehl schließlich vollstrecken ließ. Mary wurde am 8. Februar 1587 enthauptet. Selbst Elizabeths engster Berater, William Cecil, fiel anschließend für einige Wochen in Ungnade, aber ihr größter Zorn galt ihrem *Secretary* William Davison, dessen Karriere durch seine Rolle in dieser Angelegenheit beendet wurde.

DIE SPANISCHE ARMADA

Die englische Intervention in den Niederlanden hatte eines erreicht: Sie provozierte Philipp II. zu direktem Handeln gegen England, teilweise aus Rache, teilweise als Kreuzzug und teilweise als Maßnahme, England aus den Niederlanden zu vertreiben. Seine Entscheidung, England von See her anzugreifen, war verhängnisvoll. Die Vorbereitungen der umfangreichen Expedition nahmen fast das ganze Jahr 1587 in Anspruch und wurden durch Drakes berühmten Angriff auf Cadiz zurückgeworfen. Aber im Sommer 1588 lief die Armada aus und erreichte, obwohl die große, erfahrene, hervorragend ausgerüstete und brillant geführte englische Flotte sie im Kanal ständig bedrängte, ihren Treffpunkt vor Calais. Hier nun offenbarte sich die Schwäche der Strategie Philipps, denn Farneses Landungsboote konnten Medina Sidonias Hochseeflotte nicht erreichen, ohne sich den Kanonen der kleineren und wendigeren englischen und holländischen Schiffe auszusetzen. Die vor Anker liegende Flotte wurde von englischen *Brandern* (mit Pech gefüllten brennenden Schiffen) angegriffen und dann durch die Winde zerstreut. Beim Versuch, die Britischen Inseln zu umsegeln und so nach Hause zurückzukehren, wurde ungefähr die Hälfte der spanischen Schiffe versenkt oder durch Sturm oder feindliches Feuer zerstört. Einige tausend Mann und einige Dutzend Schiffe gingen verloren. Englands Sieg war vollständig, die Verluste gering.

Der Ruf Elizabeths beruht zu einem Gutteil auf der Bezeugung ihres Mutes im Jahr 1588, als die Landung spanischer Truppen, dieses Schreckens des westlichen Europa, unmittelbar bevorzustehen schien. Ihr Erscheinen anlässlich der Musterung ihres Heeres bei Tilbury, wo sie ihre berühmte Ansprache an ihre Truppen hielt, wurde ein inspirierender Teil des nationalen Mythos. Auch wenn ihr Heer unter Leicester sehr groß war, war es wahrscheinlich ein Glück, dass es nicht auf die Probe gestellt wurde. Die Überlegenheit spanischer Truppen und Militärtaktik zu Lande war vermutlich genauso groß wie die englischer Schiffe und deren Taktik auf See. Aber für eine Inselmacht war dies ja auch nur angemessen, weshalb der englische Sieg nicht ausschließlich einer guten Portion Glück zugeschrieben werden kann, wie wichtig auch immer eine schlechte Strategie und schlechtes Wetter auf der Gegenseite gewesen sein mögen.

Der Sieg über die Armada war der Höhepunkt der Herrschaft Elizabeths. England hatte die mächtigste Invasionsarmee seit der normannischen Eroberung vertrieben, und wenn dies ebenso mit Hilfe des Wetters wie aufgrund der nationalen Verteidigungsbereitschaft gelungen war, dann um so besser in einer Zeit, die im Wechsel von Wind und Wetter Gottesurteile sah. Für die Engländer damals lief ihr Sieg auf göttliche Vorsehung und kluge Verteidigung hinaus. Gott war England im Allgemeinen und Elizabeth im Besonderen wohl gesonnen, so lautete die Erklärung für die göttliche Vorsehung. Der Sieg wurde in Versen und Musik, Kunst und Literatur und in den Chroniken gefeiert. Elizabeth galt als Retterin ihres Volkes.

DER IRISCHE KONFLIKT

Es gibt keinen Hinweis darauf, dass Elizabeth auch nur die geringste Vorstellung davon hatte, was in Irland vor sich ging. Ihren Beratern jedoch war das „irische Problem" von Beginn an bewusst. Dieses Problem war, wie es der *Device for Alteration of Religion* darlegte, das folgende:

> Wegen der Abhängigkeit seines Klerus von Rom wird Irland nur schwerlich im Gehorsam zu halten sein.

Seit den 1530er Jahren war der traditionelle irische Katholizismus durch die englische Reformation in eine mächtige Allianz mit dem sich herausbildenden irischen Nationalismus gedrängt worden. Elizabeth begriff natürlich, dass die königliche Autorität dort bedroht war. Kein Tudor brauchte lange, um Verrat zu wittern. Aber dass sie die Lage anders als nach dem simplen Schema Gehorsam und Rebellion beurteilte, ist nicht sehr wahrscheinlich.

Was in Irland vor sich ging, war das vertraute Zusammenspiel von Politik und Religion, das allgemein die Tudor-Politik bestimmte. Aber während in England die persönliche Stärke des Monarchen und in Wales die patriotische Zuneigung zu den Tudors und die Hoffnung auf Teilhabe an den Früchten ihres Regimes der Reformation den Weg bahnte, stand in Irland nahezu alles von Beginn an gegen die Reformation oder wandte sich rasch gegen sie. Die englische Herrschaft war geographisch nie wirklich über den *Pale* (den englischen Teil Irlands) hinausgekommen, und selbst dort sah sich das Tudor-Regime wachsenden Problemen gegenüber, die zum Teil durch Missmanagement verursacht waren. Während das königliche Supremat noch relativ leicht akzeptiert wurde, waren die Klöster nur zum Teil aufgelöst worden. Die religiösen Orden Irlands, oft von den Idealen der „observanten" Erneuerung beeinflusst, erwiesen sich als widerstandsfähiger als ihre englischen Pendants, wobei ihr Überleben dort ebensoviel mit der Ineffizienz der königlichen Autorität und mit dem Abstand zu ihr zu tun hatte wie mit den angeborenen moralischen Tugenden der Mönche und Brüder.

Die unter Edward VI. eingeführte protestantische Reformation war in Irland nie Gesetz geworden. Und als der überzeugte englische Protestant John Bale zum Bischof von Ossory ernannt wurde (die Ernennung beweist, dass der Duke of Northumberland einen ausgeprägten Sinn für Humor hatte) und eines seiner sehr antikatholischen Stücke aufführen ließ, wurde er höchst unsanft aus der Stadt gejagt (und, als Mary auf den Thron kam, auch von der Insel und aus ihrem ganzen Reich). Die Restauration des Katholizismus unter Mary (insoweit er überhaupt restauriert werden musste) befreite die Iren aber nur von einer der lästigen Einschränkungen durch die englische Herrschaft. Der Versuch, mehr durch privat finanzierte Kolonialisierung als durch staatlich finanzierten Zwang englische politische und gesellschaftliche Kultur nach Irland zu exportieren, begann während Marys Herrschaft. Dass die neuen Kolonien und Verwaltungsbezirke der *Plantations* die einheimische irische Bevölkerung ausdrücklich ausschlossen, bedeutete, dass das ganze Unternehmen auf ihre Kosten und nicht zu ihrem Nutzen durchgeführt wurde.

Elizabeths anfänglich einziges Anliegen dort war es, die protestantische Reformation einzuführen. Doch die Reformation, die Anfang 1560 vom Earl of Sussex, dem *Lord Lieutenant* (Statthalter) von Irland, durch das Dubliner Parlament gebracht wurde, wurde auf unbearbeitetes Land gesät und konnte kaum Wurzeln schlagen. Der Großteil Irlands war nicht unter englischer Kontrolle, wenn auch immer in Reichweite englischer Strafexpeditionen. Irland war ein Fass ohne Boden für die englischen Ressourcen. Elizabeth war nie bereit, das Geld zu investieren, das nötig gewesen wäre, um – was doch das Ziel war – das englische Regierungssystem dort zu etablieren. Es ist ohnehin zweifelhaft, ob England überhaupt die entsprechenden Mittel dazu hatte. Ziel der Politik war jedenfalls, Rebellionen zu verhindern oder niederzuschlagen und fremde Mächte fernzuhalten oder zu vertreiben. Die Hauptsache war, dass Irland nicht zur Bedrohung für England wurde. Manchmal, vor allem in den 1590er Jahren, waren enorme Summen nötig, um selbst dieses eher bescheidene Ziel zu erreichen.

Als sich die englisch-spanischen Beziehungen in den 1570er Jahren verschlechterten, wollte Philipp II. in Elizabeths Hinterhof Unruhe stiften. Die Rebellion der Fitzgeralds in Munster im Jahre 1579 wurde durch eine kleine Streitmacht spanischer und italienischer Söldner entfacht. Sie wurde innerhalb eines Jahres niedergeschlagen, aber englische Truppen verwüsteten die Provinz noch über Jahre hinweg, bevor sie den Anführer der Fitzgeralds, den Earl of Desmond, 1583 gefangen nahmen und töteten. Als in den 1590er Jahren die schwache Regierung diverser *Lord Deputies* (Vizekönige) den Ehrgeiz des Earl of Tyrone weckte und er eine Rebellion begann, war Philipp II. wieder bereit zu helfen. Die englische Regierung kam nicht mehr umhin, die gesamte Insel militärisch zu unterwerfen. Diese widerwillig beschlossene Eroberung wurde dank der Bemühungen des letzten *Lord Deputy* unter Elizabeth, Charles Blount, Lord Mountjoy, Anfang 1603 schließlich abgeschlossen. Elizabeths Probleme mit Irland waren damit beendet, die Probleme Englands mit Irland hingegen hatten gerade erst begonnen.

DER EARL OF ESSEX

Die englische Politik wurde in den 1590er Jahren vom neuen Günstling der Königin, Robert Devereux, Earl of Essex, dominiert. William Cecil blieb bis zu seinem Tod 1598 ihr Erster Minister, und dessen Sohn Robert Cecil, den der Vater auf seine Nachfolge vorbereitet hatte, wurde 1591 als *Secretary* Mitglied des Kronrats und übernahm unmerklich die Zügel. Dennoch war es Essex, der die Szene beherrschte, wenngleich er sich eher als kometenhafte denn als standfeste Figur erwies. Essex war zwar talentierter und ehrgeiziger als sein Stiefvater und Förderer Leicester, den er bei dessen Tod 1588 im politischen Amt beerbte (1587 schon war er dessen Nachfolger als *Master of the Horses* geworden), aber auch wohl labiler. Er sehnte sich ebenfalls nach militärischem Ruhm – er sei „völlig besessen von Waffen und Krieg", sagte man von ihm –, und anders als Leicester bekam er auch die Chance, sich diesen zu erwerben. Als ihm die Königin verboten hatte, an der Flottenexpedition gegen Lissabon teilzunehmen, lief er davon, wurde zurückgerufen und fiel in Ungnade, aber nicht für lange. Zwar wurde ihm die Führung einer Expedition nach Frankreich 1589 verwehrt, doch erhielt er sein erstes Kommando bei einer ähnlichen Expedition 1592 – allerdings ohne nennenswerten Erfolg. Bei seiner Rückkehr wurde er in den Kronrat berufen, doch sein militärischer Ehrgeiz wurde noch einmal entfacht, als er die Leitung eines weiteren Angriffs von der See aus auf Philipp II. erhielt. Diesmal, 1596, war es der Überfall auf Cadiz.

Essex' Unternehmen war durchaus so etwas wie ein Erfolg. Cadiz wurde geplündert, und es war nicht sein Fehler, dass er der Beute kein spanisches Schatzgeschwader hinzufügen konnte. Aber dieses Mal wurde bei seiner Rückkehr die Kluft zwischen der männlichen und der weiblichen Einschätzung militärischen Ruhmes deutlich. Beute interessierte Elizabeth mehr als in der Schlacht gewonnene Ehre, und Beute gab es so gut wie keine. Für sie war die Expedition bloß ein weiteres verlustbringendes Unternehmen. Von da an verschlechterten sich Essex' Beziehungen zur Königin. In Elizabeth wuchsen aufgrund seines Stolzes, seines Ehrgeizes und seiner Eifersucht allmählich Zweifel gegen ihn, während Essex den unaufhaltsamen Aufstieg Robert Cecils im Kronrat mit ansehen musste, der seine Position gefährdete. Leicester hatte die Vorherrschaft des Vaters anerkannt, aber Essex verübelte dem Sohn dessen Erfolge. Ihre Rivalität verkörperte den Konflikt zwischen dem „Schwert", der alten Vorstellung, Adel gründe auf dem Militärdienst für die Krone, und der „Feder", der neuen Vorstellung, wonach der Adel auf dem Dienst in der Regierung gründete (einen Gegensatz, den man in Frankreich später als den zwischen Schwert und Robe bezeichnen sollte). Auch eine weitere Expedition gegen die Spanier im Jahr 1597 änderte nichts an Essex' Lage, da es ihm erneut nicht gelang, Schatzschiffe abzufangen. Es trug auch nicht zur Verbesserung seiner Stimmung bei, als er bei seiner Rückkehr feststellen musste, dass Robert Cecil sich den profitablen Posten des *Chancellor of the Duchy of Lancaster* gesichert hatte. Elizabeth versuchte ihn wieder aufzurichten, indem sie ihm eine der höchsten Würden verlieh, die sie zu vergeben hatte: das Amt des *Earl Marshal*.

Irland aber stürzte Essex, wie so viele englische Politiker, ins Verderben. Zunächst zeigten sich seine Schwächen erneut, als er 1598 mit den Cecils darum stritt, wer der neue *Lord Deputy* von Irland werden solle. In einem persönlichen Gespräch mit Essex machte Elizabeth deutlich, dass sie dem Rat der Cecils folgen werde. Wütend wandte Essex ihr den Rücken zu – eine tödliche Beleidigung ihres königlichen Standes. Sie schlug ihn und er griff nach seinem Schwert. Auch wenn Zuschauer verhinderten, dass noch Schlimmeres passierte, stürmte Essex davon und rief, nicht einmal von Henry VIII. hätte er sich eine solche Behandlung gefallen lassen. Damit lag er natürlich falsch. Niemand hatte gegenüber Henry VIII. je etwas Ähnliches versucht, und hätte er es getan, es wäre sein sicherer und schneller Tod gewesen.

Als die Situation in Irland sich immer mehr verschlechterte, sah sich Elizabeths Regierung gezwungen, die Rebellion dort mit entsprechend vielen Truppen niederzuschlagen. Diesmal gab es keine Auseinandersetzung darüber, wer das Kommando haben sollte. Essex war die einzige Wahl, und dieses Angebot konnte er trotz seiner Bedenken einfach nicht ausschlagen. Er hatte sich immer ein größeres Kommando gewünscht, aber auf der glanzvollen europäischen Bühne, nicht in den Sümpfen und Wäldern der „anderen Insel". Als er im April 1599 mit der größten Streitmacht, die unter den Tudors je nach Irland geschickt wurde, nach

Dublin übersetzte, zeigte er schnell, dass er kein Farnese war. Er wusste nicht, was er tun und wie er seine Armee zusammenhalten sollte, und als seine Position immer schwächer wurde, ignorierte er den klaren Befehl, den Earl of Tyrone anzugreifen, und nahm im September nicht genehmigte Verhandlungen auf, die in einem Waffenstillstand endeten. Ohne Erlaubnis, sein Kommando niederzulegen, eilte er dann nach Hause, um sein Vorgehen zu erläutern. Elizabeth war nicht bereit, über seinen Ungehorsam oder sein Versagen hinwegzusehen. Er wurde unter Hausarrest gestellt, seiner Ämter entkleidet und zeitweilig auf das Land verbannt. Seine Unfähigkeit wurde so richtig deutlich durch das, was dann sein Nachfolger, Lord Mountjoy, in den nächsten beiden Jahren erreichte. Mit weniger Truppen als jene, mit denen Essex überreich ausgestattet worden war, rieb er die Rebellen systematisch auf, vernichtete eine relativ große spanische Streitmacht, die nach Irland geschickt worden war, und sicherte Tyrones Unterwerfung.

Essex jedoch konnte sein Schicksal nicht akzeptieren. Er sammelte eine bunt gemischte Truppe charakterloser Soldaten, ehrgeiziger und am langen Arm gehaltener jüngerer Söhne, sogar einiger hoffnungsfroher Katholiken und ein oder zwei gediegenerer Randfiguren um sich und startete im Februar 1601 einen Coup. Wenn er die Gunst der Königin schon nicht gewinnen konnte, so wollte er sie erpressen. Wie er das anstellte, nimmt sich im Rückblick ziemlich töricht aus. Mit noch nicht einmal 200 Mann machte er sich von seinem in The Strand (große Straße im Westen Londons, parallel zur Themse) gelegenen Stadthaus in die City auf mit der Absicht, für einen Marsch auf den Hof Unterstützung im Volk zu gewinnen. Es fällt schwer zu erkennen, wie er damit Erfolg haben wollte.

Die Antwort liegt vermutlich im jüngsten Beispiel eines anderen, seinem Souverän entfremdeten, aber populären militärischen Helden (auch wenn Elizabeth und ihr Kronrat Essex' Absichten nun durchschauten, umgab ihn noch die Aura eines populären militärischen Helden): Im Jahr 1588 hatte der Herzog von Guise auf genau diese Art die Macht in Paris erobert, als der Pariser Pöbel sich seiner Sache anschloss und seine wenigen hundert Mann vermehrte, mit denen er seinen Marsch auf den französischen Hof begann. Falls Essex jedoch sein Geschichtsbuch gelesen hatte, dann wohl nicht gründlich genug. Guise hatte seinen Coup gegen einen überaus unpopulären Monarchen gestartet, in einer Stadt, in der er ein dichtes Netzwerk von Unterstützern hatte, und im Kontext periodischer, aber bitterer Bürgerkriege, die von religiösem Hass genährt wurden. Essex überreizte sein schlechtes Blatt. Sein Stern war im Sinken, und Elizabeth gebot noch über eine ungeheure Ergebenheit in ihrem Volk. Die Londoner waren verwirrt, aber ungerührt bei Essex' Erscheinen, und er gab auf. Alsbald wegen Hochverrats verurteilt, wurde er am 25. Februar enthauptet.

DIE JAHRE NACH 1590

Wohl war die Unbeständigkeit ihres letzten Günstlings das politische Problem, das Elizabeth persönlich am meisten betraf, doch es war bei weitem nicht das ernsteste. Der Seekrieg mit Spanien, die Intervention in Frankreich zugunsten Henris IV., dessen Thronanspruch von der militanten katholischen Fraktion mit spanischer Unterstützung bestritten wurde, und die Niederschlagung der Rebellion in Irland führten zu unerträglichen finanziellen Schwierigkeiten, die durch schlechte Ernten und ihre unvermeidliche Begleiterscheinung, eine Epidemie, noch weiter verschlimmert wurden.

Demographisch war die Katastrophe der 1590er Jahre fast so groß wie die der 1550er. Wirtschaftlich war sie vielleicht noch schlimmer, auch wenn Elizabeths Berater sich der Lektionen der 1540er und 1550er Jahre erinnerten und der Versuchung widerstanden, die Münze zu verschlechtern. Teilweise wegen dieser Selbstverleugnung war die Finanzlage der Krone die schlimmste in der gesamten Tudorzeit. Lang anhaltende Inflation hatte den Realwert der Zolltarife vermindert und, in Verbindung mit einer fast methodisch gewordenen Unterbewertung des Adelsvermögens, zu weniger direkten Steuereinnahmen geführt. Das einzig neue Finanzinstrument der Zeit, der Verkauf oder die Erteilung von Handelsmonopolen, verschlimmerte nicht nur die wirtschaftliche Lage, sondern verschlechterte für eine Zeitlang auch Elizabeths Beziehung zum Parlament. Die Belastungen durch die auswärtigen Kriege und die Wirtschaftskrise untergruben Recht und Ordnung, und der Kronrat musste täglich zusammenkommen, um die Lage zu meistern.

All dies und die Unsicherheit über die Thronfolge hätten sich zu einer Krise wie der von 1558 entwickeln können. Aber der Ernst der Probleme diente vor allem dazu, den außerordentlichen Erfolg Elizabeths und ihrer Regierung bei der Verteidigung und Steuerung des Landes durch diese schwierigen Jahre hervorzuheben. Es gab weder eine Revolte des Adels noch des einfachen Volkes. Essex' versuchter Staatsstreich von

1601 machte ihn nur zur lächerlichen Figur. Das Land wurde durch eine Mischung aus Nationalismus, Protestantismus und Treue zu Elizabeth als Person, oder vielleicht zu deren Image, zusammengehalten.

DER MYTHOS ELIZABETH

Dieses Image fußte auf der Ideologie des Monarchen, die von ihren Vorgängern, namentlich von Henry VII., aber besonders auch Henry VIII., begründet worden war. Dem allgemeinen Tudormythos des Monarchen als alleinigen Bollwerks gegen die Anarchie wurde durch Elizabeth besonderer Ausdruck verliehen. Darüber hinaus wurde dieses Image schrittweise und bewusst über die ganze Herrschaftsdauer aufgebaut. Elizabeth selbst achtete immer auf die Außenwirkung ihrer Worte und Taten, und so wählte und gestaltete sie sie sorgfältig, um einen guten Eindruck zu machen. Daher war sie darauf bedacht, sich so weit wie möglich von unangenehmen oder unpopulären Vorgängen zu distanzieren. Es waren die Bischöfe, welche die unerwünschten Manifestationen des Puritanismus unterdrücken mussten, und es waren ihre Berater, welche die Schuld an der Hinrichtung Mary Stuarts auf sich zu nehmen hatten. Die heutigen Manipulationen der Medien durch und für die eine oder andere Politik sind sicher ein falscher Vergleich, aber ihr Image war auch Elizabeth schon sehr wichtig.

Es gab eine positive Imagebildung ebenso wie es einen klugen Umgang mit ihrem negativen Image gab. Die Umritte, bei denen sich die Königin ihren Untertanen zeigte, wenngleich auf die englischen Kernlande im Süden und Osten Englands beschränkt, waren mit Bürgerempfängen und öffentlichen Veranstaltungen ausgefüllt, die Elizabeth als Muster des Protestantismus, als Spenderin von Gerechtigkeit, als Friedensbringerin und Verteidigerin des Königreichs präsentierten. Solche Themen durchzogen dann das glänzende Fest, das der Earl of Leicester bei ihrem königlichen Besuch 1575 in seiner großen Burg Kenilworth veranstaltete. Mit Feuerwerken und Wasserspielen, Musik und Schauspielen war es eine der spektakulärsten Demonstrationen der Tudor-Ära. Sie wurde monatelang vorbereitet, und einer von Leicesters Schützlingen veröffentlichte darüber für die Nachwelt einen Bericht. Offizielle Propaganda war also keineswegs unbekannt, aber daneben gab es noch eine Fülle gedruckter Werke, verfasst von Sympathisanten aller Art: Schreiberlingen, die eine Belohnung erwarteten, Geistlichen, die bevorzugt werden wollten, und niederen Beamten, die auf eine höhere Stelle aus waren. Und zwischen der offiziellen Propaganda und der privatunternehmerischen Spielart gab es noch viele weitere, teilweise recht einflussreiche Veröffentlichungen, die denselben Ton anschlugen. John Foxes „Buch der Märtyrer“ *(Acts and Monuments),* das immer wieder aufgelegt und dabei immer umfangreicher wurde, mag zwar international ausgerichtet gewesen sein, aber seine Leser bezogen aus ihm einen nationalen Mythos, in dem Elizabeth – Foxe präsentierte sie als eine Frau, der die Märtyrerkrone nur versagt wurde, weil Gott noch etwas Besonderes und Größeres mit ihr vorhatte – eine entscheidende Rolle spielte.

Elizabeths Hof hatte dabei natürlich auch seinen Part, dem Volk ein glanzvolles Bild der Königin vor Augen zu stellen. Von den täglichen Gottesdiensten und den Zeremonien der *Chapel Royal* über die Feierlichkeiten am *Accession Day* (Tag der Thronbesteigung) und den Turnieren (die in den 1570er Jahren wieder aufkamen) bis hin zu den großen Staatsprozessionen – immer gab es für die Besucher Londons und Westminsters etwas zu bestaunen. Zuschauer solcher Demonstrationen werden größtenteils Londoner, ausländische Würdenträger und Landadlige auf Besuch gewesen sein, aber das war eine gesellschaftlich und möglicherweise auch statistisch relevante Gruppe der Bevölkerung, die auf diese Weise bei der einen oder anderen Gelegenheit die Königin in ihrem Glanz erleben konnte. Von den Portraits und der Dichtung, in denen das Image der Königin am kunstvollsten ausgearbeitet wurde, wurden die meisten im Umkreis des Hofes geschaffen und dort verbreitet und waren daher nur einer begrenzten Gruppe zugänglich und verständlich. Schlichtere Darstellungen hingegen fanden weite Verbreitung.

Das Parlament bot der Königin und ihren Beratern eine nationale Bühne. Auch wenn das Parlament, seiner Rolle gemäß, als Resonanzboden für die Klagen des Volkes galt (besonders der Landadligen und städtischen Bürger, die das Unterhaus bevölkerten), hat die traditionelle Geschichtsschreibung, die das Parlament als Forum einer wachsenden Opposition gegen die Krone während Elizabeths Herrschaft betrachtete, das Wesen und den Zweck dieser Institution zu jener Zeit gründlich missverstanden. Das Parlament war dazu da, Steuern zu bewilligen, am Inkrafttreten der Gesetze mitzuwirken und die Krone zu beraten. Elizabeth bekam die Gesetze, die sie wollte, und sie bekam Steuern, wenn auch nicht immer so viel, wie sie wollte. Sie erhielt möglicherweise mehr Rat, als ihr lieb war, woraus sich die meisten Spannungen zwischen ihr und dem *House of Commons* ergaben. Doch nur wenige Mitglieder ihrer Parlamente hätten sich als „Opposition" im heutigen Sinn des Wortes verstanden wissen wollen. In Opposition zum Monarchen zu stehen hieß im besten Fall, ein ungehorsamer Untertan, im schlimmsten Fall, ein Verräter oder Rebell zu sein. Die katholischen Bischöfe waren 1559 gegen die Neuregelung der Religion angetreten, und alle bis auf einen verloren anschließend ihre Bistümer. Den meisten Ärger mit ihren Parlamenten hatte Elizabeth wegen ungebetener Ratschläge: Ratschläge zu weiteren religiösen Veränderungen, zur Thronfolge, zu Mary Stuart, zur Außenpolitik und zum Umgang mit Katholiken. Oft genug waren die schwierigen Abgeordneten des Unterhauses nur Sprachrohre oder Strohmänner der Mitglieder des Kronrats, die das Parlament als weiteres Forum nutzten, der Königin ihre Politik aufzudrängen Als Frau litt sie natürlich mehr, als dies ein kompetenter König getan hätte, unter der üblichen Annahme ihrer Berater und auch ihrer Parlamentarier, dass sie als Männer mehr vom Lauf der Welt verstünden als sie.

Trotz ihrer herrischen Art, mit ungebetenem Rat umzugehen, konnte Elizabeth ihre Parlamente umgarnen. Ihre Antworten auf Anliegen der Delegationen des Unterhauses wurden sorgfältig formuliert und weit verbreitet. Bei den *Lords* und bei den *Commons* stellten ihre Berater unermüdlich Frieden, Protestantismus und Wohlstand als Früchte ihrer Herrschaft heraus. Und wenn die Klagen zu laut wurden, wie um 1600, als intensiv gegen die Monopole agitiert wurde, wusste sie, wie man gnädig und am wirkungsvollsten Konzessionen macht. Kurz, die Parlamente waren wichtige „Kontaktstellen" zwischen der Krone und der Nation.

Zudem trichterten die täglichen und wöchentlichen Gottesdienste der Kirche von England den Menschen die Botschaft von Gehorsam und Treue ein, angefangen von den täglichen Gebeten für die Königin bis zu den besonderen Dankgottesdiensten für die Thronbesteigung oder die Errettung aus Gefahren. In der *Homily against Disobedience and Wilful Rebellion* (Predigt gegen Ungehorsam und vorsätzliche Rebellion), die regelmäßig in den Ortsgemeinden im ganzen Land verlesen wurde, wurden die Pflichten der Untertanen stets aufs Neue verkündet. Und da in all diesen Kirchen an den Stellen, wo früher Bilder der Kreuzigung oder des Jüngsten Gerichts ihren Platz gefunden hatten, jetzt das königliche Wappen zu sehen war, wurde der heilige Status der Krone jedermann unmissverständlich verkündet.

Elizabeth arbeitete an ihrem zeitgenössischen Image, wie andere Monarchen vor ihr an ihrem Andenken gearbeitet hatten. Die Medien, der Hof, das Parlament und die Kirche schufen ein Image, das länger auf die

Nachwelt wirkte als die Denkmäler, die andere Monarchen sich so viel hatten kosten lassen. Während ihrer Herrschaft, einer großen Zeit für das Bauwesen, entstanden viele der wunderbarsten Häuser im Land, zum Beispiel *Hardwick Hall* und *Burghley House*. Es war auch eine große Zeit der Gründungen von Schulen und Armenhäusern im ganzen Land und von ein oder zwei Colleges in Oxford und Cambridge. Aber anders als ihre vier Vorgänger unter den Tudors gründete und stiftete Elizabeth selbst nichts (mit Ausnahme der Stiftskirche von Westminster Abbey, die sie aber eigentlich nichts kostete, da sie das dortige Kloster geschlossen hatte). Die Schlösser und Colleges, Hospitäler und Konvente ihrer Vorgänger haben teils überdauert, teils sind sie verfallen. Die elisabethanische Portraitmalerei und Literatur aber hat sich als dauerhafter erwiesen.

DER TOD ELIZABETHS

Elizabeth starb in den frühen Morgenstunden des 24. März 1603 in Richmond. Im Tagebuch eines Londoners, der einen Freund bei Hofe hatte, finden wir folgenden Bericht:

> An diesem Morgen gegen drei Uhr schied Ihre Majestät aus dem Leben, sanft wie ein Lamm, leicht wie ein reifer Apfel vom Baum, *cum leve quadam febre, absque gemitu* [mit einem leichten Schauder, ohne Stöhnen]. Dr. Parry sagte mir, er sei dabei gewesen und habe seine Gebete ihrer Seele vorangeschickt. Ich zweifle nicht, dass sie nun unter den königlichen Heiligen in ewiger Freude im Himmel weilt.

Es war aber nicht alles so ruhig verlaufen, wie es nach außen dargestellt wurde. Trotz ihres hohen Alters – damals erlebten nur wenige ihr siebzigstes Lebensjahr – und vieler schwerer Krankheiten konnte sich Elizabeth mit dem Sterben nicht abfinden. Ihre letzte Krankheit begann gegen Ende des Jahres 1602, und danach verschlechterte sich ihr Gesundheitszustand immer mehr. Selbst ihr Verstand ließ nach, wenn auch nicht so sehr, dass sie ihren Ärzten erlaubt hätte, ihr Ende durch ihre Quacksalbereien zu beschleunigen. In ihren letzten Tagen konnte sie nichts essen und wollte nicht schlafen. Heute würden wir sagen, dass sie einen starken Lebenswillen hatte. Das England jener Zeit stand mit jeder Art von Tod auf vertrauterem Fuß, und die antike und mittelalterliche

Vorstellung des „guten Todes“ war noch weit verbreitet. Doch weder Elizabeths Religion noch ihre stoische Einstellung (die sie vielleicht bevorzugte) konnten sie in ihren letzten Tagen trösten. Und es gab auch keinen Trost durch Freunde und Familienangehörige. Sie hatte sie überlebt, die gleichaltrigen wie die jüngeren. Leicester war 1588 gestorben, Cecil 1598, und Essex' Todesurteil hatte sie erst zwei Jahre zuvor unterschrieben. Man sagt, der Tod ihrer alten Freundin und Cousine Catherine Carey, Countess of Nottingham (der Frau von Lord Howard of Effingham) im Februar 1603 habe sie tief getroffen. Sie sträubte sich gegen den Tod, wie sie sich zeit ihres Herrscherlebens gegen das Unabwendbare gesträubt hatte. Ein Symbol dafür ist, dass sie kein Testament aufgesetzt hatte.

Die Berichte von ihrem Totenbett unterscheiden sich in den Einzelheiten sehr voneinander. Einer sagt, sie habe Whitgift gebeten, für sie zu beten. Nach den Erinnerungen einer ihrer Hofdamen, Lady Southwell, warf sie ihn hinaus und nannte ihn und seinesgleichen „Heckenpriester“. Diese Darstellung verrät zwar Lady Southwells katholische Neigungen, und vielleicht hat sie die Szene ausgeschmückt, um eine gute Geschichte gegen die Kirche von England zu haben. Doch die Worte, die sie Elizabeth in den Mund legt, klingen schon sehr nach deren bekannt scharfer Zunge. Derselbe Bericht enthält noch eine andere Geschichte, die sehr authentisch zu sein scheint. Die Thronfolgefrage war durch Robert Cecils Geheimdiplomatie mit James VI. erfolgreich gelöst worden. Doch selbst jetzt wollten ihre hoffnungsvollen Kronräte Elizabeth noch eine Antwort auf diese älteste aller unbeantworteten Fragen ihrer Herrschaft entlocken. Da man glaubte, sie könne nicht sprechen, boten sie an, eine Liste mit Kandidaten vorzulesen, und wenn jemand erwähnt werde, den sie gutheiße, solle sie den Finger heben. Verschiedene Namen, auch der des Königs von Schottland, wurden verlesen, ohne dass sie den Finger hob. Als aber der Name Lord Beauchamps, eines männlichen Abkömmlings der Linie der Greys, erwähnt wurde, brach es aus ihr hervor: „Ich will keinen Sohn eines Schurken auf meinem Thron, nur jemanden, der es wert ist, König zu sein.“ Doch sie wollte buchstäblich keinen Finger rühren, um diese Frage zu klären. Zögernd bis zuletzt, verlor sie wenig später das Bewusstsein und starb in der Nacht.

DAS VERMÄCHTNIS DER TUDORS

Als 1603 die Letzte der Tudors starb, rief das Ende der Dynastie gemischte Gefühle hervor. Die Tudors hatten einem der drastischsten Wandel in der Geschichte des Königreiches ihren Namen geliehen, einem Wandel, der von nie da gewesenem Rechtsterror und Folter begleitet wurde. In der internationalen Politik stand England am Ende der Tudor-Dynastie sicherlich nicht schlechter da als am Anfang. Die englischen Interventionen in der europäischen Politik waren in den 1590er Jahren kaum erfolgreicher als in den 1490er Jahren. Doch dies war letztlich nur eine Frage der Größenverhältnisse. Ein Land mit drei Millionen Einwohnern konnte gegen den traditionellen Feind Frankreich mit zehn Millionen mehr Einwohnern und weitaus größeren natürlichen Ressourcen nicht effektiv Krieg führen. Henrys VIII. Expansionspolitik war 1525 gegen die fiskalische Wand gefahren und führte in den 1540er Jahren lediglich dazu, dass sich das geplünderte Vermögen der Kirche in Luft auflöste und die Wirtschaft zusammenbrach. Wenn England im späten 16. Jahrhundert bescheidene außenpolitische Erfolge erzielen konnte, ohne sich militärisch auf dem Kontinent allzu sehr zu engagieren, dann lag dies nur an der inneren Gespaltenheit Frankreichs. Und in den 1590er Jahren brachten die Kosten zur Niederschlagung der Rebellion in Irland die königlichen Finanzen wieder fast an den Rand des Ruins.

Trotz des ganzen elisabethanischen Mythos' brachte nach all den Entbehrungen jenes Jahrzehnts Elizabeths Tod auch eine gewisse Erleichterung. Die Thronbesteigung eines neuen Monarchen hatte schon immer ein größeres öffentliches Interesse gefunden als der Tod des alten, und so bedeutete die Thronbesteigung James' I., die alsbald die Segnungen des Friedens mit sich brachte, dass es sowohl Erleichterung als auch Bedauern über das Ende der Tudors gab. Erst als die Herrschaft der Stuarts auf eigene Probleme stieß, erinnerte man sich der Tage der Tudors im Allgemeinen und Elizabeths im Besonderen als einer Zeit besonderen Glanzes.

Die konstitutionelle Position der Monarchie aber war vermutlich stärker denn je seit der normannischen Eroberung. Die Macht der Krone über das Königreich war das ganze Jahrhundert über stark angewachsen, wenn auch nicht zwangsläufig und immer gleich. In gleicher Weise war aber auch die Macht des zentralen Regierungsapparats, den die Tudors dann und wann für meist kurzfristige politische Ziele eingesetzt hatten (die „Verstaatlichung" der Kirche, die Niederschlagung von Rebellionen, die Auslöschung religiösen Abweichlertums), in einem Maß gewachsen, das ihn zu einem effektiven Werkzeug nicht nur in der Hand eines starken Monarchen machte, sondern auch, wenn ein solcher fehlte. Die Leichtigkeit, mit der ein Ausländer, und noch dazu ein Schotte (jemanden einen Schotten zu nennen konnte unter den Tudors Anlass für eine Verleumdungsklage sein), 1603 den Thron bestieg, war diesem gut geölten Apparat mit geschuldet.

Gewiss, dieser Apparat brauchte einen König, um zu funktionieren. Doch als der natürliche Nachschub an Königen 1603 versiegte, war der Apparat dennoch in der Lage, für neuen zu sorgen, mit einem Minimum an Lärm und Unannehmlichkeiten – ein beachtlicher Fortschritt, der sich da seit 1553 ergeben hatte, als der Apparat einen ähnlichen, aber riskanteren Schritt unternommen hatte, die Thronfolge in seinem Sinn zu bestimmen. 1553 konnte Mary Tudor zurückschlagen. Wenn aber 1603 der Regierungsapparat sich anderswo umgesehen hätte, hätte James wohl kaum etwas dagegen tun können. Über das nächste Jahrhundert hin betätigte sich dieser Apparat 1660, 1689 und 1714 wiederholt als erfolgreicher Königsmacher und lernte auch, sich ungeeigneter Bewerber zu entledigen.

Soweit zumindest war der Staat eine sich herausbildende Realität in der späten Tudorzeit – die Frucht der ständigen Unsicherheit über die Thronfolge, die das Jahrhundert plagte und seine Politik überschattete. Andererseits gab es für die Staatsmacht auch Grenzen. Die Besteuerung musste im nationalen Einvernehmen, verkörpert durch das Parlament, erfolgen, und die Fähigkeit der Tudors, die Wohlhabenden zu besteuern, nahm in der zweiten Hälfte des 16. Jahrhunderts sogar ab. Dies mag in gewisser Hinsicht als der Preis betrachtet werden, den die herrschende Klasse für die Unterstützung der Reformation forderte. Sicher ist es so, dass der Adel und der Landadel an ihrer Kooperation mit dem Tudorregime beim Angriff auf die Kirche gut verdienten. Aber dass die Tudors keine bedeutende und andauernde Reform oder Stabilisierung der Staatsfinanzen in Angriff nahmen, lieferte die Regierungspolitik potentiell der Steuern zahlenden Klasse aus, deren Geiz nur noch von dem Elizabeths übertroffen wurde.

Als Elizabeth starb, war England politisch stabil und konstitutionell stark. Die letzte Rebellion hatte 1569 stattgefunden und war mit fast lachhafter Leichtigkeit niedergeschlagen worden. Es mag zwar eine Handvoll katholischer Verschwörungen und gelegentliche Hungerrevolten gegeben haben, aber die nächste Rebellion sollte sich erst 1642 ereignen. Die Tudordynastie war am Ende der längsten Bürgerkriegsphase in der englischen Geschichte auf den Thron gelangt, und sie endete inmitten der längsten Periode inneren Friedens der englischen Geschichte. Siebzig Jahre sollten ohne Adelsrevolte vergehen. Auch wenn wir mittlerweile wissen, dass die mittelalterliche Politik nicht nur als Konflikt zwischen König und Adel zu betrachten ist, so stört doch jeder Konflikt, gleich welcher Art, immer das politische Gleichgewicht. Die Tudors hatten das Verhältnis von Krone und Adel dauerhaft verändert, und als in den 1640er Jahren die Rebellion wiederkehrte, sollte sie sich sehr von den Rebellionen der Vergangenheit unterscheiden, auch wenn sie ihnen vieles schuldete und sich auf sie berief.

Das große Vermächtnis der Tudors an die englische Geschichte ist daher die Herausbildung des englischen Staates. Schon wenige Jahre nach Elizabeths Tod konnte sich ein Hofprediger, William Barlow, Bischof von Rochester, ganz unbefangen auf „unsere Kirche und unseren Staat" im heutigen Sinn dieser Begriffe beziehen. Sein Vorgänger John Fisher hätte hundert Jahre zuvor „unsere Kirche" noch universal, nicht national verstanden, und der Begriff „Staat" hätte ihm vermutlich erst einmal erklärt werden müssen.

Diese Herausbildung des „Staates" aber war nicht so sehr eine dynastische Errungenschaft als vielmehr ein Nebenprodukt dynastischer Schwäche. Ohne die Verletzlichkeit der Thronfolge hätte es den „Staat" nicht gebraucht. Das königliche Supremat in der Kirche von England, die Allgewalt der Gesetze, die Wiederbelebung des Parlaments, die Institutionalisierung des Kronrats – all diese konstitutionellen Entwicklungen entsprangen direkt dem Thronfolgeproblem oder den Versuchen, es zu lösen. Die Thronfolge war die schwärende Wunde des 16. Jahrhunderts: 1502, als der Tod Prinz Arthurs das Gespenst der Rosenkriege heraufbeschwor; 1533, als Henrys VIII. Scheidung und Wiederverheiratung – ein Versuch, das Thronfolgeproblem zu lösen – zu umfassenden Änderungen in der englischen Verfassung führten; 1553, als der Staatsapparat versuchte, die Thronfolge seinen Zielen anzupassen; in den 1580er Jahren, als der Staatsapparat an Krieg um jeden Preis dachte, um die Thronbesteigung Mary Stuarts zu verhindern; und 1603, als der Staatsapparat mit dem Stuartkönig James VI. von Schottland die sichere Thronfolge erhielt, die er wollte. Man sollte hier darauf hinweisen, dass der Rechtsgrund, der Mary Stuarts Thronfolge legal verhindern sollte, nämlich der Ausschluss der Stuarts durch den *Act of Succession* von 1544, 1603 stillschweigend übergangen wurde. Aber damals war Marys Katholizismus das Problem gewesen, und jetzt reichte James' Protestantismus aus, um solchen formaljuristischen Schwierigkeiten die Waage zu halten. Wenn England, als die letzte Tudor zu Grabe getragen wurde, eine Art „monarchischer Republik" war, wie Patrick Collinson es genannt hat, dann hatten es die konstitutionellen Änderungen, politischen Winkelzüge und verfassungswidrigen Mittel, zu denen man angesichts immer wiederkehrender Thronfolgekrisen griff, dazu gemacht.

ANHANG

LITERATURHINWEISE

Die nachfolgende, kommentierte Auswahlbibliographie ist der englischen Originalausgabe entnommen. Im Anschluss daran folgt eine weiterführende Auswahl deutschsprachiger Werke.

Die folgende Zusammenstellung jüngerer Arbeiten zur Geschichte der Tudors dient zwei Absichten. Zum einen enthält sie Vorschläge für Leser, die sich mit Themen näher beschäftigen möchten, die in diesem Buch nur gestreift wurden. Zum anderen führt sie jene Sekundärquellen auf, die meine Darstellung der Tudors am meisten beeinflusst haben. Sie ist in keiner Hinsicht eine umfassende Bibliographie der Geschichte der Tudors; sehr viele dieser Bücher enthalten aber umfangreiche Literaturverzeichnisse, in denen frühere Arbeiten zu ihrem jeweiligen Thema zusammengestellt sind. Die meisten der im Folgenden genannten Arbeiten stammen von professionellen Historikern, die in der Regel sehr viel mehr geschrieben haben, als hier erwähnt wird. Obwohl sie hauptsächlich für Studenten und Historiker-Kollegen geschrieben wurden, sind sie wesentlich interessanter und gewöhnlich auch leichter lesbar als vieles von dem, was in den Regalen der Buchhandlungen und öffentlichen Bibliotheken als „populärwissenschaftlich" gilt. Die Spezialstudien über einzelne Themen sind zwar weniger für das „allgemeine Publikum" geeignet, doch die Biographien und erzählenden Darstellungen sind es durchaus. Denn während noch vor einer Generation im akademisch-historischen Bereich oft bewusst fachsprachlich und manchmal in einem unverständlichen Jargon geschrieben wurde, ist bei den Professionellen heute eine klare und lesbare Prosa die Regel. Das gilt nicht für die, welche die exotischen Blüten der modischen „theoretischen Perspektiven" kultivieren wie Postmodernismus, Postkolonialismus und was sonst noch an Begriffen kursiert, die man scherzhaft als „After-Analytizismus" zusammengefasst hat. Doch bei denen, die wirklich über die menschliche Vergangenheit schreiben wollen, herrschen Klarheit und sogar Eleganz vor.

EINFÜHRUNGEN UND ÜBERBLICKE

Als Einführungen in das Tudor-England ragen zwei Titel heraus: John Guy, *Tudor England* (Oxford University Press, 1988), und Susan Bridgen, *New Worlds, Lost Worlds* (Penguin, 2000) – letzteres bezieht auch Irland, das zweite Tudor-Königreich, ein. Penry Williams, *The Later Tudors: England, 1547–1603* (Oxford University Press, 1995), gibt einen umfassenden und aktuellen Überblick über die zweite Hälfte der Tudor-Zeit. Steve Hindle, *The State und Social Change in Early Modern England, c. 1550–1640* (Palgrave, 2000) ist eine scharfsinnige Verbindung politischer und gesellschaftlicher Aspekte und erinnert daran, dass Dynastien und Reiche nicht die einzigen brauchbaren chronologischen Unterteilungen sind. S. J. Gunn, *Early Tudor Government, 1485–1558* (Macmillan, 1995) bietet eine klare Analyse von Politik und Regierung in der frühen Tudorzeit.

HENRY VII.

Die Standardbiographie Henrys VII. ist noch immer S. B. Chrimes, *Henry VII* (London, 1972; Neuausgabe Yale, 1999). Eine vollständig neue Biographie wäre willkommen. Der Bosworth-Feldzug wird gut dargestellt in *The Making of the Tudor Dynasty* von R. A. Griffiths und R. S. Thomas (Alan Sutton, 1985). Christine Carpenters vernichtende Kritik Henrys in *The Reign of Henry VII,* hg. von B. J. Thompson (Paul Watkins, 1995), ist Pflichtlektüre für alle Tudor-Historiker, ebenso ihr *The Wars of the Roses* (Columbia University Press, 1997). T. B. Pughs Analyse der Beziehung Henrys VII. zum englischen Adel in *The Tudor Nobility,* hg. von G. W. Bernard (Manchester University Press, 1992), ist grundlegend für das Verständnis des Königreichs, ebenso wie mehrere Beiträge von J. R. Lander, vor allem *Government and Community: England 1450–1509* (Arnold, 1980) und, neueren Datums, *English Justices of the Peace, 1461–1509* (Alan Sutton, 1989). Die Matriarchin der Tudors, Lady Margaret Beaufort, ist von M. K. Jones und M. G. Underwood in *The King's Mother* (Columbia University Press, 1992) abschließend dargestellt.

HENRY VIII.

Die Standardbiographie Henrys VIII. hat ebenfalls schon ein ehrwürdiges Alter: J. J. Scarisbricks *Henry VIII* (London, 1968; Neuausgabe Yale, 1997) ist noch immer ein Lesevergnügen, doch eine neue Gesamtschau ist überfällig; die seither erschienenen vielen Biographien leisten dies nicht. David Starkey, *The Reign of Henry VIII: Personalities and Politics* (2. Aufl., Collins & Brown, 1991) hat inzwischen jedoch einiges Neue beigesteuert. Die vielen Untersuchungen über die sechs Frauen Henrys sind von David Starkey, *Six Wifes: the Queens of Henry VIII* (Chatto & Windus, 2003) in den Schatten gestellt worden, der einige entscheidende Episoden völlig umgeschrieben hat; allerdings fällt dabei nur wenig neues Licht auf Henry selbst. Anne Boleyn hat wesentlich mehr Aufmerksamkeit gefunden als die anderen Frauen Henrys. E. W. Ives, *Anne Boleyn* (Blackwell, 1986; Neuausgabe 2004) ist zum Teil gut und kann durch die anregende Untersuchung von Retha Warnicke, *The Rise and Fall of Anne Boleyn* (Columbia University Press, 1989) ergänzt werden, auch wenn ihre Schlussfolgerungen keine allgemeine Zustimmung gefunden haben.

Henrys Dienstleute sind gut bedient worden, vor allem in jüngster Zeit. Peter Ackroyds *The Life of Thomas More* (Chatto & Windus, 1998) verbindet Gelehrsamkeit und Verständnis und ist eine hervorragende Einführung in die umfangreiche Literatur über Henrys talentiertesten und umstrittensten Berater. John Guys *Thomas More* (Arnold, 2000) revidiert nicht nur einige alte Mythen, sondern, was noch nützlicher ist, auch die vielen neuen. *Thomas Cromwell, Tudor Minister* von B. W. Beckingsale (Macmillan, 1988) ist der beste biographische Versuch, aber dem Minister, der wie kein anderer Untertan der Tudors auf die englische Geschichte eingewirkt hat, kommen die Monographien von Sir Geoffrey Elton am nächsten: *The Tudor Revolution in Government* (Columbia University Press, 1952, dt.: England unter den Tudors, München 1983), *Policy and Police* (Columbia University Press, 1972) und *Reform and Renewal* (Columbia University Press, 1973), ebenso die entsprechenden Kapitel in seinen gesammelten *Studies in Tudor and Stuart Politics and Government* (3 Bände, Columbia University Press, 1974–1983) und in seinem Lehrbuch *Reform and Reformation: England 1509–1558* (Arnold, 1977). S. J. Gunn, *Charles Brandon, Duke of Suffolk* (Blackwell, 1988) ist eine Modellstudie über einen Adligen der frühen Tudors. Auch Henrys Bischöfe sind gut behandelt worden. P. J. Gwyns *The King's Cardinal* (Barrie & Jenkins, 1990) ist ebenso streitbar und umstritten wie gründlich – schade, dass es allzu lang und überdies schlecht gedruckt ist. Die von S. J. Gunn und P. G. Lindley herausgegebene Essaysammlung *Cardinal Wolsey* (Columbia University Press, 1991) ist eine unentbehrliche Ergänzung und Korrektur Gwynns (der Beitrag von Simon Thurley über Wolseys Hausbautätigkeit ist besonders wichtig). Diarmaid MacCullochs *Thomas Cranmer* (Yale, 1996) ist *die* Biographie schlechthin und zugleich mehr als das: Sie ist auch ein meisterhafter Überblick über die politische und religiöse Geschichte Englands in den 1530er und 1540er Jahren. Glyn Redworths *In Defence of the Church Catholic* (Blackwell, 1990) und Maria Dowlings *Fisher of Men* (Macmillan, 1999) stellen zwei bischöfliche Hauptdarsteller vor, Stephan Gardiner und John Fisher.

Die politische Geschichte der Herrschaft Henrys wurde auch in zahlreichen Spezialstudien untersucht, zum Beispiel Helen Miller, *Henry VIII and the English Nobility* (Blackwell, 1986) und S. E. Lehmberg, *The Reformation Parliament* (Columbia University Press, 1970). Die von Diarmaid MacCulloch herausgegebene Aufsatzsammlung *The Reign of Henry VIII* (Macmillan, 1995) erhellt viele Aspekte der Politik Henrys (besonders wichtig: R. W. Hoyles Beitrag „War and Public Finance"). Die größte Krise in Henrys Herrschaft, die Gnadenwallfahrt, kann jetzt besser verstanden werden als früher dank der Darstellungen von Michael Bush, *The Pilgrimage of Grace* (Manchester, 1996), und vor allem von R. W. Hoyle, *The Pilgrimage of Grace and the Politics of the 1530s* (Oxford, 2001).

EDWARD VI.

Die beiden umfangreichen Bände von W. K. Jordan über Edward VI. – *Edward VI: the Young King* und *Edward VI: the Threshold of Power* (Allen & Unwin, 1968 und 1970) – sind eine höchst ungenügende Hagiographie. Die in ihnen enthaltene herkömmliche Ansicht über die Herzöge Somerset und Northumberland ist von M. L. Bush, *The Government Policy of Protector Somerset* (Arnold, 1975), und David Loades, *John Dudley, Duke of Northumberland* (Oxford University Press, 1996), vernichtend revidiert worden. Jennifer Loachs posthum herausgegebene Biographie *Edward VI* (Yale, 1999) ist hervorragend in dem, was sie bietet, doch allzu offensichtlich unvollendet. Die Person Edward hat Diarmaid MacCulloch am besten verstanden: *Tudor Church Militant* (Penguin, 2000). Stephen Alfords *Kingship and Politics in the Reign of Edward VI* (Columbia University Press, 2002) trägt Beachtliches zu unserem Verständnis dieser Herrschaft bei. Dale Hoak, *The King's Council in the Reign of Edward VI* (Columbia University Press), konzentriert sich auf ein Hauptinstrument des Tudor-Regiments.

MARY TUDOR

Die jüngere Geschichtsschreibung über Mary Tudor wird von den Arbeiten eines einzigen Wissenschaftlers beherrscht: David Loades. Seine Bücher *Mary Tudor* (Blackwell, 1989) und *The Reign of Mary Tudor* (Ernest Benn, 1979) sind die beste Ausgangsbasis. Jennifer Loach, *Parliament and the Crown in the Reign of Mary Tudor* (Oxford University Press, 1986), ist eine der eingehendsten Untersuchungen der marianischen Politik. Die vollständigste Biographie einer öffentlichen Figur ihrer Herrschaft ist Thomas F. Meyers umstrittene Darstellung *Reginald Pole* (Columbia University Press, 2000).

ELIZABETH I.

Biographien Elizabeths füllen ganze Regale, und leider sind nur wenige von ihnen zu empfehlen. David Loades' *Elizabeth I* (Hambledon, 2003) hebt sich jedoch von der Menge ab, und Wallace MacCaffreys *Elizabeth I* (Arnold, 1993), mehr auf die politischen als auf die persönlichen Fragen konzentriert, ist das Urteil eines Wissenschaftlers, dessen Lebenswerk der Erforschung der Politik dieser Herrschaft gewidmet war und der darüber viele einflussreiche Einzeluntersuchungen veröffentlicht hat. David Starkeys *Elizabeth: Apprenticeship* (Chatto & Windus, 2000), dessen Gelehrsamkeit leicht daherkommt und das, glänzend geschrieben, sich an eine breite Leserschaft wendet, bietet einige grundlegend neue Einsichten in die Politikgestaltung der letzten Tudormonarchie, die eine Vorstellung von dem geben, was im Blick auf Elizabeths ganzes Leben getan werden müsste, wenn man die Geschichte von Grund auf neu schriebe. Carole Levins *The Heart and Stomach of a King: Elizabeth I and the Politics of Sex and Power* (University of Pennsylvania Press, 1994) ist eine anregende Betrachtung darüber, wie Elizabeth mit dem Problem fertig wurde, Herrscherin in einer Männerwelt zu sein. Christopher Haighs Studie *Elizabeth I* (Neuausgabe Longman, 2001) ist eine *tour de force,* überzeugend und geistreich geschrieben, voller scharfsinniger Analysen der Königin und der Politik ihrer Herrschaft. G. R. Eltons *The Parliament of England, 1559–1581* (Columbia University Press, 1986) schreibt dieses bislang übel missverstandene Kapitel der englischen Geschichte völlig und überzeugend neu.

Die Lebensgeschichten Leicesters, Essex' und anderer führender Männer an Elizabeths Hof sind wieder und wieder erzählt worden, in Biographien, die ebenso mittelmäßig und ununterscheidbar sind wie die ihrer Herrscherin. Paul Hammers *The Polarisation of Elizabethan Politics* (Columbia University Press, 1999) jedoch, ein erster Beitrag zu einer umfassenden Darstellung Robert Devereux', des Earl of Sussex, in der die Geschichte bis 1597 weitergeführt würde, ist ein durchdringender Einblick in die Welt der neuen Adelsschicht, welche die Tudors geschaffen haben, und in die Politik der Spätzeit der Herrschaft. Die beiden Untersuchungen von Conyers Read, *Mr Secretary Cecil and Queen Elizabeth* und *Lord Burghley and Queen Elizabeth* (Jonathan Cape, 1955 und 1960), bieten einiges, doch auf eine abschließende Biographie wartet William Cecil noch. Solange sie fehlt, ist M. A. R. Graves' *Burghley* (Longman 1998) eine brauchbare Einführung für Studenten, während Stephen Alfords *The Early Elizabethan Polity: William Cecil and the British Succession Crisis, 1558–1569* (Columbia University Press, 1998) zeigt, was getan werden kann, wenn man Cecils Politik gründlich und überzeugend analysiert. Elizabeths Bischöfe haben nicht so viel Interesse geweckt wie ihre Vorgänger, mit einer leuchtenden Ausnahme: Patrick Collinsons *Archbishop Grindal, 1519–1583* (Jonathan Cape, 1979). Collinsons Artikel „The Monarchical Republic of Queen Elizabeth I", erschienen im *Bulletin of the John Rylands Library* 69 (1987), S. 394–424, öffnet ein völlig neues Fenster zur Politik des elisabethanischen England. Über den Krieg mit Spanien und speziell den Armada-Feldzug gibt es eine Unmenge Literatur. Colin Martin und Geoffrey Parker, *The Spanish Armada* (Hamish Hamilton, 1988), bieten den besten Zugang. Wichtige Aspekte des „Mythos Elizabeth" haben Frances Yates, *Astraea* (Routledge & Kegan Paul, 1975), und Roy Strong, *The Cult of Elizabeth* (Thames and Hudson, 1977), untersucht.

MARY STUART

Biographien Mary Stuarts gibt es im Überfluss, die beste ist zweifellos *My Heart is My Own* von John Guy (Fourth Estate, 2004). Die Anklage gegen Mary wird von Jenny Wormald, *Mary Queen of Scots: a Studie in Failure* (George Philip, 1988), eindringlich vertreten, während günstigere Interpretationen in dem von Michael Lynch herausgegebenen Essayband *Mary Stewart: Queen in Three Kingdoms* (Blackwell, 1988) zu finden sind.

DIE REFORMATION IN ENGLAND

Die wichtigste gesellschaftliche und politische Entwicklung der Tudor-Periode war die Reformation; auch darüber ist an Literatur kein Mangel. Felicity Heal, *The Reformation in Britain and Ireland* (Oxford University Press, 2004), und Christopher Haigh, *English Reformations* (Oxford, 1993), sind die besten derzeit erhältlichen erzählenden Überblicke. Eamon Duffys *The Stripping of the Altars* (Yale, 1992) ist ein bewegender Bericht über die Zerstörung der alten Religion, während Norman

Jones' *The English Reformation* (Blackwell, 2001) eine neue Sicht des Aufbaus der neuen bietet. Über die lokalen Auswirkungen der Reformation gibt es viele Untersuchungen, zumeist Aufsätze in wissenschaftlichen Zeitschriften. Die besten Bücher zu diesem Thema sind Susan Bridgens *London and the Reformation* (Oxford University Press, 1989) und Caroline Litzenbergers Studie über Gloucestershire, *The English Reformation and the Laity* (Columbia University Press, 1997). Eamon Duffys *The Voices of Morebath* (Yale, 2001) geht noch näher an die Graswurzeln mit einer mikroskopischen Untersuchung der Reformation in einer Landgemeinde. Frisch drauflosgehende Einführungen erhält man mit Richard Rex' *Henry VIII and the English Reformation* (Macmillan, 1993) und Diarmaid MacCullochs *The Later Reformation in England* (2. Aufl., Palgrave, 2001).

ENGLAND UND SEINE NACHBARN

Als besonders ertragreich hat sich in der jüngeren Forschung erwiesen, die Tudors und ihr England in den weiteren Zusammenhang der miteinander verflochtenen Geschichten Britanniens und Irlands zu stellen und diese als ein Ganzes zu betrachten. Dabei haben Brendan Bradshaw und Steven G. Ellis Pionierarbeit geleistet: *Conquest and Union: Fashioning a British State, 1485–1725,* hg. von S. G. Ellis und S. Barber (Longman, 1995), und *The British Problem, c. 1534–1707,* hg. von B. Bradshaw und J. Morrill (Macmillan, 1996). Aus dieser Perspektive erarbeitet, bietet S. G. Ellis' *Tudor Frontiers and Noble Power* (Oxford University Press, 1995) die innovativste Sicht der Tudorpolitik, die im letzten Jahrzehnt veröffentlicht wurde. Beste Ausgangspunkte für die Beschäftigung mit der Geschichte der anderen Nationen sind: S. G. Ellis, *Ireland in the Age of the Tudors* (Longman, 1998), Jenny Wormald, *Court, Kirk, and Community: Scotland 1470–1625* (Arnold, 1981), und Glanmor Williams, *Renewal and Reformation: Wales, c. 1415–1642* (Oxford University Press, 1993). Eine gut erzählte Zusammenschau ist Mark Nicholls' *A History of the Modern British Isles, 1529–1603* (Blackwell, 1999).

DEUTSCHSPRACHIGE WERKE ZUR GESCHICHTE DER TUDORZEIT

Appel, Sabine, Elisabeth I. von England. Die Biographie. Esslingen-München 1994.

Baumann, Uwe, Heinrich VIII. mit Selbstzeugnissen und Bilddokumenten. Reinbek bei Hamburg ²1994.

Blake, Robert (Hg.), Die englische Welt. Geschichte, Gesellschaft, Kultur. München 1983.

Bouterwek, A. W., Anna von Cleve, Gemahlin Heinrichs VIII., Königs von England. (Zschr. d. Bergischen Geschichtsvereins, 4, 1867 und 6, 1869).

Caspari, Fritz, Humanismus und Gesellschaftsordnung im England der Tudors. Bern 1988.

Clevé, Evelyn, Königin für England. Elisabeth I. Stuttgart 1958.

Elton, Geoffrey R., England unter den Tudors. München 1983

Elton, Geoffrey R., Europa im Zeitalter der Reformation, 2 Bde. Hamburg 1971.

Elvert, Jürgen, Geschichte Irlands. München 1993.

Engehausen, Frank, Von der Revolution zur Restauration. Die englischen Nonkonformisten 1653–1662. Heidelberg 1995.

Eßer, Raingard, Die Tudors und die Stuarts. 1485–1714. Stuttgart 2004.

Fraser, Antonia, Die sechs Frauen Heinrichs VIII. Hildesheim 1995.

Greenblatt, Stephen, Verhandlungen mit Shakespeare. Innenansichten der englischen Renaissance. Berlin 1990.

Grierson, Edward, Philipp II. König zweier Welten. Frankfurt/Main 1978.

Haan, Heiner, Einführung in die englische Geschichte. München 1982.

Haan, Heiner, Geschichte Englands vom 16. bis zum 18. Jahrhundert. München ²2002.

Haan, Heiner und Niedhart, Gottfried, Geschichte Englands vom 16. bis zum 18. Jahrhundert. München 1993.

Harrison, George B. (Hg.), Die Briefe der Königin Elisabeth von England. 1533–1603. Wien 1938.

Hatscheck, J., Englische Verfassungsgeschichte bis zum Regierungsantritt der Königin Victoria. Aalen ²1978.

Hill, Christopher, Über einige geistige Konsequenzen der englischen Revolution. Berlin 1990.

Jakobs, Eberhard und Eva de Vitray (Hg.), Heinrich VIII. von England in Augenzeugenberichten. München 1980.

Jenkins, Elizabeth, Gloriana. Königin Elisabeth I. von England. Tübingen 1959.

Jennings, I. und Ritter, G. A., Das britische Regierungssystem. Köln 1958.

Klein, Jürgen, Elisabeth I. und ihre Zeit. München 2004.

Kluxen, K., Englische Verfassungsgeschichte – Mittelalter. Wiesbaden 1987.

Kluxen, K., Geschichte Englands. Stuttgart ³1985.

Krieger, K. F., Geschichte Englands. Von den Anfängen bis zum 15. Jahrhundert. München 1990.

Lammers, Guido, Council and County. Untersuchungen zum elisabethanischen *Privy Council* und seinen Beziehungen zur Grafschaft Norfolk 1558–1603. Frankfurt/Main 1987.

Lavater-Sloman, Mary, Elisabeth I., Herrin der Meere. Zürich / München ^{4}1976.

Loades, David M., Maria Tudor (1516–1558): England unter Maria der Katholischen. München 1982.

Loewenstein, Karl, Der britische Parlamentarismus. Hamburg 1964.

Lottes, Günther, Elisabeth I. Eine politische Biographie. Göttingen 1981.

MacCulloch, Diamaid, Die zweite Phase der englischen Reformation (1547–1603) und die Geburt der anglikanischen Via Media. Münster 1998.

Machoczek, Ursula, Die regierende Königin – Elisabeth I. von England. Aspekte weiblicher Herrschaft im 16. Jahrhundert. Pfaffenweiler 1996.

Marcks, Erich, Königin Elisabeth von England und ihre Zeit. Stuttgart ^{3}1951.

Maurer, Michael, Kleine Geschichte Irlands. Stuttgart 1998.

Neale, John E., Königin Elisabeth I. von England. München ^{4}1985.

Nette, Herbert, Elisabeth I. Hamburg ^{7}2003.

Panzer, Marita, Englands Königinnen. Von den Tudors zu den Windsors. Regensburg 2001

Radbruch, G., Der Geist des englischen Rechts. Göttingen ^{5}1965.

Ridley, Jasper, Heinrich VIII. Zürich 1990.

Schröder, Hans-Christoph, Die Revolutionen Englands im 17. Jahrhundert. Frankfurt/Main 1986.

Schröder, Hans-Christoph, Englische Geschichte. München 1995.

Smith, Lacy Baldwin, Die fünfte Frau. Heinrich VIII. und Katharina Howard. Stuttgart 1969.

Smith, Lacy Baldwin, Zwielicht einer Zeitenwende. Königin Elisabeth und ihre Epoche. Stuttgart 1967.

Stemmler, Theo (Hg.), Die Liebesbriefe Heinrichs VIII. an Anna Boleyn. Zürich/ Stuttgart 1988.

Stemmler, Theo, Heinrich VIII. – Ansichten eines Königs. Frankfurt/Main 1991.

Stone, Lawrence, Die Ursachen der Englischen Revolution. Frankfurt/Main 1982.

Suerbaum, Ulrich, Das elisabethanische Zeitalter. Stuttgart 1989.

Trevelyan, G. M., Geschichte Englands, 2 Bde. ^{4}1949.

Trevelyan, G. M., Kultur- und Sozialgeschichte Englands. 1948.

Wende, Peter (Hg.), Englische Könige und Königinnen von Heinrich VII. bis Elisabeth II. München 1998.

Wende, Peter, Geschichte Englands. Stuttgart ^{2}1995.

Williams, Neville, Elisabeth I. Eine Frau führt England zur Weltmacht. Wiesbaden 1978.

Williams, Neville, Elisabeth I. von England, Beherrscherin eines Weltreichs. München ^{8}1994.

Witz, C. (Hg.), England-PLOETZ. Geschichte von Großbritannien und Irland zum Nachschlagen. Freiburg i. Br. 1985.

Wormald, Jenny, Maria Stuart. Freiburg i. Br. 1992.

ZEITTAFEL

1485	Schlacht bei Bosworth, Ende der Rosenkriege
1485–1509	Henry VII., geboren 1457
1486	Henry heiratet Elizabeth von York
1489	Gesetz gegen die enclosures (später mehrmals wiederholt)
1492	Vertrag von Etaples beendet den Krieg mit Frankreich
1494	Poynings *Law* begründet englische Suprematie über das irische Parlament
1503	Margaret Tudor heiratet James IV. von Schottland
1504	Reform der Militärverfassung
1509–1547	Henry VIII., geboren 1491
1509	Henry heiratet Katharina von Aragon
1512–1514	Krieg gegen Frankreich und Schottland
1515–1529	Kardinal Wolsey Lord Kanzler
1517	Thomas More: *Utopia*
1529–1536	Reformationsparlament; Errichtung der englischen Staatskirche
1533	Thomas Cranmer Erzbischof von Canterbury
1533	Henry heiratet Anne Boleyn
1533–1540	Cromwell leitender Minister; Regierungsreform
1535	Hinrichtung von Kardinal John Fisher und Thomas More wegen Verweigerung des Suprematseids
1536	Beginn der Klosterauflösungen
1536	Hinrichtung Anne Boleyns; Henry heiratet Jane Seymour
1536–1537	Rebellion: *Pilgrimage of Grace*
1536, 1543	Eingliederung von Wales
1539	Coverdale's *Great Bible*
1541	Henry nimmt den Titel eines Königs von Irland an
1542, 1544	Krieg zuerst mit Schottland, dann mit Frankreich
1547	Maßnahmen gegen Vagabunden
1547–1553	Edward VI., geboren 1537 (minderjährig); Protektoren Somerset (bis 1552) und Northumberland (ab 1552)
1549	Kett's Rebellion
1549–1553	Staatskirche wird protestantisch: Erstes und zweites *Common Prayer Book* (1549,1552), *Act of Uniformity* (1552), 42 Artikel (1553)
1553–1558	Mary I., geboren 1516
1554	Mary heiratet Philipp II. von Spanien
1554–1558	Gegenreformation; Verbrennung von Cranmer und ca. 300 weiteren Protestanten
1557–1559	Krieg mit Frankreich; Verlust von Calais; Beginn der Milizreform
1558–1603	Elizabeth I., geboren 1533
1559	Wiederherstellung der Reformation
1559–1560	Intervention in Schottland; Vertrag von Edinburgh

1563	Die 39 Artikel regeln das kirchliche Dogma auf der Grundlage des Calvinismus
1563	John Fox: *Acts and Monuments* (Buch der Märtyrer)
1568	Mary Stuart flieht von Schottland nach England, wird gefangengenommen und 1587 hingerichtet
1569	„Rebellion der nördlichen Grafen" zugunsten von Mary Stuart
1570	Päpstliche Bulle exkommuniziert Elizabeth und erklärt sie für abgesetzt
1571–1593	verschiedene Strafgesetze gegen die Katholiken
1572	Defensivallianz mit Frankreich („Diplomatische Revolution")
1585–1604	Krieg mit Spanien; Sieg über die Armada (1588)
1586	Vertrag von Berwick mit Schottland
1594–1597	Richard Hooker: *Laws of ecclesiastical Polity*
1595–1603	Rebellion in Ulster (Irland)
1597	William Shakespeare (1564–1616): Romeo und Julia und anderes
1598–1601	Armengesetzgebung
1601	Essex-Revolte
1603–1625	James I.; Personalunion mit Schottland

STAMMTAFEL DES HAUSES TUDOR

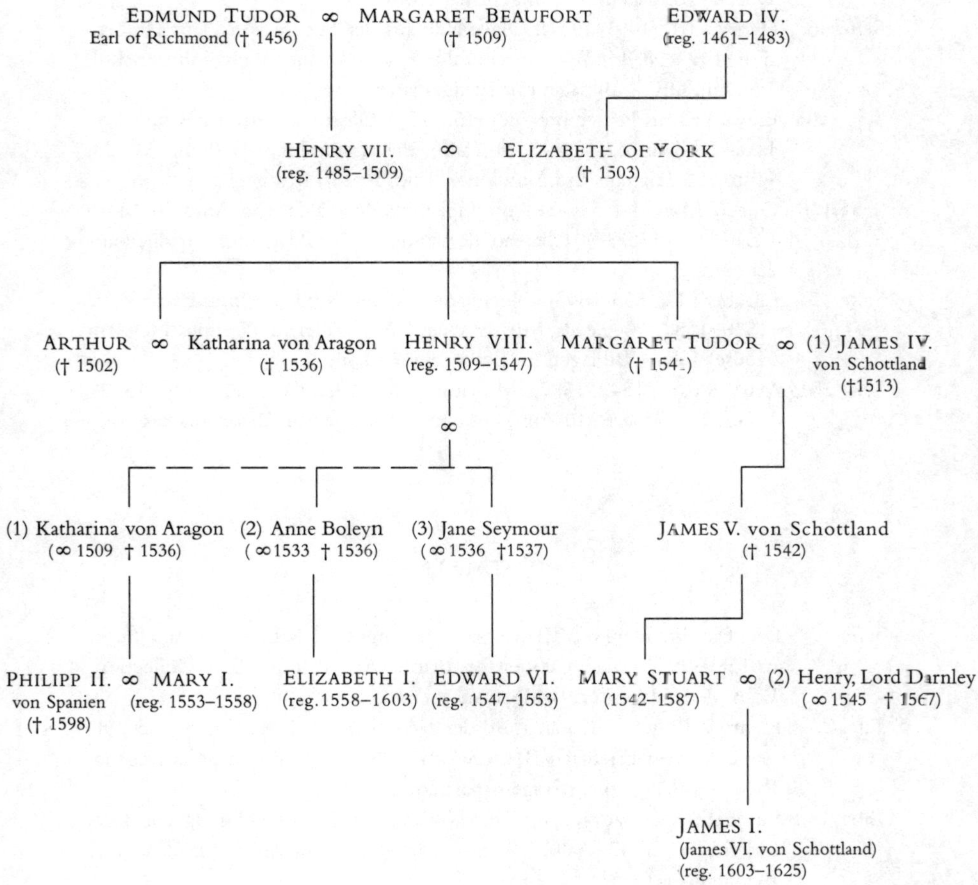

BILDNACHWEIS

Seite 10: Henry VII. (1457-1509). Ölgemälde, englische Schule des 16. Jahrhunderts, ca. 1510-20. © The Berger Collection at the Denver Art Museum, USA . – Bildagentur: Bridgemanart.com.

Seite 46: Henry VIII. (1491-1547). Ölgemälde aus der Schule von Hans Holbein d. J. (1497/98–1543). Privatsammlung. © Ackermann and Johnson Ltd, London, UK. – Bildagentur: Bridgemanart.com.

Seite 106: Edward VI. als Prince of Wales (1537-53). Ölgemälde aus der Schule von Hans Holbein d. J. (1497/98–1543). Privatsammlung. © Philip Mould, Historical Portraits Ltd, London. – Bildagentur: Bridgemanart.com.

Seite 138: Queen Mary I (1516-58) of England. Ölgemälde von Antonio Moro (1517/20–1576/77). Chateau de Versailles. – Bildagentur: Bridgemanart.com.

Seite 174: Elizabeth I. (1533-1603). Ölgemälde aus dem Kreis um John Bettes d. Ä. (1530–1580). © Leeds Museums and Art Galleries (Temple Newsam House) UK. – Bildagentur: Bridgemanart.com.

Seite 201: Mary Stuart (1542–1587). Miniatur von François Clouet (1510–1572). Victoria & Albert Museum, London. – Bildagentur: Bridgemanart.com.

BILDTAFELN

Tafel 1: Die Familie Henrys VIII. Ölgemälde, englische Schule des 16. Jhdts., ca.1589–95. © Yale Center for British Art, Paul Mellon Collection, USA. – Bildagentur: Bridgemanart.com..

Tafel 2: Henry VIII. geht 1520 an Bord der *Henry Grâce à Dieu*. Kopie eines Ölgemäldes von Friedrich Bouterwek (1806–1867). Musee de la Marine, Paris. – Bildagentur: Bridgemanart.com.

Tafel 3: Elizabeths I. Prozession erreicht Nonesuch Palace. Zeichnung von Joris Hoefnagel (1542–1600). British Museum, London. – Bildagentur: Bridgemanart.com.

Tafel 4: Tanzende und musizierende Palastgesellschaft in England. Ölgemälde von Louis de Caullery (1580–1621). Privatsammlung. © Rafael Valls Gallery, London. – Bildagentur: Bridgemanart.com.

Tafel 5: Das Vormundschaftsgericht tagt unter dem Voritz Lord Burghleys (1520–1598). Ölgemälde, um 1598, aus der englischen Schule des 16. Jhdts. Privatsammlung. – Bildagentur: Bridgemanart.com.

Tafel 6: Karte von London mit der Themse und der London-Bridge, 1588. Sloane 2596, fol. 52. British Library, London. – Bildagentur: Bridgemanart.com.

Tafel 7: Der Tower von London im Jahre 1597. Stich von J. Gascoyne nach einer Zeichnung von W. Haiward. – Bildagentur: Bridgemanart.com.

REGISTER